三国其实很有趣

子陌——著

中国华侨出版社
·北京·

前言

从东汉末年开始，我国进入了历史上的第二次大乱世——三国两晋南北朝，三国是这次大乱世的序幕。它开始于公元220年曹丕受禅称帝，结束于公元280年晋灭东吴。但也有些人把三国的历史上溯到公元184年的黄巾起义，其实也不为过，毕竟从那时开始，进入了三国形成的时期。

三国时代，是一个被中国人所传颂的传奇时代。在这个时代，英雄辈出，烽火迭起。从来没有这样的一个时代，让战争变得如此频繁；从来没有这样的一个时代，让个人才能发挥到如此极致；从来没有这样的一个时代，孕育了那样多的文化瑰宝，留下了无数的珍闻奇趣。在这段时期，中原大地烽火连天，民不聊生，几乎连十年的安定日子都是奢望；然而也正是在这段时期，无数英雄豪杰出现在人们的视野中，指点江山，激扬文字，留下一段段令人心潮澎湃的传奇故事。

一部《三国演义》在中国流传了几百年，从说书人的口口相传，到跻身四大名著。这部小说对中国人产生的影响不可估量，相信大部分人对于魏代汉祚、司马篡魏的故事都是耳熟能详。义薄云天的关云长，鞠躬尽瘁的诸葛亮，罗贯中的一支生花妙笔刻画出的那些个性鲜明的人物让人们念念不忘。但是在中国文学教育启蒙读物中，《三国演义》也带来了不少负面影响。那些动人的情节让我们忽略了《三国演义》小说的本质，甚至常常把它和真正的历史混为一谈。当我们真正地读到了三国时期的正史记载的时候，就会发现《三国演义》的可信度并没有通常认为的那么高，有时候甚至到了"七分虚三分实"的境地。那么，真实的历史究竟如何？

记载三国时期历史的史书虽然不算少，但内容却远不如其他朝代的正史丰富，其中还多有重复之处。《三国志》只有六十五卷，正文的内容还不如裴松之注释的一半多。而面对艰涩难懂的古文和不熟悉的语言表达方式，我们很难读出个中意思，很难了解到历史的真实，更不用说以史为鉴，对自己的人生有所助力、有所启迪了。本书通过对《三国志》等一系列史书的现代化解读，深入到历史事件内部，用现代的视野，以故事说人物，以人物说历史，用全新的观点、现代的语言、诙谐的文字，将三国时代的人和事真实地展现在读者的面前，以期帮助读者真正地了解历史。

目录

三国其实很有趣

昏招之外还有昏招

汉灵帝中平六年（公元 189 年），荒唐一世的汉灵帝刘宏走完了他的人生。刘宏生前给国家带来灾难，这还不够，死后还给汉朝留下个问题。

刘宏生前娶了一个妻子，姓何，南阳宛人，父亲是一个杀猪的，这杀猪的有个儿子，叫何进，字遂高。何进想过上更好的日子，因此想尽办法将他的妹妹送进了宫里。

何氏如果是个单纯的女人，单靠着美貌恐怕无法得到皇帝的宠爱。但何氏这人有点儿手段，她成功地获得了灵帝的欢心，还有幸生了一个儿子，取名刘辩。刘宏之前的儿子大多幼年夭折，见何氏得子，龙颜大喜，于是封何氏为贵人。又为了防止新来的儿子早夭，于是将刘辩寄养在道士家。后来何氏更是在后宫争宠中得胜，一步登天，成为国母，是为何皇后。

当时，后宫有一个王美人怀孕了，这本是大喜之事，然而王美人却因为害怕何皇后残害自己，竟吃药想打掉孩子。可见当时后宫妃子在何皇后的威吓之下日子过得如坐针毡。然而这孩子命硬，或许本已注定大汉江山要由他来拱手让出，所以天意将他留了下来。这孩子就是后来的汉献帝刘协。

刘协出生以后，王美人自然得宠。何皇后醋劲浓，如何容得下她？因此派人下毒毒死了王美人。刘宏闻知此事，有了废除皇后的想法，后因宦官们的劝阻才作罢。可见这何后在拉拢宦官方面也是做得不错的。有意思的是，西汉名垂千古的帝王汉武帝刘彻的母亲在当时也贵为美人，同样姓王，而这两个王美人的遭遇却大不相同。这原因就在于刘彻的母亲并没有太过得宠，直到后来汉武帝继位之后，变成了王太后的王美人才凶光毕露，开始干预朝政，为汉武帝政策的推行造成了不小的麻烦。而刘宏的王美人则太过招摇，竟会在皇后面前不加掩饰，终于得此下场，也足以警示后人。

虽然何皇后位置没失，然而灵帝经此一乱，对其也没了兴趣。非但如此，还将怒气迁到了刘辩身上，对母亲被杀的刘协反而有了莫名的好感。刘宏怕刘协被何皇后毒害，于是将他交到了董太后手里，由董太后抚养成人。

后来孩子都长大了，刘宏认为刘辩这人轻佻无威仪，加之董太后也多次唆使刘宏立刘协为太子，所以刘宏有了立幼的念头。然而，历来只有立长的规矩，没有立幼的道理，长幼之争看似是皇帝一家子的私事，其实不然。废长立幼是封建时代的一个大忌，因为这牵涉原先皇后的位置，以及一干权臣的安排，如果处理不好这其间的种种关节，往往会使矛盾不断激化并最终出现君臣分裂的大问题。因此如此做法必然会遭到群臣的反对，这是刘宏立幼的一个障碍。

刘宏立幼最大的威胁，其实来自外戚何进。当时何进因破黄巾有功而进封慎侯，更以大将军的身份领兵保卫京城，所以他的势力遍布朝野。如果刘宏不立刘辩，刘辩的母亲何皇后和舅舅何进势必有所行动，到时宫廷难免又会出乱子。

刘宏一世荒唐，到了最后也难免为汉室计较，他自己轻佻一世，临死却挑起自己儿子的毛病。也许他有时也想过汉室的危机，只是他却不曾想过，上梁若不正，下梁又如何不歪？后来刘宏病重，于床榻上唤来平生信任的宦官蹇硕，将刘协托付给了他。刘宏的一生到此结束，无论是将汉室的责任留给自己的后代，还是将自己生前无法解决的继承人问题，在死后找个人来替他解决，这样的作风都与其在黄巾之乱中下放地方权力，省得中央操心的做法有着异曲同工之处。

那这个宦官蹇硕是谁？如何能得到皇帝的信任而受托后事？

当时，大将军何进手握大权，汉灵帝倒懂得吸取前人的教训，设官来分何进的权力。他设的官叫西园八校尉，于中平五年（公元188年）设立。西园八校尉由上军校尉蹇硕、中军校尉袁绍、下军校尉鲍鸿、典军校尉曹操、助军左校尉赵融、助军右校尉冯芳、左校尉夏牟、右校尉淳于琼组成，由蹇硕统领，直接受命于皇帝。八校尉声势浩大，显赫无比，虽这样，蹇硕还是畏惧何进的，可见何进当时权力之大。

蹇硕受托于灵帝，于是制订了一个计划。他打算趁灵帝去世之时，秘不发丧，矫诏请何进进宫，然后杀之，最后权力在手，便可以立刘协为帝。这个计划看似高明，实际上却是一个只有宦官才能想出来的昏得不能再昏的昏招，因为当时不但宦官们自己是一个集团，外戚实际上也同样是一个集团。何进只不过是外戚集团的首领，即便把他杀了，外戚依旧有着很强的实力，弄不好会成为一场争夺帝位的宫廷战争。

这次行动无疑是这场最终没有发生的战争的导火线。这场可以推测出来的战争为什么没有发生呢？原因就在于这么一个失败的计划还有一个失败的谋划过程。如意算盘打得再好，如若自己手下有了叛徒，那等于将计划明讲给了敌人听，局面便立即转换了。

蹇硕手下有一个司马叫潘隐，这个潘隐和何进是老朋友，私交甚笃，当他得知了蹇硕的计谋后，急忙给何进带去了暗示的话语。这时，诏令来到，何进撇撇嘴，称病不入宫，遂躲过了一劫。何进不死，外戚的势力不除，立幼之事就无法实现，蹇硕也只得悻悻作罢，看着刘辩被立为皇帝，看着何进一脸得意的模样。回头再看，刘协只能封个王，于是独自感叹，敢怒而不敢言。

与何进的外戚势力作对的还有一个董太后。董太后此人，史书上没记载其家世、名字，应该是个平民出身，地位不高。她当初嫁的不是皇帝，是汉桓帝的堂兄弟解渎亭侯刘苌。后来刘苌的儿子刘宏被看中，当上了皇帝。董太后于是母随子荣，统领皇室后宫。

当初刘宏为防刘协被害，将刘协交由董太后抚养，所以董太后一直站在刘协一边。当然，女人和女人之间的战斗可以轰轰烈烈，也可以悄然无声。董太后和当初的何皇后之间就因为立长立幼的问题明争暗斗着。后来何皇后赢了，当了太后，她这个昔日的太后却不能上升为太皇太后。因为何进和三公联名上了一份奏章，奏章上说董太后原是藩王的妃子，不适合长居宫中，遂将董太后赶回了她的家乡河间。若得天年，却也不差，然而过了不久，董太后便毒发身亡了。《三国演义》中说是何太后下的毒，可能性很大。

刘辩登基，是为汉少帝，昔日的何皇后今天如愿成了何太后。女人欲望一大，什么事都想去做，于是她学着前人一样，临朝称制，当起了幕布后的皇帝。何太后掌权，让何进和太傅袁隗辅政。这袁隗老老实实的，没做什么大事，不过后来他的两个侄子袁绍和袁术却搅进了汉室的混乱，这是后话了。这时，何后掌权，何进辅政，外戚的机会来了。外戚和宦官对斗在汉朝早就成了一种习惯，所以何进刚上任，首要任务自然是灭掉宦官势力。何况此时的天下百姓，都一致口诛笔伐着宦官，于是何进的脑袋动起来了，又一个昏招出现了。

何进要对付宦官，第一个想到的自然是那个想置他于死地的蹇硕。这和当初蹇硕要杀掉何进的整个思考过程简直如出一辙。何进找来西园八校尉排名第二的袁绍，和袁绍一起谋划诛杀蹇硕。蹇硕得知何进要对付他，心里不安，于是去找中常侍赵忠，心想赵忠也是个宦官，也算是一路人。可是当时十常侍中有一个郭胜，这郭胜和何进是老乡，当年何氏能进宫并当上皇后，郭胜是出了点儿力的，因此郭胜是站在何进这边。郭胜让赵忠别和蹇硕一路，结果蹇硕轻而易举被何进诛杀。蹇硕死后，袁绍统领西园八校尉，听命于何进，何进权力遂更进一步。

就如同刚刚所分析的蹇硕那个计划为什么是一个昏招一样，何进的办法跟那个招数如出一辙，所以可以等量代换。蹇硕虽死，宦官还大有人在，张让等十常侍所领势力依然强大，何况当时何太后和宦官势力关系不错，因此何进有所迟疑。何进虽有心彻底根除宦官势力，然而宦官此时的势力还是令他不得不有所忌惮。

就在何进犹豫徘徊时，他想到了外面的势力。所谓家丑不可外扬，借外人之手来管理宫中之事，何进此举，愚蠢至极。

一个昏招带出来另一个昏招，昏招之外还有昏招，这就是整个东汉朝廷腐败黑暗的内幕。在这么一个关键时刻，身为大将军的何进用一个最为昏庸愚蠢的决定结束了这连串的昏招，而这决定的提供者竟是后来魏武帝曹操在早年所遇到的一个最为难啃的敌人——袁绍。

沐猴而冠的何进

何进和袁绍为了对付张让等宦官势力，给各方猛将豪杰下了勤王的诏令，这四方豪杰包括河东太守董卓、河内太守王匡、东郡太守桥瑁、武猛都尉丁原等。

想来何进和袁绍会做出这等事，也是自身无谋之故。何进本来就是个屠夫的儿子，没多少能力，若不是沾了他妹妹的光，皇宫里又怎会有他的足迹？而袁绍是何等人？汉朝有三公，三公地位之高万人俯仰。袁绍就是在这样的家族里长大的。世家大族汝南袁氏，东汉末年那是无人不知无人不晓的，四世中出了五个三公，故号称"四世三公"，门生故吏遍布天下。

袁绍是曾担任过司空的袁逢的庶子，后过继给他的哥哥袁成。袁绍沾着家族的光，又从小喜欢结交名士，所以声望甚大。然而袁绍这人也有很明显的缺陷，这些缺点在后面的官渡之战前被郭嘉等人剖析得淋漓尽致，以至于易中天教授对他直呼蠢蛋。当然，易中天是夸张的幽默说法，是因为有了一个曹操在前作为比较，所以袁绍就显得蠢了点儿，这也是事实。

袁绍年轻时好游侠之事，外加相貌出众，礼贤下士，所以结交了一群朋友。有一次，袁绍从濮阳辞官回家乡汝南，一路上呼朋唤友，场面热闹异常。但一踏入汝南界时，袁绍立即将他的朋友们全部遣散。为什么？因为在汝南有一个许邵，许邵是当时品评人物的权威人士，袁绍可不想让他看到自己做事奢华，这会破坏他的名声。可见袁绍这人明白形象的重要性，所以后来他母亲死了，袁绍恢复了古礼，服丧三年，又追父亲之丧，服丧三年。舆论一片喧哗，袁绍孝子的名声遂大传天下。

后来袁绍更是四处结交各路英雄豪杰，以隐居为名不愿到京城当官。他当时就结交了张邈、何颙、许攸、伍琼等人，这一批人都是当时名士。当时宦官赵忠就偷偷地对众黄门说了："袁本初坐作声价，不应呼召，而养死士。不知此儿欲何所为乎？"（《英雄记》）这话传到了袁绍叔叔袁隗耳里，袁隗大怒，将袁绍叫来责骂了一顿。袁绍倒也知错能改，听从袁隗安排，跟随了何进。

从袁绍的少年生活来看，倒也称得上豪杰名士。然而袁绍只懂得名望的重要，而无谋略，他不具远见，只懂得敌人是宦官，却不知道京外势力才是更大的威胁。袁绍和何进一碰头，做出这等事来，也是可以理解的。这也充分证明了袁绍所代表的一干"四世三公"都只是花架子，根本就没有经天纬地、匡扶朝廷的才干，东汉王朝衰落至此与这帮整天只会纸上谈兵、花天酒地的所谓世卿世禄的大族是分不开的。用"绣花枕头大草包"来形容袁绍是再合适不过了，这样一个人物，再加上更为昏庸无能的何进，能想出什么"好主意"来也就可想而知了。

何进的主簿陈琳认为俩人的主意不妥，一直劝阻何进。只是何进的双眼已经被欲望遮掩，他还能看到什么？所以不管陈琳在旁如何苦劝，何进都一笑置之，他觉得这些文人实在是考虑太多。不久之后，一份诏令就被快马加鞭地送到了各个地方。当时河东有一个满脸肥肉、眉目神情残暴的太守，他接到诏令后，激动得说不出话来。

这个太守就是董卓，字仲颖，出生于陇西临洮（今甘肃岷县）一户殷富的地方豪强家庭，临洮在当时属于汉朝的边远地区，临近西北少数民族羌人的居住地，因此董卓自幼结交了一群羌族的豪侠。

养尊处优养成了董卓那放纵任性的性子，加之董卓的武艺和马术均是一流，《三国志》里说道："卓有才武，膂力少比，双带两鞬，左右驰射。"仗着身世和武艺，当地人无不惧他三分，便是周边羌人都得和他攀攀关系。而董卓为人也是豪爽，因此在他的家乡树立起了威望。后来董卓也打了不少胜仗，官路亨通，直达河东太守。

从这里我们也可以看到，无论是英雄还是奸雄，他终归都是"人之初、性本善"的产物，没有一个人是在刚开始就想当一个坏人的。尤其是比较著名的大反派，你往往在翻阅他的传记的时候都会被他早期的经历吓倒。董卓在初期的这个形象与他后来那个荒淫无道的形象相去甚远，这时候的董卓还是朝廷的一员干将，还是镇守一方的边镇英雄，可是谁能想到，就是这样一个保家护国的守边将领，最后竟然会成为臭名远扬万劫不复的"国贼"。历史有的时候就是这样让人唏嘘怅惋。

董卓在河东太守任上时，边章和韩遂在西凉起事，朝廷派了董卓出兵镇压，结果董卓大获全胜，韩遂等败走榆中。董卓觉得机会难得，必须追剿，因此领兵追到了榆中。而榆中在当时是羌人的势力范围，董卓深入西羌，最终被羌人团团包围，直至军粮殆尽，情势危急。此时的董卓并不慌张，他命令士兵在河中筑起了一个很高的堤坝，截断了上游的流水。羌人以为董卓没了军粮，因此捕鱼充饥，所以也不大在意。然而董卓此举不过是为了迷惑羌人，以此来作为掩护，另寻找时机偷偷撤退。等到敌人发现董卓军队不在时，被堤坝阻断的上游河水已深至人高，羌人无法渡河，董卓因此顺利退回。这场战斗中，朝廷派出六支军队，结果五支败回，只有董卓的兵马全军而退，因此官拜前将军，封侯，又领并州牧。

此时董卓已然称霸一方，屯兵河东，整个陇西都在他的势力范围之内。羽翼日趋丰满，野心也就大了，英雄与奸雄的转变往往就在一瞬间，人一旦拥有了权力和地位，往往就会偏离原先的人生轨道，就像袁绍。按照他的资质，如果生在一个普通人家，经过风雨的磨砺，绝对不会变成那么一个昏庸无能的庸才，就是因为他家门过高，反而害了他。而董卓，原本只想当一个安守本分的守边将领，老老实实地给大汉的皇帝看家护院，可是谁想到事与愿违，偏偏有这样一个千载难逢的机会放在了董卓面前，他又有实力去摘那会导致罪恶的"胜利果实"，他自然不想放弃。

当时的汉朝之乱，有心人都看得出来，董卓不傻，他也明白。因此他于西凉一带拥兵自重，像一只奸诈的野狼般，流着口水，贪婪地望着汉朝，静静地等待着。而汉朝那边也有人看出了董卓的等待，因此灵帝两次下诏，说是给董卓另行安排官职。先是，灵帝征董卓为少府，直属皇甫嵩。然而董卓回他："凉州扰乱，鲸鲵未灭，此臣奋发效命之秋。吏士踊跃，恋恩念报，各遮臣车，辞声恳恻，未得即路也。辄且行前将军事，尽心慰恤，效力行陈。"（《灵帝纪》）说是凉州未定，不宜奉调离开。而后，灵帝再次下诏征董卓为并州牧，将他的兵拨给皇甫嵩，董卓又找了个借口婉拒了灵帝。后来得知灵帝驾崩，朝廷内乱，董卓于心中暗暗窃喜。董卓知道自己的机会来了，但他从没想过竟然会来得如此之快。何进的密诏远在他的计划之外，然而它却像神仙一般降临了。当董卓收到何进的诏令时，大喜过望，立即召集人马，马不停蹄地往京城奔去。

只是在董卓前往京城时，汉朝这边却发生了很大的变化。

何进已经制订了诛杀宦官的计划，然而却迟迟不能实行。这一方面源于张让、赵忠等宦官势力太大，一时不好下手，另一方面也来自何太后的从中阻拦。何太后和宦官们是有些交情的，所以她并不赞成何进诛杀张让等人。另外，何进也是比较容易犹豫的人，当时袁绍一直劝说何进应该尽早下手，不然计划泄露可能会令宦官们先下手为强。然而何进还是一直在准备中，迟迟不动手。

这边张让等十常侍已经知道了何进的计划，因此集结众宦官进行了紧急的讨论。他们决定，与其等人来灭自己，不如自己先下手为强。于是张让便让段珪矫太后诏令，唤何进进宫。当时袁绍在旁，认为这是张让等人的计谋，劝何进不要上当。然而何进不听，竟大大方方地往宫里走去，也不知道是对自己过自信，还是对自己的妹妹过于信任。

张让等人在何进进宫之前便做好了准备，个个兵器在身，并安排了刀斧手埋伏于宫中。何进一踏入嘉德殿，只见尚方监渠穆对面迎来，何进正待打个招呼，渠穆便二话不说亮出了兵器，手起刀落，何进的头便落到了地上。

但是这又能有什么作用呢？朝内之中已经是人心惶惶，谁都知道这次外戚和宦官还有好一阵需要纠缠，谁都不想蹚这浑水。朝外更是一团混乱，黄巾军余党在到处活动，更重要的是西凉的董卓正在气势汹汹地拿着所谓的"檄文"奔赴京城而来。所有的一切都表明，无论是外戚还是宦官，都无法成为这场旷日持久的争斗的最终胜利者。

何进的部下袁绍等人在宫外等候，却迟迟不见何进出来，因此在外面大喊："请大将军出共议。"里面张让听了，大声回应："何进谋反，已伏诛矣。"（《后汉书·何进传》）随后拿起何进的头颅，往墙外一甩，何进的头颅被扔到了宫外。在宫外等待何进的部下吴匡、张彰等人一看，知道事情败露，因此厉声大骂宦官，带兵冲进皇宫。

何进死了，何进的部下就闹起来了。整个汉宫经过何进部下的清洗，彻底垮了。而压倒大汉朝这个垂死的巨型骆驼的最后一根大稻草无疑是何进，可以说他耽误了整个汉朝的命运，成了黄巾军大锤之后的那个清理战场的小锉刀。

何进本来是想利用他外戚的身份，再加上大将军的官位来匡扶寰宇而定乾坤，这想法本来无可厚非。我们可以想见，即便是再来一次外戚与宦官的恶性循环，最起码汉朝要比以后的献帝被当作一个工具一样被人控制要强得多。前面何进犯的所有错都可以避之不提，因为他还在外戚宦官争权的这个死循环的历史悖论之中，但是他的最后一个决定可是引爆了当时的政坛，让这个本来是一个死循环的问题突然变成了外地太守进京勤王的事件，这样一来，宫廷政变行动就成了一个不在皇家控制之下的外来入侵事件。把朝廷置于外来割据军阀的手中，更何况还是彪悍的西凉董卓的部队。这样的主意是打着拯救汉室的旗号而发出的，但是它却在根本上压倒了大汉朝廷。所以，何进主导的这个事件成了以后史书当中最为诟病的一点。

　　关于何进召进董卓一事，罗贯中在《三国演义》里借曹操之口说："乱天下者，必何进也。"而历史上的曹操在他的诗作《薤露行》也说何进是"沐猴而冠带，知小而谋强"。另三国时吴人谢承也有评价："何进借元舅之资，据辅政之权，内倚太后临朝之威，外迎群英乘风之势，卒而事败阉竖，身死功颓，为世所悲，岂智不足而权有余乎？"（《匈奴汉国书》）从谢承的话中可知，权力和能力的协调也是一门学问。再看后来汉朝的整个走向，对何进的指责想来也不为过了。

董卓进京

　　何进死后，他的部下如虎狼般地闯入了宫里，兵器在宫中耀武扬威，皇宫顿时成了战场。

　　何进这人，或许无谋，然而素来对部下很好，因此他的部下吴匡、刘璋等人一听何进被宦官所杀，顿时怒从中来，带兵直入宫殿捕杀宦官。然而宫殿此时门已紧锁，张让等十常侍正在里面瑟瑟发抖。他们派兵紧守着宫门，自己在里面跺脚转圈地想着办法。吴匡等人在外面也是久攻不下，此时恰逢袁术带兵而来，吴匡大喜，两人合兵共同攻打宫门。宫门不久即被攻破，两军直入宫中，到处搜捕，仍然不见张让等人。袁术于是放火烧了南宫九龙门和东、西两宫，想尽一切办法要把张让逼出来。

可怜宏伟尊贵如皇城，此时已成了一片火海。张让见大祸临头，非常时刻只能用非常办法，因此带领着一伙人面见太后，向太后诬蔑何进造反了，在外头烧了宫殿。太后还没来得及反应，就被张让一伙人架起了胳膊，往北宫走去。张让等人劫持的不仅仅是太后，还有少帝刘辩和陈留王刘协，以及一些官员。

张让等人带着皇帝一群人往北宫逃去。当时太后由段珪劫持着，慌乱着往北跑去，却在阁道上遇到了卢植。卢植拿了一把长戈凛然站立在阁道窗下，用一双不容进犯的眼睛瞪着段珪。段珪见状，原本慌乱的心此时更加恐惧，无可奈何，只有放了太后，自己逃亡而去。

当时吴匡、袁术等人还在宫里四处搜寻着宦官。此时袁绍先是和他的叔叔袁隗矫诏召来樊陵、许相，将他们斩杀，然后和何进的弟弟何苗领兵追到了北宫，赵忠被何苗斩杀。吴匡见何苗前来，怀疑他和宦官同谋。其实本是吴匡和何苗不和，因此利用这一个机会挑起了士兵们的怒火。只见吴匡指着何苗，装着义愤填膺的样子，大声地对士兵们说："杀大将军者即车骑也，士吏能为报仇乎？"（《后汉书·何进传》）士兵们皆呼喝响应，因此吴匡便和董卓的弟弟董旻一起杀死了何苗。何氏一族倘若安心在家乡做做小生意，想也不至于如此，这便是古人福祸相依的教训。

再说何苗死后，袁绍领兵将北宫团团围住，命令他的士兵们凡是看见没留胡子的，都一并杀绝。袁绍就这样采取了滥杀政策，在北宫里大肆地捕杀宦官，死者竟达两千多人。此时宫内已经乱得堪比一个战国，兼之火势之猛，更将皇宫燃成了地狱的轮廓。张让等人陷入如此困境，也只有出逃了。于是他们劫持着皇帝和陈留王等，从小门逃出，官员们大多追不上，只有卢植和闵贡尾随其后。到了黄河的渡口小平津时，张让一伙人被闵贡追上，闵贡大声斥责张让等人祸国乱政，斩杀了好几个宦官。张让等见大势已去，纷纷跳河而死。

　　至此，扰乱汉室许久的外戚和宦官两股势力尽皆除尽，可谓是"白茫茫大地真干净"，东汉王朝历经了几代帝王而不断循环着的死循环，终于在这一刻寻找到了这样的一个出口。吕思勉先生在他的《三国史话》里指出："何进的死，虽然京城里经过一番扰乱，恰好把积年盘踞的宦官除掉了，倒像患外症的施行了手术一般。所以经过这一番扰乱以后，倒是一个图治的好机会。"然而历史的前进从来不是直线的，而是循环交替，慢慢地前行。大致而言，结束是另一种开始，又所谓旧的不去，新的不来，外戚和宦官是没了，但东汉并没有开始一轮崭新的清明岁月，因为董卓进京了。

　　当时董卓接到何进的诏令，便开始整兵出发。兵还未到京城，何进被杀的消息就传来了。得知城里大乱，董卓加快行程，往京城而去。

　　另外一边，闵贡救回了少帝和陈留王后，便乘着夜色往南徒步而行。后走到了一户民家，找人家要了两匹马，刘辩自骑一马，闵贡和陈留王共乘一马，继续往南而行。过了一天后，接应的官员才纷纷多了起来。

董卓到了京城后，听说少帝已经到了皇城北边，就快要回宫了，于是召集了一批大臣和他的士兵一起到洛阳城北的北芒迎接皇帝。当时董卓一行人看到了皇帝归来，急忙迎上前去。皇帝一行人中有一个叫作崔烈的太尉，他看到董卓后面跟着数千名骑兵，心有不安，于是呵斥董卓回避。董卓大怒，回骂崔烈："昼夜三百里来，何云避，我不能断卿头邪？"（张璠《汉纪》）到了这个地步，董卓不需要再装了，不需要再等待了，他把下马威的刀用在了太尉这个大官之上。

之后董卓上前拜见了少帝，对少帝说："陛下令常侍小黄门作乱乃尔，以取祸败，为负不小邪？"（张璠《汉纪》）少帝见了董卓后一直哭，一句话都说不出来。当时有个大臣就跟董卓说了："有诏却兵。"就是让董卓退兵。董卓反而顶撞他说："公诸人为国大臣，不能匡正王室，致使国家播荡，何却兵之有！"（张璠《汉纪》）众臣见董卓嚣张而来，却也无可奈何。

董卓见少帝抽抽搭搭地，遂不想再问他，于是转而问少帝旁边的陈留王刘协祸乱的经过。刘协回应董卓，从头到尾，娓娓讲来。董卓一听，大喜，便将刘协抱起，和他一起走。董卓因此遂有废少帝立刘协之意。其实如果刘协真比刘辩聪明，董卓又如何会立他呢？董卓是来掌权的，不是来兴汉的，他需要的并不是一个厉害的皇帝，而是一个容易控制的皇帝。据《匈奴汉国书》里记载，因为董卓是董太后的亲戚，而董太后当初是站在刘协这边的，所以董卓自然有立刘协为帝的念头。但是这层关系其实不好考证，董太后是河间（今河北）人，董卓是陇西（今甘肃）人，如果有点儿关系，怕也只是远亲而已。所以这解释有点儿牵强。

其实董卓废少帝的原因是很明显的，那就是为了削弱何太后的势力。记得死于宫室之乱时的何苗吗？何苗是何进的弟弟，何太后的哥哥。当时杀死何苗，有董卓的弟弟董旻的份，何太后对此又怎么能不记挂着？就是没有何苗的死，少帝若存一天，就意味着何太后的势力存在着一天，这显然不利于董卓的专权。而刘协就不一样了，刘协的母亲王美人在他还没懂事的时候就死了，而抚养他的董太后也死了，所以刘协当时没有靠山。一个没有靠山的皇帝，是最容易控制的。

刘协可谓是真正的"真命天子""神龙在世"，本来在自己父皇当政的时候就想立他作为皇位的继承人，只不过有碍于"立长不立幼"的传统，才使得刘协与皇位失之交臂，只能够当个陈留王。但是，可谓是"吉人自有天命"，虽然他自己也许不想当这个皇帝，但是偏偏有人希望他能当上皇帝。当初蹇硕就是为了保障刘协能够登上皇位才对大将军何进起了杀心从而导致了后来的一系列悲剧性事件。蹇硕死了，何进死了，董卓却来了，又想让刘协做这个皇帝，历史有时候真的是让人无奈。这么一个孩子，竟然会得到如此多的"赏识"，也就命中注定了刘协"傀儡皇帝"的这个悲剧性角色。

对于董卓北芒迎主一事，据说于汉灵帝末年民间就有童谣传出。童谣是这样唱的：侯非侯，王非王，千乘万骑上北芒。关于"侯非侯"一句，因刘辩少时寄养在道人史子眇处，故称"史侯"，所以"侯非侯"说的便是少帝刘辩登基的事，而"王非王"说的是陈留王刘协即将取代刘辩为帝的事，而"千乘万骑上北芒"说的自然是董卓带领着他的士兵和一批大臣到北芒迎接皇帝的事。

这童谣以谐趣的方式道出了当时政局的混乱。当然，这童谣不可能产生于汉灵帝期间，现代的研究基本认为是献帝时编造的，其目的自然是愚民，从而巩固统治者的位置。事实上，这类的文字在中国古代的文字史料之中随处可见。

若从整个宫变的过程来看，其实董卓进京霸权一事，倒也不能全怪何进。何进死后，袁绍可以说是当时最能够统御朝廷大臣对付董卓的人物。当初何进将董卓唤了进来，别说这其中本有袁绍的计谋，便是全部是何进的主意，倘若袁绍等人在何进犯错后处理得当，董卓或许还不能得利。然而袁绍等人却如丧失了人性，只顾着杀尽宦官，仿佛天底下的敌人就只有宦官一样，结果让董卓找到了个缝钻。因此，王夫之后来在读到三国历史时，也难免感叹几句："袁绍兄弟包藏祸心，乘时构乱，而无勠力王室之诚。"（《读通鉴论》）

感叹归感叹，后人的感叹也改变不了这样一幕场景：北芒山上，胜利的董卓露出了一丝奸笑，引领众臣带着皇帝回宫。从此，董卓开始了他的暴政之路。

我要废皇帝

董卓毕竟是军人出身，他掌控朝廷的第一步，便是将军事搬上了他的政治舞台。

任何一个执政者都需要有自己的靠山来巩固自己的统治，这种靠山可以是虚化的也可以是实际的。在治世时期，皇帝可以说自己的权力是上天赐予的，所谓"受命于天"；而乱世时期，这种空洞的说辞再加上封建的礼教已经很难掌握局势了，在这个时候，无论官位大小还是什么"四世三公"的身世，在强大的军事力量面前都没有用。而董卓恰恰是握有兵权的人物，他需要用一个办法让在京城的百官知晓他的实力，从而不敢与这个东汉末年的"窃国大盗"抗衡。

进了京城后，董卓统属的兵力其实不多，他明白，没有掌握强大的军事力量，要想征服百官，威慑朝廷是不可能的。所以董卓想出了一个办法：他每隔四五天，就会派部队偷偷地溜出京都，然后第二天再叫他们浩浩荡荡地进来。这就给在朝文武造成了千军万马浩荡不绝的错觉，于是整个洛阳威慑于董卓的奸计之下。然而，这毕竟不是长久之计，部队在往复表演之时，董卓也趁机在暗中收揽着兵士。

何进、何苗已死，生前所统士兵到最后都让董卓收编了。另外，当初何进召各方豪杰时，有一个叫丁原的也统兵前来帮忙。董卓看中了他的部队，便有心杀之。当时丁原身边有一员猛将，名叫吕布，字奉先，臂力过人，武艺高超，号为"飞将"。吕布见信于丁原，董卓于是便用利益引诱吕布杀了丁原。丁原一死，所统部队遂全部归了董卓。而董卓也收了吕布，"甚爱信之，誓为父子"（《三国志·魏书·吕布传》）。吕布之无信，由此渐显。但是这样的记载也仅仅是显示了吕布此人并没有十足的忠诚感，并不能体现后世所称的吕布"三姓家奴"，因为他并没有将丁原认作"义父"，这样的说法完全是罗贯中对这段故事进行了艺术加工，从而更好地体现出了吕布见利忘义的性格。

这个故事的主角还有一匹赤兔宝马，是董卓送给吕布的见面礼，而这匹马在史籍中只见其名，也知道它是吕布所拥有，但是不是董卓为了拉拢吕布去刺杀丁原而赠送，这件事情就存在了出入。所以这一段故事也是罗贯中经过了相当的艺术加工而写入《三国演义》之中的。现实中的吕将军也许并不是小说中的那副贪婪无耻的形象。

收编了何进、丁原等人的部队后，董卓兵力大增，不需要再像以前那样做表面功夫了，也因此霸道得理直气壮了。当时宦官势力已经被袁绍等人尽皆剪除，所以董卓现在若说有所畏惧的，也就是何氏的残余势力了。这势力包括何太后和袁绍等。何进死后，袁绍接管了西园八校尉，曹操等人都属于袁绍治下。西园八校尉在灵帝之时虽然显赫，其后几经波折，已经大不如前了，起码较之董卓的势力，是不能相比的，所以袁绍对董卓还是有所畏惧。当时有一个叫鲍信的人就曾劝说袁绍趁董卓势力未发展之机先杀了他，然而袁绍惧怕董卓，不敢乱来。只是袁绍名望最大，所以董卓的算盘就先打在了他的身上。

董卓偷偷叫来袁绍，和他商议废帝之事。倘若袁绍赞成，废帝之事自然顺利许多，袁绍也和他成了一伙儿。若是袁绍不赞成，当然也阻挡不了他废帝的进程，而他也刚好找个理由和袁绍撕破脸，趁机消除袁绍的势力。袁绍是绝对不愿意刘协成为皇帝的，罢免董太后之时，他和何进就是一伙儿的，刘协虽小，起码能记挂董太后的抚养之恩。刘协成为皇帝，对他是有害而无利。当时袁绍就找了个借口，他说这是大事，要找他的叔叔袁隗商量一下。袁隗当时还是三公之一的太傅，但董卓又怎么会惧怕他这个名号。

董卓见袁绍婉拒，一不能与其共谋，二不能与其决裂，只好将话往里更逼一步，他说："刘氏种不足复遗。"意思就是刘邦的子孙没有一个能比得上刘协这个人了。袁绍听了这话，无所回应，横刀长揖而去。出了宫门后，袁绍知道董卓这回是要针对自己了，留在京城中只怕夜长梦多，因此逃往冀州投奔韩馥去了，而董卓果然派人捕抓袁绍。

所幸当时有侍中周毖、城门校尉伍琼、议郎何颙等人，这群人都是袁绍年少时结交的死党，这时又见信于董卓，因此他们就在董卓面前替袁绍说话了。他们说："夫废立大事，非常人所及。绍不达大体，恐惧故出奔，非有他志也。今购之急，势必为变。袁氏树恩四世，门世故吏遍于天下，若收豪杰以聚徒众，英雄因之而起，则山东非公之有也。不如赦之，拜一郡守，则绍喜于免罪，必无患矣。"（《三国志·董二袁刘传》）大意是说袁绍因为害怕废立这等大事因此出逃，别无他意，董卓若逼急了反而不好，毕竟袁绍是名家之后，倒不如赦免他，封个小官。董卓一听，倒也觉得有点儿道理，因此听从了众名士的建议，拜袁绍为渤海太守，封邟乡侯。

这之后，袁术和曹操也因为不想参与董卓的废帝，纷纷出逃。袁术逃往南阳张咨处，而曹操则逃往陈留张邈处。董卓刚执政时，周毖和伍琼就向董卓提出了一个方案：将京内的官员外派到重要州郡担任长官以加强地方控制。随着这个方案上交的是一份名单，这其中就包括了尚书韩馥、骑都尉张邈、颍川名士张咨等人。随后韩馥去了冀州，张邈去了陈留，而张咨则去了南阳。然后看看袁绍三人出逃的地方，都是这一伙人掌管的地界。而三人出逃以后，不久一众地方官就纷纷举起讨董旗帜来，组成了庞大的讨董联盟。有人根据这样一个线索，认为自从董卓刚执政时，袁绍等人就制定出了一个大阴谋。诚然，这只是一个猜测，毕竟后来联盟军之间的互相猜忌难以让人相信他们之间曾经有如此坚定的共同目标。

有志之士尽皆出逃，而董卓仍旧继续着他的废帝阴谋。他召集了一批大臣，对他们说："大者天地，次者君臣，所以为治。今皇帝暗弱，不可以奉宗庙，为天下主。欲依伊尹、霍光故事，立陈留王，何如？"（《后汉书·献帝纪》）当初太甲荒乱，伊尹放之，刘贺无度，霍光废之，皆是罢得有理有据的。现如今，汉少帝刘辩刚继位不久，都还没做什么，何谈混乱无度？而董卓是什么人？无贤之人。无贤之人想效仿先贤，犹如东施学西施，自然是不会有人去称美的。所以董卓想废少帝，在众臣看来，自然是野蛮任性之事。

天下换主，是不得已而为之的事，只是董卓蛮横，摆明着废帝之事是必然要做的，跟大臣议论不过走走形式，给大家一个面子而已，因此大臣们都不敢回应他。董卓见无人回应，更加大声地说："昔霍光定策，延年按剑。有敢沮大议，皆以军法从之！"（《后汉书·董卓传》）厉声至此，大臣更惧，为求自保只得唯唯诺诺，任由董卓蛮横而行。只是汉室虽败，也有正直之臣，这时就有人站出来反对了。

"案尚书太甲既立不明，伊尹放之桐宫。昌邑王立二十七日，罪过千馀，故霍光废之。今上富于春秋，行未有失，非前事之比也。"（《后汉书·献帝纪》）这话是卢植说的。董卓想不到还有不明局面之人敢出来顶撞他，因此大怒，会议不欢而散。事后，董卓想杀了卢植，幸得侍中蔡邕苦苦相劝，得免。卢植被罢官，逃到上谷，从此隐居不问世事。

董卓废帝之事不会就此罢休，因此他又集合百官，对百官说："太后逼迫永乐太后，令以忧死，逆妇姑之礼，无孝顺之节。天子幼质，软弱不君。昔伊尹放太甲，霍光废昌邑，著在典籍，金以为善。今太后宜如太甲，皇帝宜如昌邑。陈留王仁孝，宜即尊皇祚。"（《后汉书·献帝纪》）董卓当初被卢植反问了一口，所以这次将何太后毒死王美人的往事也拿出来作为废帝的依据了。卢植走了，这次没人出来反对董卓了，董卓顺了意，废掉了何太后和汉少帝，立陈留王刘协为帝，是为汉献帝，时为公元 189 年。

董卓在军事上或许有点儿谋略，然而到了政治上就成了一个"草包"。吕思勉在《三国史话》里也说了，董卓是个不懂政治的人，刚一上政治舞台，头一件事就是废帝，可知无故废立该做好接受多大攻击的准备。就是忠臣要废皇帝，都不敢轻易为之，何况是奸雄。倘若势力不稳，一上来就被人抓住了那么大的辫子，那倒台并不是一件难事了，毕竟，"哪有一入手便先做一件受人攻击之事的呢？"

也许是过于自信，也许是这样的一个行动的影响有多么巨大董卓真的浑然不知，但他毕竟是做出了这样的一个事件，从此走上了一条不归路。当时的少帝刘辩仅仅是个小孩子，但是董卓真是一个十足的"大胆行动派"，他竟然就这么生生地给少帝胡乱安上了几个罪名就把少帝给废了，同时还驱逐了当时在朝中极有名望的另一个"草包"袁绍，不得不说董卓这个人是有着相当的实力与胆魄的。但是正如吕思勉先生所说，在这种情形之下，董卓做出的这个废帝的选择跟袁绍让何进做出的选择其实没有什么本质上的区别，确确实实是昏招中的昏招。

如果董卓进京之后，能够摆出一副稳定大局的伪善嘴脸，迅速地稳定住当时京内的局势，先换得一个振兴汉室，应诏勤王的美名。在这之后在京内慢慢培植自己的势力，将这个过程缓缓推进，可以说刘家天下变成董家天下也不是不可能的事情。但是历史毕竟不允许假设，董卓已经做出了不能挽回的决定，他废黜了一个本不该被废黜的皇帝，把自己一下子摆在了朝廷大臣和整个的残存外戚集团的对立面，过于信任自己的实力，最终却导致了整个夺权计划的破产，导致了霸业的最终失败。

董卓是历史上少有的以残暴为性格特点的一个人物。董卓废帝只是他做的众多倒行逆施之事中的其一，若要数起他的罪行，那自然可自成一篇，罄竹难书了，而这之上记载的每一个故事都标志着一个守边英雄向一个"国贼""魔王"的完全蜕变。

曹阿瞒来了

董卓万恶，若无何进诏令，又如何有机会进京施暴？难怪乎当时何进被宦官所杀，有个人偷偷在后方讥笑着："阉竖之官……当诛元恶，一狱吏足矣，何必纷纷召外将乎？欲尽诛之，事必宣露，吾见其败也。"待到董卓火烧洛阳时，汉朝一副混乱之景又被这个人浓缩到了一首诗歌里，题名为《薤露行》：

惟汉廿二世，所任诚不良。

沐猴而冠带，知小而谋强。

犹豫不敢断，因狩执君王。

白虹为贯日，己亦先受殃。

贼臣持国柄，杀主灭宇京。

荡覆帝基业，宗庙以燔丧。

播越西迁移，号泣而且行。

瞻彼洛城郭，微子为哀伤。

《薤露行》语言古朴简练，采用了汉代以来最常用的乐府诗的形式将大汉的整个形势表述得淋漓尽致。写了汉末董卓之乱的前因后果，读来如浏览一幅汉末的历史画卷。无论是外戚宦官专权，还是君王的昏庸腐朽，无论是对过去汉朝的怅惋还是对现今朝廷的不满，只用了短短几行字就娓娓道来，足以体现出作者对于政治的远见与抱负，也足以体现出作者的才情。这个人是谁，有如此才情，将政治远见和文学修养齐收怀中？

正如人们所知，这人就是魏国的奠基者，姓曹名操，字孟德，小字阿瞒。黄沙之中走出了三个英雄，而乱世则造就了这样一个忠奸并立，亦庄亦谐的复杂英雄。

曹操生于汉桓帝永寿元年（公元155年），沛国谯（今安徽亳州）人。其祖父曹腾是东汉宦官，历经四帝，在宫中服侍三十多年，从未有显著过失，更能推荐贤人。后迎立桓帝有功，拜官至大长秋。当时有一个叫种暠的上书弹劾他，他却不以为意，将种暠作为能臣推荐给皇帝，后种暠官至司徒，常言："今身为公，乃曹常侍力焉。"（《后汉书·宦者列传》）

曹腾有个养子叫曹嵩，官至太尉，《匈奴汉国书》里说是贿赂宦官而得，也有说是出钱买的。曹嵩出身不详，陈寿说是"莫能审其生出本末"（《三国志·魏书·武帝纪》），也有人说曹嵩本姓夏侯，是后来跟随曹操的大将夏侯惇的叔父，因此《三国志》里夏侯和诸曹共为一传，也是事出有因，而这样也就不难解释为什么后来曹操的大将夏侯惇、夏侯渊等人对曹操的忠心耿耿。

如果说刘备是依靠其人格魅力真诚待人，而让本来是自己臣下的人变成亲兄弟一般的战友，那么曹操就是真正的有一支属于自己宗族的将领团体帮助其南征北战。这在那个人和人之间极度缺乏信任的混乱时代是极为必要的。一方面有共同的利益，另一方面又有共同的血缘，这明显比后来附加上去的义气也好友情也好的关系要来得更加紧密一些。再到后来夏侯氏家族的人成为曹魏政权建立其强大军事力量的中流砥柱，是其他两国都十分缺乏的一个有利条件。

曹操出身富豪之家，从小便有纨绔子弟的习性。裴松之引《曹瞒传》：曹操"少好飞鹰走狗，游荡无度"，因此他的叔父经常告诫曹嵩，让曹嵩好好教导儿子。曹操见他的叔父如此多管闲事，心里便有点儿不高兴。有一次，曹操在路上遇见了他叔父，曹操立即摆出歪脸斜嘴的模样来，他叔父看见了觉得奇怪，急忙询问曹操发生了什么事。曹操用他歪了一边的嘴巴口齿不清地说："卒中恶风。"他的叔父听曹操说他自己中风了，吓了一跳，连忙去问曹嵩。曹嵩听了也吓了一跳，连忙去问曹操。结果曹嵩见曹操面目正常，并无中风迹象，就问："叔父言汝中风，已差乎？"曹操眼睛一转，用抱怨的语气说："初不中风，但失爱于叔父，故见罔耳。"（《三国志·魏书·武帝纪》）就是说根本就是他叔父不喜欢他，所以说他坏话。曹嵩一听，竟然怀疑起他的弟弟来了，因此以后曹操的叔父再说曹操在外面怎么怎么胡来，曹嵩都不相信了。

曹操自小便会耍点儿小聪明，可见此人机灵，有心计。只是曹操自幼不务正业，所以当时的人都不觉得这是一个可以做大事的人。然而千里马有，伯乐自然也会有，在舆论可谓一边倒的时候，有两个人站出来为曹操说话了，这两个人便是桥玄和何颙，均为当时名士。何颙说曹操是："汉家将亡，安天下者必此人也。"（《匈奴汉国书》）而桥玄见曹操，也觉得他日后必有大为，于是这样对曹操说："天下将乱，非命世之才不能济也，能安之者，其在君乎。"（《三国志·魏书·武帝纪》）非但如此，他还说："吾老矣！原以妻子为讬。"可见桥玄对曹操的看重程度非同一般。

桥玄还让曹操去结识许子将，许子将就是那个让袁绍敬畏到遣散众人的许邵。曹操于是去拜访许邵，遂和许邵结为朋友。结交了权威人士许邵后，曹操"由是知名"（刘义庆《世说新语》）。而许邵后来对曹操的一句点评，也就此成了对于曹操的经典评价。这就是——

"治世之能臣，乱世之奸雄"（孙盛《异同杂语》）。

其实这句经典评价在《三国志·许邵传》里是这样的："君清平之奸贼，乱世之英雄。"这两句话看似有概念的调换，其实如果看作是互文手法，倒也并无矛盾。两句话都说明了曹操这个人有野心，有才能，在清平时能治世，在乱世时能安世。但如果继续按着曹操的性子深究下去，自然是《许邵传》里的描述较为正确。

曹操名声既出，到了二十岁时举为孝廉，被任命为洛阳北都尉。洛阳是都城，皇亲贵族、权势之人聚集之处，要为官公正势必会招惹权势。可是曹操毫无畏惧，一上任就申明禁令、严肃法纪。他打造了二十多根五色大棒，于衙门左右各悬立十余根，明令：有犯禁者，皆棒杀之。当时蹇硕得灵帝宠信，正值显赫之时，他的叔父蹇图违禁夜行，曹操不怕蹇硕在朝的威势，将蹇图抓起，用五色棒活活打死。这事一出，顿时"京师敛迹，莫敢犯者"（《曹瞒传》），然而也因此引来了众多权贵的忌恨。曹操若出身低微，此时只怕权贵围攻，无所遁迹。然而曹操的父亲曹嵩是宫中大臣，碍于曹嵩的身份，曹操明升实降，被调离洛阳，到顿丘（今河南清丰）任顿丘令。后来因其妹夫被诛，牵连曹操被免官。接着又因为曹操有学识，复拜为议郎。

后来黄巾之乱爆发，曹操破黄巾有功，封为济南相。济南地区也是大小官吏权钱交结，贪赃枉法之官四处泛滥。曹操任相时，治事一如洛阳北都尉，严政对之，刚一上任便大力整饬，一下便奏免大量贪官污吏，一时济南震动，"奸宄逃窜，郡界肃然"（《三国志·魏书·武帝纪》）。由此可见曹操和刘备的差别，一人以仁，一人以严，犹如儒与法两家的对立。而后来证明，仁严并施，才是王者之道。

曹操任官期间，见朝廷不明，危害士人，多次进谏却又不被灵帝采纳，因此对朝廷有所寒心，不再进言。后更称病不当官，告归乡里，"春夏习读书传，秋冬弋猎，以自娱乐"。由此可见曹操也曾有心于汉室，只是汉室不争，令臣子失望。

曹操此时虽在家静养，朝廷上下却也还惦记着他的威望。当时有冀州刺史王芬，因皇室混乱，遂和南阳名士许攸等阴谋废掉汉灵帝，换立灵帝的弟弟合肥侯。他们想多拉些人来入伙，就找上了曹操。可是曹操的政治算盘打得精，不是这些人所能比的。他认为废帝之事非同凡比，当年伊尹、霍光能成功换帝，因为有声望，有权势。曹操还列举了西汉吴王发起的七国之乱来作为对比，他认为王芬等人不过地方小官，比起当年的七国，根本不是一个等级，而合肥侯也根本无法和当年的吴王、楚王相比。七国之乱尚且失败，何况王芬等人？曹操因此拒绝了他们，后来王芬果然事败自杀。

曹操在家一段时日后，中平五年（公元188年），汉灵帝设立西园八校尉，曹操就任典军校尉。后董卓进京，京城大乱，想要拉拢曹操，曹操认为董卓无道必败，不愿与之共事，因此改名易姓，逃出京城。后世民间演绎出曹操献刀的故事来，表明了百姓对于暴政的憎恶，也寄予了找回明政的希望。

曹操的确是个不拘礼节之人，所以他后来的招贤标准是"唯才是用"。或许他认为多余的礼节有时候会成为一种禁锢，如果万事定要顺着一个标准而行，世界难免陷入形式主义的泥沼。这样的人是活在现实之中的，没有太多的原则束缚。可是他不给自己束缚，社会也会给他束缚，所以曹操这人在一种意识形态非常顽固的社会里，是不会有什么好名声的。

曹操生于儒家为大的封建社会里是不幸的，可是不幸中的大幸，曹操生于乱世，乱世时礼崩乐坏，环境适合曹操，曹操才能有大展身手的舞台。所以无论是何颙或者桥玄，他们在评价曹操时并不是说这人多有礼节，而是说曹操必是"安乱世"的人，可见他们看中的是曹操的才，而不是曹操的德。再看许邵的那句话，为什么会说《许邵传》里的描述更为正确？既然曹操是不拘礼节之人，清平之时礼数繁复，曹操自然难于为世人所容。而曹操虽然没有传统意义上的德，却是有才之人，有才之人在乱世必有用武之地，所以许邵说："君清平之奸贼，乱世之英雄。"

乱世和清平的差别不过说出了曹操不是什么有"德"之人，无怪乎陈寿要说曹操是"非常之人，超世之杰"，而这也是为什么曹操的形象随着时代的逐渐开明而越趋正面。

而且最重要的一点，曹操是真实的而不是虚幻的，是实在的而不是虚伪的，这在当时的士人阶层当中是很少见的。长期以来，由于多年的和平时光，使得士人们身上缺少了一种真实的性格。在朝堂之上只会发表一些溜须拍马，官样文章的言论，对国家、对社稷来说实在是没有什么用途。自东汉以来，外戚和宦官又相互掌权，把整个朝堂弄得更是乌烟瘴气。尽管士子们对这种恶性循环早有认识并且多有非议，但是在强权面前为了维持自己的地位甚至是自己的生命，士子们不得不媚上欺下，被迫成为外戚和宦官集团的帮凶，但这也导致了整个官场之上信息更为不灵，更没有人敢提出相反的意见。

这些人在官场上压抑了，在家中又有一套剪不断理还乱的家中礼仪，有儒家经典的重重道理，整个人活得大气也不敢出，许多官员就在这种政治空气下、社会环境下，度过了自己碌碌无为的几十年时光，然后向这个世界告别。但曹操是个例外，他不会选择去奉承他人，而只会遵从他自己的意志，完成自己心中的那个目标。不像当时的士子般虚伪，只要他想要达到，那么天下人都会知道他的目的是什么。

无论我们对曹操的评价是什么，此时他仍旧是一个初出茅庐的年轻人，仍旧是一个敢于向霸权挑战的反抗者。他需要找到自己的伙伴，实现自己终结乱世的抱负，把这个魔王董卓彻底送进历史的坟墓中去。而董卓的掘墓人正是这个奔逃出京城的年轻人，大汉的基业在未来将与这个人息息相关。

各路英雄齐上阵

曹操逃出了京师，不在董卓眼皮底下了，此时的他犹如猛虎出山，天地之大已足够让他伸展手脚。

此时天下的形势是这样的。

东汉时期，州刺史原本仅仅是一个基于监察功能而形成的一个官位。慢慢地，随着中央集权的加强，这些派驻地方的监察官员的权力越来越大，逐渐形成了这个官员署理整个区域行政、军事的一个制度。州刺史就变成了州牧，州就正式形成了一个独立的行政单位。

由于地方的权力过大过强，在东汉末年，一个地方的州牧通常就成了这个地方封建军阀割据的最高首脑，名义上这些人仍旧是大汉的臣子，接受汉室的册封，但实际上都在各自的区域实行着完全独立的体制。

当时冀州袁绍的势力最大，荆州刘表和益州刘璋都偏安一隅，其他中原各州各有军阀把持，因此很难形成一股真正对抗董卓强权的力量。而曹操的目的就是先自己起兵，培植势力，等到势力强大的时候再联络这些地方的割据长官，共同对抗董卓的暴政，从而实现推翻董卓，重新振兴汉室的理想。但刚刚出逃的曹操是一只惊弓之鸟，刚才的叙述仅仅是曹操镇定之后要做的事情，现在他正在逃亡的路上。这条道路也为他在后世留下了一句不朽的名言。

曹操带着数骑一路东归，来到了成皋县。成皋县里有他的故人吕伯奢，曹操因此到他家去借住一夜。正巧吕伯奢出行，不在家里，招待曹操的是他的五个儿子。当时曹操是背着董卓的命令出逃的，因此他担心这五个儿子会不安好心，将自己的行踪报以董卓，所以曹操时刻保持着警惕。到了夜里，曹操忽然听见外面响起了磨刀声，还有铁器相撞声铿铿而响。曹操大疑，觉得一定是吕家诸子要图谋杀害自己，因此二话不说拿起了手旁的剑，冲出房去，将所见之人尽皆杀死。待到发现原来是食器的声音时，曹操自责不已。然而大错已成，无可挽回，曹操因此安慰自己说："宁我负人，毋人负我！"（孙盛《异同杂语》）遂带着满腔悔意，黯淡而去。

"宁我负人，毋人负我"的意思乍看之下是"宁愿我辜负别人，不要让别人来辜负我"，这本是一句极其自私自利的言语，再经由后人演绎，更是成了"宁教我负天下人，休教天下人负我"这样一句自大的狂语。后人喜欢拿这句话来攻击曹操，然而曹操真是如此自私自大之人吗？其实，"宁"字有难道的意思，而"毋"字也可通"无"，即是没有，所以这句话有另一种解释，就是"难道只有我对不起别人，别人就没有对不起我？"很明显，这是英雄在犯错过后因不愿过于自责而安慰自己的言语，加上当时曹操说这句话时的语气是"凄怆"的，所以后一个解释显然更说得通。其实后来曹操在作战时，胜利也笑，失败也笑，是个懂得自嘲的人，所以后一个解释也更符合他的性格。而很多人用此事和梦中杀人的故事来指责曹操的多疑，曹操固然多疑，然而乱世之中，人人自危，若不谨慎点儿又如何自保其身？

后来曹操逃到中牟县时，为一亭长逮捕，送往县里拘留。县里功曹素闻曹操之名，以为乱世之时，不应该拘押当时英雄，因此偷偷将他放走。想一小官也有如此见识，倘若当时汉室不乱，以才举官，民间卧虎藏龙之士自然有舞台可任其发挥，那么汉朝的兴废自是另一番景象了。

上述的这个故事后来在《三国演义》当中被演绎成了当时的中牟县令陈宫把曹操给抓了起来，因为感慨他的情怀，于是便和曹操一起出逃。结果在半道发生了吕伯奢家里的那个事件，陈宫问曹操为何如此残忍，曹操便抛出了"宁教我负天下人，毋教天下人负我"的惊世骇俗的言论。结果陈宫认为这个人不可以跟随，于是便弃曹操而去。后来陈宫成了吕布的谋士并多次欲置曹操于死地，曹操在剿灭吕布之后请求他重新帮助自己取得天下，结果陈宫不从，最终被曹操杀掉。

这本来是两个完全不相关的事件，却被罗贯中"别有用心"地联系在了一起，成了曹操手中的又一条罪状，并且还塑造出了一个有铮铮铁骨的名士形象——陈宫，在小说家看来，这样的塑造和乾坤大挪移是十分成功的，同时也对曹操在后来人们心目中的形象产生了难以估量的影响。

曹操最后逃到了陈留，将他的财产尽数拿出，又得陈留孝廉卫兹的钱财赞助，于是在陈留召起了义兵，合五千人左右，于公元189年十二月正式起兵讨伐董卓。

当时的曹操并不是孤军奋战，在曹操举兵之时，东郡那边也有消息传出。时任东郡太守的桥瑁假借朝廷三公名义，书写董卓的恶状，向各州郡发出兴兵讨伐董卓的号召。

诏令传至各州郡，各路群雄遂陆续起兵，打出了讨董的旗号来。当时各路群雄除渤海太守袁绍外，还包括以下几人：

后将军袁术。袁术，字公路。袁绍同父异母之弟，后袁绍过继给其伯父，所以史书称两人为堂兄弟。只是袁绍是婢女所出，而袁术是正配之子，因此"四世三公"的称号对于袁术来说更为正统。袁术年轻时也是喜爱游侠之事，和袁绍、曹操是一路人。到了后来被举为孝廉，官至虎贲中郎将。后因不愿与董卓为谋，逃至南阳。

冀州牧韩馥。韩馥，字文节，颍川（今河南许昌）人。当时冀州百姓生活殷富，兵粮充足。袁绍被董卓逼出朝廷，投奔冀州时，韩馥曾对其有所顾忌，毕竟袁绍的实力和名望皆在韩馥之上。这时诏令一到冀州，韩馥就矛盾起来了，他唤来众官，问他们："今当助袁氏邪，助董卓邪？"（《英雄记》）

可笑韩馥身为大臣，看见董卓如此作乱朝廷，竟然无动于衷，问出"助董卓邪"这样的愚蠢笑话来。当时韩馥的治中从事刘子惠听了这话，心中大怒，直言韩馥说："今兴兵为国，何谓袁、董！"韩馥知道自己说了一句蠢话，因此面现惭愧之色，向大家询问接着该做些什么。刘子惠继而说道："兵者凶事，不可为首；今宜往视他州，有发动者，然后和之。冀州于他州不为弱也，他人功未有在冀州之右者也。"也就是让韩馥先静观其变，等待其他州郡先发兵，然后跟随。刘子惠的这一席话正是各路参与讨伐董卓的郡守的心声，大家都不甘当出头鸟，保存实力，静观局面的变化，所以讨董联盟实际上从未存在。当时韩馥听从了刘子惠的提议，写信给袁绍，令其发兵。

豫州刺史孔伷。孔伷，字公绪，陈留人。正史对其记载不多，只有《匈奴汉国书》里提到"孔公绪，清淡高论，嘘枯吹生，并无军旅之才，执锐之干"，也就是说口才虽好，却无军事实力。

兖州刺史刘岱。刘岱，字公山。汉室宗亲，时人称其"孝悌仁恕，以虚己受人"（《英雄记》）。

河内太守王匡。王匡，字公节。《英雄记》里说其"轻财好施，以任侠闻"。当时何进召四路英雄时，他就派出了五百名强弩手往京城相助。后因杀名士胡毋班，被胡毋班的亲戚联合曹操所杀。

陈留太守张邈。张邈，字孟卓，东平寿张（今山东阳谷）人。少年时候也是以侠义著称，和曹操、袁绍等人交往甚密，兼之家中富裕，因此有疏财仗义的豪爽。张邈在党锢之祸中因敢于挺身抨击宦官集团，被天下士人评为"八厨"之一。曹操参与联军时，属于张邈治下。

东郡太守桥瑁。桥瑁，字元伟，桥玄的族子。《英雄记》称其"甚有威惠"。

山阳太守袁遗。袁遗，字伯业，袁绍从兄。其性子"忠允亮直"，又博览群书，曹操曾说过："长大而能勤学者，唯吾与袁伯业耳。"袁遗被时人张超称赞为"有冠世之懿，干时之量"，可见也是当世之材。

济北相鲍信。当初受何进命，回乡招兵进京援助，于路上时何进已死，直至赶到洛阳时董卓已经进京。当初董卓势力还未坐稳时，鲍信就看出其狼子野心，因此劝说袁绍袭杀董卓，袁绍不从。鲍信只好带兵回乡，在乡征召士兵以待时变。后来天下豪杰都推崇袁绍时，只有鲍信认为统领群雄拨乱反正的只能是曹操，可见鲍信也有识人之明。

广陵太守张超。张超是张邈的弟弟，他的功曹臧洪提议张超加入讨董联军，张超同意，前往陈留和哥哥张邈商量后，举旗讨董。

见于正史记载的参与讨董联盟的就以上几路人马，当时还有一些较有势力的地方军团因种种原因而没有参与，如公孙瓒等。而当时刘备正投于公孙瓒，所以刘备并没有参与，自然也没有"三英战吕布""温酒斩华雄"的故事。至于在讨伐董卓时功劳甚伟的孙坚一军，其在当时属袁术一路，所以没有单独列出。

各路军团举旗表态后，于汉献帝初平元年（公元190年）正月正式组成联盟，称为关东（汉末时指函谷关以东）军。当时，袁绍和王匡屯兵河内（今河南武徙西南），张邈、刘岱、桥瑁、袁遗、鲍信则屯兵酸枣（今河南延津西南），袁术、孙坚屯兵鲁阳（今河南鲁山），孔伷屯兵颍川（今河南禹州），韩馥则留在邺城（今河北临漳），为前方提供军粮。联盟一成，自然要有盟主，当时除鲍信认可曹操外，各路群雄皆认为袁绍甚有名望，因此均推举袁绍为盟主，袁绍由是统领关东军。

关东军当时因其参与军团之多而声势浩大，乍听之下大有席卷的力量，所以其成立的消息传到了洛阳时，朝野上下是一片震惊。而董卓面对如此巨大的威胁时，自是二话不说，立即着手准备应付。

历史终于走到了这个时刻，"十八路诸侯"的讨伐战争即将打响，在这所谓十八路诸侯当中并没有多少后来成为名动天下的人物，但是他们的手下当中则藏龙卧虎。他们自己也许都不会想到，这次的群雄集结将决定他们大多数人的命运，随着这次行动的结束，英雄各自撤离，分道扬镳，他们也奔上了通往自己霸业的路途。

魔头火烧洛阳城

关东军的组成就像天雷一响，轰动一时。然而董卓也不是好对付的，他自有应付联军的准备。而就在董卓做好万全准备后，他才发现原来所谓的联军不过一群乌合之众，想来天雷也不过轰动一时，过后便回归寂静。

联军既成，董卓最先想到的是当时已经被废为弘农王的少帝，因为弘农王的存在会让联军以迎立他复位为名，进行一场代表正义的讨伐战。其实当时无人不想把董卓置之死地，对他的讨伐有没有正名其实都无所谓了，不过既然杀死弘农王可以让他所面对的威胁减少，那又有什么理由不做呢？所以董卓令李儒进献毒酒给弘农王，对弘农王说："服此药，可以辟恶。"

弘农王自然明白这是毒酒，然而李儒逼迫甚急，抵抗不了，也只有面对。弘农王因此设下自己最后的宴席，唤来妻子唐姬和众妃子。宴席气氛凄凉，过了一半时，弘农王想到自己的一生，悲而作歌曰："天道易兮我何艰！弃万乘兮退守蕃。逆臣见迫兮命不延，逝将去汝兮适幽玄！"抱头痛哭的弘农王明白此时抱怨已然没用，他令唐姬跳舞给她看，作为给他的送别礼。唐姬于是舞起了袖子，边跳边歌曰："皇天崩兮后土颓，身为帝兮命夭摧。死生路异兮从此乖，奈我茕独兮心中哀！"

此歌一出，非但唐姬眼泪随之崩落，在席的众妃子、宫女们也抽抽搭搭起来，整个宴席顿时弥漫了一片哭声。弘农王拿起了毒酒，对众妃子说："卿王者妃，势不复为吏民妻。自爱，从此长辞！"话一说完，举起酒杯一饮而尽，时年十五岁（《匈奴汉国书》中说是十八，有误）。

　　历史就是这样令人无奈，古往今来有多少帝王自己可能根本不愿意当这个皇帝，可是当时的形式逼迫他必须当这个皇帝，结果做皇帝的时候得听人家的，什么时候坐稳了再听人家的，你还得老老实实地从皇位上滚下来。脱离了皇位想踏踏实实地当个王爷，享受几天平淡的生活，安度晚年，却又被人认为是现在皇帝最大的威胁，于是便只能去死。少帝的一生比自己的弟弟好不了多少，少帝、献帝两兄弟可以说是汉朝历史上最窝囊的两个君主，一个是被杀害，另外一个竟然在当了几十年的傀儡皇帝之后还得奉上"献"这么一个前无古人后无来者的谥号，简直是羞辱之极。可怜少帝一生并无大错，可是天命难违，最终只能惨死在残暴的魔王董卓手下。

　　弘农王死后，董卓又杀死了袁隗等五十多个袁氏族人，随后董卓便做好大举出兵反击联盟的计划，因此招来众臣，询问计策。当时座下有一位叫作陈泰的大臣就说话了："夫治在德，不在兵也。"董卓军人出身，听了这话当然不高兴了，因此他反问陈泰："如此，兵无益邪？"（张璠《汉纪》）

　　陈泰口才极好，随即列举了十条董卓不必大举出兵的理由，说得董卓转怒为喜，竟拜陈泰为将军，率军抗击关东联军。后来因为有人在董卓面前诽谤陈泰，陈泰的兵权才被回收。陈泰当初是跟随何进的，何进招董卓时，陈泰就一再制止，怎奈何进不听。因此这次陈泰其实是担心董卓大军集结，实力大增，将来更难以除灭，所以他才诡辩劝说董卓放弃用兵之道。然而董卓除了使用武力，还能用什么来解决？而在这种局势下，大战已然不可避免。

　　董卓的军队毕竟是外来的军队，前文当中也叙述了他所宣称的掌握多少军队仅仅是一个诡计，实际手中并没有那么多的士兵。之所以能够控制朝政这么长的时间，很大的原因是当时的西北只有他这一支军阀，没有任何的外来军队能够与他争夺朝廷的控制权，所以董卓才能作威作福，把持着汉室于股掌之间，这是当时董卓之乱的一个非常主要的因素。废了皇帝并且在京都大肆烧杀抢掠之后，董卓控制皇帝显然已经没有了任何的合法性。天下人必然群起而攻之，董卓一下子就变成了众矢之的，这也许是董卓当初想不到的。他不会想到当时他在曹操、袁绍面前能够那么不可一世，到后来他们竟然成为自己最大的绊脚石，他应该会后悔当初没能杀掉这两个人。

面对关东军的来势汹汹，董卓一没有足够的兵力，二更不能坐以待毙地投降。于是他只有一个选择——逃。但是他逃可以，难道就把他精心制造的这么一个容易控制的朝廷给扔掉？扔掉他作为当朝太师的位置？董卓毕竟还没有慌神，他十分清楚自己能够有今天这个地位完全是这个在他面前瑟瑟发抖的小皇帝的功劳。如果失去了对皇帝的控制，那么董卓就彻彻底底地失去了合法性，再也不可能回到巅峰时期的状态。所以只有一个办法——带着皇帝一块逃。所以，逃亡就光明正大地成了迁都，于是迁都迁到哪里就是董卓下一步需要考虑的重大问题。而故都长安就成了董卓的不二选择。

当时董卓因长安之地富饶且地处关西，有函谷关之险容易据守，加之又临近他的老巢西凉，因此有了迁都长安的打算，遂唤来大臣们商议迁都之事。他对大臣们说："昔高祖都关中，十一世后中兴，更都洛阳。从光武至今复十一世，案石苞室谶，宜复还都长安。"（《匈奴汉国书》）

西汉自刘邦之后还历经十一个皇帝，时都城长安，后刘秀恢复汉朝，建都洛阳。而东汉至董卓时已经不仅仅十一个皇帝了，所以董卓认为应该还都长安，汉朝才能再次兴旺。这当然仅仅是一种说辞而已，毕竟都城无小事。一个国家政治中心的迁移会涉及这个国家的方方面面，尽管大汉的江山已经被瓜分成了各个小小的区域，但是都城仍旧是这个王朝最后的尊严。

在座大臣一听要迁都，而且迁都理由又是如此荒唐，尽皆惊愕。然而荒唐归荒唐，惊愕归惊愕，董卓之势，没人敢惹，所以在座一片寂静。过了一会儿，一个声音响起了，时任司徒的杨彪回话了："迁都改制，天下大事，皆当因民之心，随时之宜……今方建立圣主，光隆汉祚，而无故捐宫庙，弃园陵，恐百姓惊愕，不解此意，必糜沸蚁聚以致扰乱。石苞室谶，妖邪之书，岂可信用？"董卓一听这话，大怒，斥责杨彪说："杨公欲沮国家计邪？"官员们一见董卓发怒，个个为杨彪所担心。这时，太尉黄琬替杨彪说话了："此大事。杨公之语，得无重思！"（《匈奴汉国书》）两个官至三公的大臣一齐发难，董卓在座上也不便再说什么，因此愤而离席，事后立即罢免了杨彪和黄琬。

杨彪和黄琬既已罢免，董卓便开始了他的迁都计划。他首先胁迫汉献帝西至长安，然后命令手下骑兵威胁百万洛阳群众跟着迁移，致使群众被马匹践踏者不计其数。可怜无辜民众，为整个朝廷提供生产力，却被迫离家而走，成了政治需要的牺牲品。非但如此，董卓还燃放大火焚烧整个洛阳宫殿，大火延及整个洛阳城，宗庙、府库和无数民家均被无端波及。是时，洛阳城内焰火燃天，董卓的军队四处趁火抢劫，挖掘皇室陵墓、贵族坟冢，大量搜罗金银珠宝，致使百姓流离失所，骨肉分离，哭天抢地，整个洛阳顿时轰然如山崩地裂。一代名城在狂妄的焰火和野蛮的抢掠下，成了罪恶的代名词，不是地狱，胜似地狱。

迁都成了焚都，为董卓毕生的罪恶再添了重重一笔！但对于董卓来说也是性格使然，他就是这样的一个霸者，一个魔王，自己无法拥有的东西一定要其他人也无法拥有，东汉王朝历经几百年时间精心修建的洛阳一瞬间化为乌有，这也标志着汉朝永远无法恢复它往日的面容，董卓之乱上演了一个极大的高潮。

董卓将献帝和民众迁至长安后，自己屯驻洛阳对抗关东军，等待着关东军的行动。然而关东军势力虽大，却互相猜疑，无法团结一致对敌，对董卓更是有所顾忌，不敢轻易进军。因此除了在名号上吓吓别人，关东军其实跟各路散军没有两样。其中只有曹操，到底是有才略之人，他认为义军有正义之名，兼之董卓无道，根本不足为惧，又看中董卓焚都的时机，因此向联盟提议说："今（董卓）焚烧宫室，劫迁天子，海内震动，不知所归，此天亡之时也。一战而天下定矣，不可失也。"随后向联盟提出他的作战计划，他认为应该"使渤海引河内之众临孟津，酸枣诸将守成皋，据敖仓，塞镮辕、太谷，全制其险；使袁将军率南阳之军军丹、析，入武关，以震三辅：皆高垒深壁，勿与战，益为疑兵，示天下形势，以顺诛逆。"（《三国志·魏书·武帝纪》）曹操之策固然好，敖仓是当时联络关中和中原的重要粮道，倘若截断，董卓的兵粮无法得到补充，洛阳自然可得。然而联盟里却没人听从曹操的建议，只有张邈遣部将卫兹分兵跟随曹操，曹操只好自己带兵往西而行，准备进据成皋（今河南荥阳氾水镇）。

曹操一路往西，进军到荥阳汴水（今河南荥阳西南）时，遭遇董卓部将徐荣，两军遂于荥阳展开遭遇战。然而曹操此时是单独进军，毕竟势单力薄，而敌方部将徐荣也是东汉时名动一时的大将，因此曹操败于徐荣，手下士卒死伤甚多，曹操自己也身中流矢，只好带兵撤退。当时曹操在撤退的路上，不小心从马上摔了下来，曹操有一个从弟叫作曹洪，字子廉，他急忙从马上跳下来，让曹操坐上自己的马。曹操不答应，曹洪因此坚决地说："天下可无洪，不可无君！"（《三国志·诸夏侯曹传》）曹操听了甚为感动，领情取了马，乘夜快马加鞭逃回了酸枣。

此时酸枣里正在举办宴席，宴席上有歌有舞，关东英雄们各个举起酒杯相互敬礼。曹操刚败，又见众人如此不图进取，不由得怒从中来，严厉斥责他们说："诸君听吾计……可立定也。今兵以义动，持疑而不进，失天下之望，窃为诸君耻之！"

"窃为诸君耻之"，多么严厉的责备，多么无奈的悔恨。而悔恨的又岂止曹操一人！关东军势力之大，倘若有心歼灭董卓，又何惧做不到？吕思勉先生在他的《三国史话》中评价董军说："这种无谋的主帅，这种无纪律的军队，实在是不堪一击的。至多经过一两次战事，就平定了。"然而联盟军终究各怀私心，导致凝聚众人的"讨董"成了名号，而不是坚定的目标，而一个没有共同目标的联盟，又如何能同仇敌忾？

从根本上来讲，大汉朝已经不可能再次重振，没有人会去为了一个将死的王朝陪葬。尽管有曹操这种为了自己的目的而不除董卓不罢休的人在，但毕竟只是少数，并不能形成气候。当时所有的诸侯，起码是大部分，可以说都眼红于董卓所拥有的权势和地位，都希望自己进入朝廷之后能够在新组建的朝廷中成为护国肱股，治世之臣，实现自己飞黄腾达的梦想或者野心。所以当董卓把都城迁到了长安之后，原先的目标就不复存在了，激励着诸侯们前进的利益不存在了，那么关东联军又有什么存在的必要呢？

讨董的目标没了，联军一开始碍于名号，彼此间还处于友好的状态。然而到了最后，连讨董的旗帜都倒了，联军之间彼此火并，关东军自此消失于历史之中。

孙坚是个好青年

还是那句话"乱世出英雄"，曹操已经在历史的舞台上登场了，而现在我们将把目光投向南方，在那里又有一位英雄将会发挥自己的才干，在这东汉末年的大乱世中不但为自己，也为自己的子孙后代赢得一席之地。

虽然关东军人人各怀私心，名存实亡，然而如上文所述，还是有一心坚定讨董的人士存在的，比如曹操就是其中一个。然而曹操兵力不足，败于徐荣之后又对联盟失去信心，只好退回后方招兵买马，再等时机，所以曹操对于讨伐董卓不能算是持之以恒。若要说出一个坚定讨董的人，第一名定是孙坚，有如王夫之所说："故天下皆举兵向卓，而能以躯命与卓争生死者，孙坚而已矣。其次则曹操而已矣。"

孙坚，字文台，吴郡富春（今浙江富阳）人，生于永寿元年（公元 155 年），据说是春秋大军事家孙武的后代。孙坚的祖辈世代在吴地做官，有一天，孙氏祖坟上忽然现出奇怪的光来，一共有五种颜色。这五色光透过天空，在高空形成了五束耀眼的光束，照亮了远近数里，引来了众人围观。当时许多老人都说："是非凡气，孙氏其兴矣！"后来孙家有个女人怀孕了，她曾经做梦梦见她的肠子从腹中被拖出，环绕着吴地昌门，醒后非常害怕，因此去请教邻居老太太。老太太安慰她说："安知非吉征也。"怎么知道不会是吉兆呢？结果，后来孙坚也向世人证明了，当初之梦真是吉兆。

孙坚少年时，"容貌不凡，性阔达，好奇节"，在他十七岁的时候，曾经跟着他父亲乘船到了钱塘，正巧当时有个叫胡玉的海盗抢劫了过往商人的财物，正在岸上与众兄弟分赃。岸上来往的行人听闻后不敢前行，过往船只也都不敢往前。孙坚得知，对他父亲说："此贼可击，请讨之。"可是他父亲却认为贼势之大不是他一个毛头小孩所能对付的。

然而孙坚勇猛志高，根本不把一群小贼放在眼里，所以他不听父亲的劝阻，提起了手里的大刀，迈开大步威风凛凛地向胡玉等人走去，边走边用手左右指挥。胡玉等海盗看见孙坚走来，其架势好似官员派兵来围剿他们，于是个个惊慌失措，遂扔掉财物，四处逃散。孙坚见机追杀，斩得一人而归，看得他的父亲是瞠目结舌。这事发生后，孙坚智勇双全的名声立即传出，郡府里因此召他代理校尉之职。

后来孙坚因平地方叛乱有功，历任三县县丞。孙坚当县丞之时，亲近百姓，因此在官吏百姓中甚有名望，人们均顺服于他。孙坚也因这贤名结交了许多名人侠士，为以后的孙氏江东打下人脉的基础。

如果不是因为有黄巾之乱，如果没有这场大规模的农民起义，也许孙坚只会成为江东地区的一个小吏，最多作为一郡太守，治理一方人民，除此之外便不大会有其他的建树。然而这个时代不是普普通通的时代，孙坚也不是普普通通的人，时代决定了孙坚必须在这个乱世之中有所作为。黄巾起义实实在在地改变了许多人的命运，而孙坚，甚至是他一家的命运都在这其中被改变了。

黄巾之乱起，孙坚在家乡招募兵士一千人，随着朱儁前往前线破敌。孙坚作战勇猛，常将生死置之度外，单身直入敌境。有一次他便乘着敌人战败之时，单骑追入，后不小心堕马受伤。所幸他的战马自己跑回军营，士兵随着战马而走，才救回孙坚。孙坚英勇如此，所以陈寿夸其"忠壮之烈"（《三国志·吴书·孙讨逆传》）。后来孙坚因攻占宛城，大破黄巾军而被封为别部司马。

当初边章、韩遂在凉州起事时，朝廷派董卓前往讨伐，因久战无功，朝廷便又派张温前往，张温以孙坚有军事能力为由，于是奏请孙坚随行。张温到了长安后，以诏书召见董卓，董卓却散漫无礼，过了大半天才前往张温处。张温由是责备董卓，然而董卓不仅不认错，还出言不逊地回应张温。当时在座的孙坚看了这情形，自然感觉有所不妥，因此他走到了张温身边，对张温耳语，列举了董卓的三条罪状，建议张温于此时杀了董卓，然而张温没有采纳。后来董卓为乱京师，各州郡兴义兵讨之，孙坚听闻，拊膺长叹，懊恼地说："张公昔从吾言，朝廷今无此难也。"（虞溥《江表传》）因此，他也起兵参与关东军的讨董战争。

在讨伐董卓之前，孙坚在进军路上就先做了两件大事。

当时的荆州刺史叫作王睿。王睿曾经和孙坚一起共同讨伐零陵、桂阳两郡的贼寇，因为孙坚身为武官，王睿时常在言谈举止中透露出对孙坚的轻蔑，所以孙坚对他向来不满。和王睿不和的不仅孙坚一个人，还有一个曹寅，时任武陵太守。当时王睿起兵欲讨伐董卓时，就扬言说要先杀了曹寅。曹寅害怕，因此假冒光禄大夫之名，做出檄文命令孙坚杀死王睿。孙坚领受檄文后，立即起兵前往。

孙坚领兵接近了王睿治所，王睿听说前方有军队前来，因此登上高楼观望，派人询问这些士兵为何来到这里。按照孙坚事先的安排，军队前部这样回答王睿："兵久战劳苦，所得赏，不足以为衣服，诣使君更乞资直耳。"也就是假装要请求王睿赏点东西。王睿倒也是大方之人，他说："刺史岂有所吝！"说完立即下令打开库藏，让这些士兵们自己进去看看有什么东西可用。等到士兵涌到了城楼楼下时，王睿忽然看见了一个熟悉的面孔，正是他向来蔑视的孙坚。王睿见了孙坚，大惊，立即问："兵自求赏，孙府君何以在其中？"孙坚回他："被使者檄诛君。"王睿更加吃惊害怕了，忙问自己犯了什么罪，竟有檄文来讨伐。孙坚对他说自己受命而已，也不知道。王睿自知敌不过孙坚，何况士兵已进城，无奈何只得吞金自杀而死。

孙坚逼死王睿后，引军来到了南阳。当时的南阳太守张咨听说孙坚带领军队而来，却没做出任何反应，待到孙坚下公文请张咨供应粮草时，张咨找来手下询问应该如何回应他。当时他的下属纲纪就说了："坚邻郡二千石，不应调发。"（《英雄记》）就是说你孙坚凭什么要我调发军粮给你。张咨认为这话说得有道理，因此拒绝了孙坚。孙坚见张咨不理睬自己，遂有了杀他的意思，因此为张咨摆起了"鸿门宴"。

先是孙坚去拜访张咨，并送礼给他。第二天，张咨为回礼，也只好带着礼物去拜访孙坚，孙坚于是设酒席款待。酒席到了一半，孙坚的主簿就进来禀报了："前移南阳，而道路不治，军资不具，请收主簿推问意故。"这话是指责了南阳主簿，令孙坚将他拿下。张咨一听，觉得事情不对头，想要离开却发现四周已布满了士兵，因此张咨连动都不敢动。再几杯酒下肚后，主簿又来了，他对孙坚说："南阳太守稽停义兵，使贼不时讨，请收出案军法从事。"（《三国志·吴书·孙讨逆传》)这话直接将矛头对向了张咨,张咨一听,自知大祸临头。果不其然,孙坚随即令人斩了张咨。张咨一死,当时逃亡南阳的袁术便代他当了南阳太守,将南阳作为立足地,发展起了自己的势力。

张咨一事让人们明白了孙坚不仅仅是个武将,还是个政治高手,就这样一个酒局,比起鸿门宴来说,其精彩度并不输之几分。首先孙坚宴请张咨,给自己戴了一个好人的面具,然后令主簿于酒席间来向自己陈述南阳太守的罪行,让自己有理由去杀他。待要杀他的时候,孙坚还可以装出一副不情愿的样子,无可奈何地对张咨说:"孙坚别无办法,公事公办而已。"所以说孙坚摆出这酒席,可谓高明。

孙坚杀了张咨后,"郡中震栗,无求不获"(《三国志·吴书·孙讨逆传》),这才是大事。南阳郡属于荆州,当时孙坚一连杀死王睿、张咨这两位荆州高官,所以名声在江东一带难免更加威赫,这为后来孙策打下江东、孙权稳守江东都有基础性的意义。

这之后,孙坚率兵继续前进,来到了鲁阳会见袁术。袁术表奏孙坚为破虏将军,兼领豫州刺史,所以人亦称孙坚为孙破虏。于是,孙坚在鲁阳休整部队,厉兵秣马,做好进攻洛阳的准备。

我一个人战斗

孙坚一到鲁阳后,便和董卓的部将在鲁阳打了一场出色的战争。说"打了"其实是有点儿问题的,因为在这场战争中,孙坚不费一兵一卒便退敌军之兵,可谓不战而屈人之兵。

汉献帝初平元年(公元190年)冬,孙坚在鲁阳稍事休整之后,便准备出兵攻打董卓。出发前,他派长史公孙称回州郡督促军粮。为送行公孙称，孙坚于鲁阳城东门外搭起了帐篷，在帐篷里摆起了酒宴，邀请众部属前来聚会。众人在酒席上饮酒作乐、谈天论地，帐篷里气氛轻松，一片其乐融融。忽然，孙坚的手下来报，说董卓派兵前来鲁阳迎战，已有数十轻骑兵接近了鲁阳城东。

原来董卓那边听说孙坚准备起兵，因此派遣了数万步骑先进攻鲁阳，打算将其扼杀。这消息一到，帐篷里原来轻松的气氛顿时凝结，仿佛有巨大石头从天而降，众人一听，惊措得脸都绿了，试想，现在正于鲁阳城东设酒席，敌兵却一声不响忽然来到，众人能不能顺利得以逃脱？

可是孙坚当时只是惊慌了一下，随后便立即恢复了他镇定自若的神情。他命令帐篷外头的部队整顿阵容，没他的命令不得轻举妄动，然后举起手里的酒杯，一副无事发生的样子，笑着让部属们继续饮酒。部属们不知道孙坚心里在计划着什么，也只好一边担心着，一边故作镇定地举起酒杯和孙坚同饮。

外面的敌军陆陆续续而来，越来越多，直至最后已有数万。孙坚这才缓慢地放下手里的酒杯，轻轻地站起身来，不慌不乱地引领着将士们一一进城而去，队伍有条不紊，毫无遇乱之象。待队伍进了城里后，孙坚才对将士们说："向坚所以不即起者，恐兵相蹈藉，诸君不得入耳。"（《三国志·吴书·孙讨逆传》）也就是说，刚才敌军刚到，孙坚若慌忙地命令回军，可能会引起兵士恐慌，队伍混乱，从而造成士兵互相踩踏，难以进城。众将士听了孙坚的分析后，无不佩服。而另一方面，董卓的部将看见孙坚不慌不忙，因此不敢贸然进兵，后又见孙坚的部队兵马整齐、纪律严明，遂放弃攻城的念头，撤兵而走。

此战被称为鲁阳之战，也是历史上的空城计，是见证孙坚用兵之才能和胆略的完美一战。战场上本就变化万千，虚虚实实，将帅对于真假的判定往往是战争胜利与否的关键。而出色的将帅懂得利用战场的虚实特点，来扰乱敌将的判断，令敌将处于犹豫徘徊的状态，从而给自己争取有利的时间，这就是军事上很冒险的心理战。心理战有一定的风险，没有胆略之人，是不敢冒险而为之的。而鲁阳之战中，孙坚就完美地运用了心理战，足见孙坚此人，非但军事才能高人一等，便是胆略霸气也是不输人下的。

孙坚鲁阳退敌后，便于汉献帝初平二年（公元191年）二月率领了十万豫州兵向梁东（今河南临汝东）进发，准备辗转攻打洛阳，孙坚吹响了讨伐董卓的第一哨。

孙坚领兵屯扎梁东时，却遇董卓方大将徐荣带兵包围。孙坚敌不过徐荣（徐荣先败曹操，后败孙坚，可见其将帅之能），十万豫州兵全军溃败。孙坚带着数十骑亲信英勇作战，一路杀出，奋力突围。孙坚平常都戴着一顶红色的头巾，因此敌军凭此认人。危机之下，孙坚只好将他的红色头巾让亲信部将祖茂戴上，以此来迷惑敌军。

乱军之中，敌军只辨别红色头巾，因此纷纷进攻祖茂，孙坚得有机会从小道逃出重围。而祖茂则被追兵追逐得困顿不已，劳累不堪，就在几乎被逼入绝境时，眼前的一根烧了一半的柱子让他有了头绪。于是他跳下马来，将红色头巾蒙上了这根柱子，自己寻找了一个安全的草丛，伏于其中，一动不动。待徐荣的士兵远远望着红色头巾，却不见头巾移动，以为孙坚的力气已到了尽头，于是将其团团包围。直到全军往红色头巾走近时，才发现不过是一根烧柱而已，这才无可奈何地撤兵离去。

孙坚虽成功突围，然而孙军大多兵将却被徐荣所俘。徐荣是董卓部属，对待俘虏自然也如董卓一般残忍，如当时的颍川太守李旻就被丢入锅中活活煮死。

孙坚初战不利，惨遭大败，先前浩浩荡荡的大军现在只剩下数十骑而已。然而生命并不就此为英雄吹起葬歌，因为英雄自是英雄，有坚忍不拔之精神。孙坚重新打起精神，一路收集梁东一战时逃出的散兵，最后来到了太谷阳人县（今山西临县西）。

当时阳人县里由董卓方大将华雄督兵，孙坚为夺城池，与之交战。华雄不敌，被孙坚斩杀。孙坚因此成功攻占了阳人县，在阳人县里休息整顿，并做好防守的准备，待时机成熟，再行进攻之事。

董卓这边一听阳人被攻占，都督华雄被斩杀，气恼万分，他立即派出陈郡太守胡轸和吕布带领五千人马进军阳人。胡轸是个性急的人，他出兵前兴奋异常，向部将们自信满满地宣称："今此行也，要当斩一青绶，乃整齐耳。"（《英雄记》）部将们听了这话，大多有厌恶之意。

胡轸部队来到了广城，距离阳人城还有几十里。当时天色已经暗了，士兵一路奔波也劳累，加上董卓之前也命令胡轸必须先在广城休整兵马后，再乘着夜色进兵，这样可赶在天刚明亮的时候攻城，所以胡轸就打算按董卓的意思行事。然而胡轸的部将大多都对他极其嫌忌，因此没有人希望他成功。于是，吕布等人便对胡轸说了："阳人城中贼已走，当追寻之；不然失之矣！"（《英雄记》）胡轸深信，遂抛开了董卓的叮嘱，率军连夜进发。

部队来到了阳人城下，孙坚早已做好了守城的准备，故阳人城守备严密，袭击不了。军队一路赶来，中途没有休息，早已饥渴困顿，士气低落，因此来不及修筑工事防御，便纷纷卸甲休息。这时吕布又令人传布谣言，大喊："城中贼出来。"(《英雄记》)睡梦中的士兵一听敌军进攻，慌得四处奔逃，盔甲兵器丢了一地，狼狈万分。待逃出十多里之后，才发现原来并没有敌军。士兵们被这一番折腾之后，怨声四起，士气大降，待到天明再返回阳人城攻城时，自然是无法尽全力而为，因此胡轸最终无功而返。

阳人一战中，孙坚再次不战而屈人之兵，然而这主要是因为敌军部将心有分歧，不能统一，因此孙坚得以坐收渔翁之利。而吕布在此战中尽显小人样态，将私怨搬上公事，不懂得顾全大局，所以吕布欠缺霸王风范，虽然武力超群，也难以建立大业。

孙坚阳人斩华雄、退胡轸，因此威望更著。而在《三国演义》之中，这样大的反董联合军首功就被关羽一人掌握了，这不得不说是对孙坚才干的极大淹没。当然《三国演义》当中是以刘备和曹操作为主角的。事实上如果孙策和孙权没有这样一个威若猛虎技惊四座的父亲，又怎么能够有那么好的天资来处理他们未来所遇到的各种棘手的问题呢？这是需要为孙坚说明的，也是需要为东吴势力说明的，只怪罗贯中对待东吴太过不公。

人一有威望，顾忌他的人也就多了。此时袁术那边就有人对袁术打小报告了："坚若得洛，不可复制，此为除狼而得虎也。"认为孙坚如果顺利攻下洛阳，虽然除掉董卓这匹狼，却同时养肥了孙坚这头猛虎。袁术听了有点儿担心，遂不给孙坚发粮。孙坚进军途中的军粮都是袁术补给的，这时袁术不给孙坚发粮了，孙坚军中自然缺粮。孙坚因此多次派人给袁术催粮，袁术不理。军中无粮，孙坚着急万分，因此他只好亲自连夜直奔鲁阳，面见袁术。

在袁术帐中，孙坚心情异常激动，他为给袁术分析形势和各方的利害关系，遂将地当成地图，在地上画来画去。然后对袁术说："所以出身不顾，上为国家讨贼，下慰将军家门之私雠。坚与卓非有骨肉之怨也，而将军受潜润之言，还相嫌疑！"（《三国志·吴书·孙讨逆传》）接着又举出当初吴起和乐毅均因军粮供应不上而兵败的例子，认为现在大功已在眼前，希望袁术能顾全大局。袁术见孙坚焦急之状，觉得自己的行为难免小家子气，因此惭愧万分，同意给孙坚发粮，孙坚这才安心回营。从此袁术和孙家的恩恩怨怨就没断过。

在这之后，其实孙坚非常清楚袁术心中对他的意见与警惕。尽管十分愤怒，尽管已经造成了这样大的伤害，但是以大局为重的孙坚还是认为应该暂时保持同盟军的这种关系而不应该跟袁术有所冲突。所谓"君子报仇十年未晚"，许多年后孙策在反袁术称帝的过程之中成为主力，正是历史轮回循环的体现。孙坚回到阳人后，加强训练士兵，这次他势必要直攻洛阳，拿下董卓这个恶贼。

貌合神离散了吧

孙坚在阳人期间表现英勇，名声已然四扬。此时身在洛阳的董卓看孙坚勇猛，自也有几分威胁恐惧之感，因此他必须先解决这个祸患。

若有办法不战而收孙坚，那自然是最好的，因此董卓首先的动作是他一贯采用的利诱。董卓派出将军李傕作为代表到阳人县去劝说孙坚，想要和孙坚结为婚姻之好，并让孙坚自己开列家族子弟中有能力官任刺史、郡守者，许诺向朝廷保举任用他们。董卓以为每个人都如吕布般见利忘义，却不知道孙坚一身正气。何况他也不想想，如果孙坚贪图这些，他为什么还要参加这个劳人费马的"反董联合军"，直接上表向董卓称臣，唯董卓马首是瞻岂不更有利？又为何要先行反抗之后再换取这些"蝇头小利"？

孙坚在利诱面前义正词严地拒绝李傕说："卓逆天无道，荡覆王室，今不夷汝三族，县示四海，则吾死不瞑目，岂将与乃和亲邪！"（《三国志·吴书·孙讨逆传》）李傕被以正道拒之，自讨无趣，遂悻悻而归。孙坚严厉拒绝李傕后，随即派出大军进兵大谷，屯驻于距离洛阳九十里的地方。

董卓虽然不是什么圣君仁主，但是也不缺乏识人之才，否则也不可能有一群虎狼之将跟随着他。被孙坚的一番正义之词所拒绝，愤怒当然是愤怒，然而仍是对其英雄之风有所感慨。他想起当初自己和周慎西征边章、韩遂时，孙坚曾经向周慎提出了一个很有可能平定叛乱的建议，然而周慎没有接受，因此兵败。所以董卓对他的长史刘艾感叹道："关东军败数矣，皆畏孤，无能为也。唯孙坚小戆，颇能用人，当语诸将，使知忌之。"（《山阳公载记》）这可谓是英雄识英雄。

在整个东汉末年直至三国时代，我们可以找到许多这种配对。比如董卓和孙坚，再比如刘备和曹操，当然还有最为大家所熟知的诸葛亮和司马懿。这是一种在这段时期之内经常出现的状况，宿敌之间的碰面，相互的争斗及他们所采取的路线与方法的不同都为人称道，这或许也是古往今来这段历史之所以能让这么多的人为之痴迷甚至癫狂的原因吧。

尽管董卓这么说，要刘艾对孙坚有充分的重视。然而刘艾不信邪，认为孙坚虽强，却也不及董卓的大将李傕和郭汜，因此他对董卓说："闻在美阳亭北，将千骑步与虏合，殆死，亡失印绶，此不为能也。"董卓摇了摇头，认为当时孙坚带领的兵士不过一群乌合之众，自然不敌敌人精锐，因此不能完全以成败来论定英雄。只是董卓虽然顾忌孙坚的英勇，然而他也认为现在的关东军由袁绍来统领，必然不会长久，因此董卓仍是充满信心，对刘艾说："但杀二袁、刘表、孙坚，天下自服从孤耳。"（《山阳公载记》）

此时孙坚已经逼近洛阳，既然他不能为利益所诱，董卓也只好亲自带兵迎战。于是，两军对战于洛阳诸帝陵间，最终董卓不敌孙坚的勇猛，败到渑池（今属河南），留下吕布停驻洛阳作为掩护。孙坚乘胜追击，直入洛阳，大败吕布，吕布逃走，将一座洛阳空城留给了孙坚。这一段记载在《三国演义》中就被演化成了脍炙人口的"三英战吕布"的故事。

此时为汉献帝初平二年（公元191年）二月。

孙坚一入洛阳，见京城一片空虚，到处是大火燃烧后的灰烬。孙坚见此，不由得惆怅不已，流下泪来，因此命令部队清扫汉室宗庙，修复园陵，用太牢之礼祭祀。一代英雄冲锋陷阵，兵败受伤尚且不哭，此时竟然为了京城的惨败而流下泪来，可见在这个人人为霸的时代里，孙坚对汉朝仍然保持着耿耿忠心。

关于孙坚入洛阳，《吴书》还记载了这样一则故事。当时孙坚的部队发现洛阳城南的甄官井里射出五种颜色的光束，大家皆以为有鬼怪，不敢靠近。孙坚于是令人下井探寻，结果捞到了传国玉玺。

所谓传国玉玺或传国玺，是中国古代皇帝信物。相传秦始皇灭六国统一中国后获得和氏璧，将其琢为传国玉玺，命丞相李斯在和氏璧上写"受命于天，既寿永昌"八个虫鸟篆字，由玉工孙寿刻于其上。后来成为历代王朝正统的象征。

灵帝熹平六年（公元 177 年），袁绍入宫诛杀宦官，玉玺失踪。直至今日才被孙坚的人马发现，后来人们推测这应该是当初宫乱时，掌管玉玺的人将它扔到了井里。然而裴松之认为这件事情十有八九是假的，他认为这不过是吴国的史书借玉玺来彰显国家的威严。裴松之进一步指出吴史这样编造无疑坏了孙坚的忠诚之名，因为孙坚若真的捡到玉玺而独自藏匿起来，那一定是有所图谋。不过这件事情既然有所记载，也有可能为真，最起码这个玉玺应该是在这个时间点被找到的，而当时在洛阳的部队只有孙坚的部队，因此后人就把这个宝物的最终归宿给了孙坚。

　　即便是孙坚真的把传国玉玺私自藏了起来，也不能够作为孙坚对汉室不忠的证据，按照刚才提到的孙坚在对待董卓的种种作为上，应该是可以相信他对汉室的忠心耿耿。因为没有任何史料记载表明孙坚知道传国玉玺就在洛阳的一口废井之内，所以孙坚没有理由为了传国玉玺而在战场上那么出生入死英勇无敌。就算是他拿到了传国玉玺也一定是希望把这件宝物看管好，不让奸险之徒得到才密不报告的。

　　当时的讨董诸侯真可谓是各怀鬼胎，传国玉玺的消息被越少人知道越好。当然，这些仅仅是一些推测，并不能成为真正的历史。但《三国演义》中，这件事情被明确定义成是孙坚所为，并且进一步说明孙策起兵之时，向袁术借兵的砝码便是这颗传国玉玺，这传国玉玺就成了袁术后来称帝的一个确切的原因。不得不佩服罗贯中天才般的想象力，这一切被编得行云流水绘声绘色，实在是令人佩服。

　　孙坚将洛阳整顿完后，分兵渑池邀击董卓，然后引军回到了鲁阳。过了不久，孙坚得到了袁绍派周喁率兵袭击阳人城的消息。想不到身为盟主的袁绍竟带头破坏了盟约，孙坚愤然叹气曰："同举义兵，将救社稷。逆贼垂破而各若此,吾当谁与戮力乎!"无可奈何,孙坚也只好回兵阳人。

孙坚发出了跟曹操一样的感慨,诚然,就在孙坚一心攻伐董卓时,关东军之间已经貌合神离。

先是,韩馥本就惧怕袁氏势力过大会危害自己,因此渐渐减少对河内、酸枣联军的粮食输送。前线军粮耗尽后,联军本就无心攻打董卓,此时竟都各自回到属地,只剩一个名号悬在那里。

更兼袁绍此人,作为盟主,不思以兵战胜董卓,却又和董卓一样心思。当时董卓西退长安后,袁绍竟然打算放弃献帝,另立幽州牧刘虞为帝。刘虞是东海恭王之后,汉室宗亲,为人宽和。而袁绍无疑将刘虞的宽和看成了软弱,因此他有意立刘虞为帝,不过也是想当董卓一样的人物,控制汉室,自行大权。

袁绍因此和韩馥以献帝年幼,而且被董卓控制,亦不知其安危,当另立新帝为理由,请曹操和袁术参与。然而曹操回答袁绍说:"董卓之罪,暴于四海,吾等合大众、兴义兵而远近莫不响应,此以义动故也。今幼主微弱,制于奸臣,未有昌邑亡国之衅,而一旦改易,天下其孰安之?诸君北面,我自西向。"后来袁绍又得到一个玉印,在座位中向曹操举起手肘,向曹操暗示一切已经准备就绪,立刘虞为帝不会有问题。但曹操只是大笑,没有应答,心里却对袁绍十分厌恶。不仅曹操拒绝了袁绍,连他的弟弟袁术也认为这样做有违公义,因此不愿参与。袁术虽然以公义为名拒之,其实不过是因为观汉室衰微,早已心怀异志,而袁绍也明白袁术所想,两人因此交恶。

虽然得不到多数人的赞同,袁绍和韩馥仍然一意孤行,势必推举刘虞为帝,因此袁绍便派出张岐等人邀请刘虞讨论事宜。然而刘虞是个正派之人，他明白张岐的来意后，厉色叱之曰："今天下崩乱，主上蒙尘。吾被重恩，未能清雪国耻。诸君各据州郡，宜共戮力，尽心王室，而反造逆谋，以相垢误邪"！（《后汉书·刘虞传》）刘虞坚持不受，袁绍也无可奈何，因此立新帝一事也只好作罢，时为汉献帝初平二年（公元191年）正月。

此事虽已作罢，然而袁绍因与袁术、曹操意见不一，而使原来的矛盾加深，所以袁绍趁孙坚进攻洛阳之机，派出周喁夺取孙坚的地盘。而孙坚当时隶属于袁术，所以袁绍此举无疑正式跟袁术叫板，于是，一场群雄争霸的局面一触即发。

其实关东军从头到尾不过是一个借以估量彼此实力的工具，因此非但对董卓没有形成实质性的伤害，反而各联军彼此之间结下私怨，激化矛盾，实为后来各霸一方的序幕。而当时最有人望的袁绍和袁术反而是最早挑起这场内斗的人，因此遂形成了以袁绍、袁术为主的两大阵营。各路诸侯就这样因为"四世三公"的家族恩怨而反目成仇，成为这两个"大草包"手中好使的枪，这在历史上也是十分罕见的状况。更昭示着这所谓的"十八路诸侯"不过是一群乌合之众、一团散沙。首先袁绍夺取了韩馥的地盘，接着与公孙瓒争夺北方四州，而袁术则联合公孙瓒、陶谦等与袁绍争霸，袁绍也联合刘表南北挟制袁术，中原遂处于混战之中。

群雄无远见，无顾大局之精神，因此董卓未灭之时先起内讧。再看看因此而叹气的曹操和孙坚二人，最后大汉天下一分为三，他们的姓氏都在其中，因此真正的英雄之间，当有某种相似之处。

中原混战，最得意的无疑是关外的董卓。此时彼此火并的军团早已忽略了长安的董卓，得以让董卓在汉室土地上更加胡作非为。既然京外人士已无心讨董，那么诛杀董卓的重任只好由京内人士自行解决，而当时接受这个历史重任的人，便是王允。

要死的终是死了

董卓霸京师时，手握强大的军事力量，身旁又党羽成簇，加之董卓本人凶残毒辣、武力过人，如果贸然出手，势必以卵击石，自取败亡，如伍孚等人。因此，诛杀董卓一事必须准备周全，而在准备之时，得到董卓的信任不失为一个好办法。王允就如同当年勾践一样，隐忍了一年之久，最终顺利诛杀了董卓，为汉室除了一大祸患。

王允，字子师，太原祁（今山西祁县）人。王允出身官宦世家，是当时的名门望族之后。王允此人资质聪颖，深受长辈们的赏识，东汉著名学者郭泰夸他是"王生一日千里，王佐才也"（《后汉书·王允传》）。名门之后，教养自然非凡，在家族的熏陶下，王允自小便意气非凡，立志长大后定要为国立功，因此自小便注重培养自己的能力。他饱读诗书、泛阅经传，非但习文，还坚持练武强身，因此王允也是个精通文韬武略的全才。

王允有能力，有名声，十九岁便开始担任郡吏。担任郡吏时，王允曾捕杀了桓帝宠爱的宦官的手下，正气之名由是而显，凭此赢得了众多官吏和百姓的赞赏，所以不久便被朝廷三公同时征召，从地方官员到了中央朝廷，这无疑为王允为国立功的政治抱负提供了更为广阔的政治舞台。

后来黄巾之乱起，王允被拜为豫州刺史，率领重兵征讨豫州一带的黄巾军。王允首次领兵打仗，便充分展示了他的军事才能，大破黄巾军，降者以十万为数。当时王允就在降兵身上搜索到了一封书信，这书信是宦官张让的宾客所写，因此王允便怀疑张让串通黄巾军。张让是当时的大宦官，谁人敢没事惹他？但王允不怕，他直接上书汉灵帝，陈述张让的罪状。灵帝大惊，立即召张让进宫，愤怒地指责他。然而灵帝终究是昏君，在张让苦苦叩首道歉后，竟然就放过他了。张让因此事和王允结了怨，因此时刻寻思着报复，后来被他顺利找到了机会，上书诽谤王允，结果王允被捕入狱。

王允入狱之前，当时有一个叫作杨赐的司徒，深知张让是有意想置王允于死地，因此他派人劝说王允对张让退让一步，王允的下属也都这样劝说王允，然而均为王允毅然拒绝。王允有一个下属见王允不听，非常气愤，因此他找来一杯毒药，将毒药举到王允面前，让王允与其在狱中受苦而死，不如现在自行了结。王允见状，大声斥责他说："吾为人臣，获罪于君，当伏大辟以谢天下，岂有乳药求死乎！"（《后汉书·王允传》）说完将酒杯奋力摔在地上，自己走进了囚车。后来何进、袁隗和杨赐联名向皇帝上书，替王允求情，灵帝才赦免王允。王允见张让等宦官凭借权势横行霸道、为所欲为，对其深恶痛绝，然而自己又无力除之，无奈何只好离开洛阳，辗转于河内、陈留之间。

后灵帝驾崩时，何进召见王允，向其表明诛杀张让等宦官的心志，王允自然支持何进，因此又进入朝廷当官，最后官至三公的司徒之位。

从王允的事迹来看，王允是个刚正之人，如曹操一样不惧权贵，是为栋梁之材。董卓为乱朝廷时，王允是看在心里的。可是王允不像当初对张让时一味蛮横而行，他懂得董卓势大，自己必须要有十足的把握才可出手，因此王允在表面上对董卓听任顺从。而董卓是个惜才之人，他见王允不但具有才识，对自己又表示支持，因此便把王允当成亲信，"朝政大小，悉委之于允"。

王允表面敷衍董卓，暗地里却偷偷地动起了手脚。他找来了时任司隶校尉的黄琬和尚书郑公业等人共同商议灭董计策。王允明白武装力量是不可或缺的因素，他们推荐保举校尉杨瓒行使左将军的权力，又举荐了执金吾士孙瑞担任南阳太守，企图在外面掌握一定的势力。然后王允又上书皇帝，令皇帝命令士孙瑞出兵讨伐袁术，其实王允是打算借讨伐袁术之名，令士孙瑞伏击董卓。然而士孙瑞的行动引起了董卓的怀疑，王允见状，立即擢升士孙瑞为仆射，将其唤回了都城。

时间流逝，董卓继续为乱朝廷，王允等人的计划却一再失败。直到汉献帝初平三年（公元 192 年）的春天，当时百姓的生活已经被董卓扰乱得难以为继，又值此时连降两个多月的雨，民间因此遭受严重的水灾侵害。人祸天灾相继而来，民怨四起，士孙瑞认为这是一个很好的时机，因此他跟王允等人说："自岁末以来，太阳不照，霖雨积时，月犯执法，彗孛仍见，昼阴夜阳，雾气交侵，此期应促尽，内发者胜。几不可后，公其图之！"（《后汉书·王允传》）

王允也赞同士孙瑞的意见，认为必须把握天机尽早行动。

然而天机不过妄谈，董卓势力相较以前是有增而无减，若只因下两个月的雨便想成功诛杀董卓，那是不切实际的想法。其实，王允得到的时机并非源于天时，而是人和，而这人和的时机，又是吕布送与王允的。

董卓之前收了吕布，见其英勇非凡，又知道自己凶残，引来不少人的怨恨，因此时常让吕布跟在自己身边保护自己。有一次，吕布不知道做了什么事令董卓感到不满意，董卓于是直接拿起手边的长戟朝吕布射去，幸而吕布手脚灵敏，因此逃过一劫。后吕布向董卓道歉，董卓也因此原谅了他，然而吕布心中已因为此事而留下了对董卓的厌恶。后来董卓让吕布防卫自己的内室，吕布却和董卓的侍婢有染，因此非常害怕事情被董卓发现，心中十分不安。

吕布向来和王允有交情，深感无助之时，便去向王允述说董卓的恶状，说董卓一直想杀了自己。王允一听，立即明白诛董之事有了苗头。他心想，若找得吕布作为同党，不说其武力高强，就是凭借内应的身份，都可令诛杀董卓的事情顺利许多。于是王允便小心地对吕布说了自己和士孙瑞等人的计谋，并表示希望吕布可以加入。吕布当时对董卓是又怕又恶，自然也有除掉他的念头，然而他一开始仍是有点儿犹豫，他对王允说："奈如父子何！"王允这时就笑了，他回吕布："君自姓吕，本非骨肉。今忧死不暇，何谓父子？"吕布见王允这样说了，也不再顾忌什么，遂答应了王允。

这是见于《匈奴汉国书》和《三国志》里的记载，但若说起王允、吕布和董卓之间有什么关联，无人不想起古代四大美女之一的貂蝉。可是貂蝉一人，正史从无记载，她的事迹主要见于民间传说，其中京剧《凤仪亭》详细叙述了她的一生，此外还有一些作品也叙述过貂蝉的身世，说法有些出入，但其原型应该是刚才提到的那个侍婢无疑。

在民间传说当中，貂蝉是王允家的义女，为拯救汉朝，由王允授意施行连环计，使董卓、吕布两人反目成仇，最终借吕布之手除掉了恶贼董卓。之后貂蝉成为吕布的妾，董卓部将李傕击败吕布后，她随吕布来到徐州。下邳一役后，吕布被曹操所杀，貂蝉跟随吕布家眷前往许昌，从此不知所终。但这些毕竟不是历史事实，貂蝉也终究是个虚幻中只见其事不见其人的人物。

汉献帝初平三年（公元 192 年）月，献帝生的一场病痊愈了，因此于未央宫里大摆宴席。董卓穿好朝服，上了马车，准备进宫时，却因马受惊而从马车上摔到了地上的泥巴里。董卓回到房里换衣服的时候，他有一个侍妾认为这是不祥的预兆，让他不要进宫，董卓不从，令吕布捍卫，往未央宫而去。

在董卓进宫的路上，未央宫这边早已安排妥当。王允令李肃带领吕布的十多名心腹，个个穿上宫廷侍卫的服装，潜伏在宫殿侧门两边，等待董卓的到来。此时，董卓的马车接近了未央宫，马却无缘无故受惊而不敢往前走，董卓觉得事有蹊跷，遂有回家的念头。只是吕布在旁一直劝说，董卓才继续前进。等到董卓一踏进未央宫宫门，李肃立即将手中的长戟往董卓刺去，可惜董卓身披坚甲，长戟难以刺入。只是这突如其来的一戟也令董卓有点儿慌乱，因此他立刻环顾左右，大喊："吕布何在？"吕布随声应他："有诏讨贼臣。"（《后汉书·董卓传》）董卓一听，大骂吕布是狗。吕布愤怒不已，拿起长矛往董卓身上用力刺去，董卓遂死。

据说在董卓死之前民间流传着一句谣言，谣言是这样的："千里草，何青青，十日卜，不得生。"（《英雄记》）"千里草"合字便是董，"十日卜"合字便是卓，"不得生"便是说明董卓将死。又有传说，说曾有一道士写一个"布"字示于董卓，暗示着董卓将被吕布所杀，然而董卓不解其意，却也不去理睬。"千里草"一句，大家都认为是预言董卓之死，因此有后人编造之嫌。其实，这句话的存在是有道理的，它真切地表明了民间对于董卓的憎恨已然到了想其"不得生"的地步，所以它并不是一句预言，而是百姓的心声，就像当初百姓指着太阳骂桀的时候。

此时百姓对于董卓的痛恨并不输于当初人民对于桀的痛恨，所以董卓一死，宫廷内外皆喊万岁，民间百姓得知，更是歌舞于道，纷纷用家里值钱的珠玉换来大酒大肉庆祝。举国上下，欢呼连连。王允见董卓已死，令皇甫嵩攻杀其弟董旻，又株连董卓亲人，尽灭其族。据说董卓死后，被暴尸于市，当时天气炎热，董卓身上的脂肪因此流了满地。守尸体的士兵一看，遂将点燃的捻子插了董卓的肚脐眼儿里，结果"光明达曙，如是积日"。可见董卓一生，鱼肉无数。

一代枭雄落得个这种悲凉下场，实在是让人感慨。想当初，董卓也是一个人物，不可一世，到最后竟被人们点了灯，这其间的种种关节是历史研究者讨论的重要话题，也是历朝统治者必须有所借鉴的。但是有一点是十分清楚的，任何人不能够过于按照自己的一己之私行事，上天对待每一个人都是公平的，没有人会比其他人天生就高一等，更没有人可以任意妄为。

董卓之所以能够把持朝政，不过是借用何进的一个不可挽回的错误，并不是依靠自己的实力，然而这种胜利的喜悦影响了他对于整个局势的判断能力与控制能力。他过高地估计了自己的能力，认为自己可以掌控一切，但实际上他终究不能够挡住正义的滚滚洪流，谁能够想到最后让这个枭雄进入长眠的竟然是他手下最心爱的义子！

董卓是死了，然而汉朝的威严并没有就此恢复。更确切地说是可能根本没有办法再恢复了。董卓的死跟何进和蹇硕的死不一样，瘦死的骆驼比马大，董卓是死了，可其手下的众多虎狼之将实际上都不在吕布之下，汉廷未来的命运也就可想而知。不说京城后来再次被胁迫于董卓部属李傕等人，就是目下，地方之间的争霸便早已轰轰烈烈地展开了。

我也有个梦想

要说天下乱哄哄，首当其冲的就是"四世三公"的名门之后——袁绍。这个袁绍别的本事没有，在炫耀自己的实力，扩大自己的影响，扩充自己的地盘方面倒是一个高手。而他周围的一圈谋士也有不少是趋炎附势之徒，就会挑选让袁绍得意的话说，更是助长了袁绍的自信。于是这个"名门之后"开始不满足于祖先给的名头了。

袁绍自被董卓逼出朝廷逃亡冀州韩馥处后，韩馥忌其威望，便对其时刻加以防范。后来袁绍成为关东军盟主后，自视高上，遂日益骄横，竟有欺小之意，对于韩馥的冀州更是垂涎三尺。

袁绍自领了冀州牧后，有了立足之地，归降者也不少，算盘也就打大了。袁绍召来谋臣沮授，这样问他："今贼臣作乱，朝廷迁移，吾历世受宠，志竭力命，兴复汉室。然齐桓非夷吾不能成霸，句践非范蠡无以存国。今欲与卿戮力同心，共安社稷，将何以匡济之乎？"袁绍想立齐桓公、越王勾践之功业，势必要有管仲、范蠡类的人相助。而沮授这人，史载"少有大志，多权略"，在袁绍帐下是一等谋臣，所以袁绍找他来共谋大事。

沮授看得很远，他为袁绍制定了一个长远的战略："虽黄巾猾乱，黑山跋扈，举军东向，则青州可定；还讨黑山，则张燕可灭；回众北首，则公孙必丧；震胁戎狄，则匈奴必从。横大河之北，合四州之地，收英雄之才，拥百万之众，迎大驾于西京，复宗庙于洛邑，号

令天下，以讨未复，以此争锋，谁能敌之？比及数年，此功不难。"（《三国志·魏书·袁绍传》）

该战略令袁氏先立足北方四州（幽州、冀州、并州、青州），然后挟天子以令诸侯，虽眼光高远，却不失实际，堪比后来诸葛亮提出的"隆中对"。而且第一个提出了"挟天子以令诸侯"的战略思想，沮授实在不愧为三国的一流谋士。这个战略为袁绍展开了一幅波澜壮阔的画面，令袁绍激动不已，高兴地说："此吾心也。"因此任命沮授为监军、奋威将军。

但袁绍终究是那个袁绍，除了大加感激之外，恐怕根本就没有把沮授的这番警世良言放在心上。如果真正按照沮授这样的安排，袁绍很有可能代替后来曹操在中国北方所占据的位置，毕竟此时的袁绍有名望也有实力。但是等到机会真正来临的时候，等到汉献帝真的需要有一个人来"挟持"的时候，袁绍竟然会犹豫不决，最后被曹操占据了先机。

袁绍终究不是一个可以服务的君主，难为了沮授这么尽心尽力地为他提供良策，后来袁绍与曹操在官渡大战，袁绍兵败，沮授被俘，坚决不向曹操投降而被曹操处死，可以称之为谋士当中的铮铮铁骨，这样的人才跟在袁绍身边袁绍却不知道珍惜，这就早已经决定了袁绍之后的命运。

当初黄巾之乱后，各种地方小型起义不断，尤以冀州黑山起义军为代表，将所有起义军统称为黑山军。黑山军在北方一带四处扰乱，虽不成大威胁，留着却也是个后患。而沮授给袁绍的战略布局里，第一步就是除掉黑山这些小起义军的骚扰。因此袁绍领冀州后，第一步就是平定黑山军。当时曹操还无立足之地，因此暂时屈于袁绍部下，此时黑山军频频骚扰兖州东郡，东郡太守无法抵挡，袁绍因此派出曹操前往东郡镇压黑山军。曹操领兵进入东郡，打破黑山军其中一部，袁绍因此表曹操为东郡太守。次年（公元192年），曹操完全平定东郡，遂以兖州东郡为立足地，开始发展势力。

而冀州魏郡一带的黑山军也被袁绍基本击破，沮授战略的第一步便实现了。此时袁绍坐稳冀州后，便向北方四州开始伸出了他的手掌。

少年郎的本色

现在，汉献帝初平二年（公元191年），孙家的长子孙策还是一个年方十七的翩翩少年，这时正在运送父亲灵柩的途中。江南的故事由此展开。

孙策是吴氏所出，在东汉末年的军阀混战当中，作为一方太守的孙坚，往往是常年征战在沙场上，而抚养、教育儿女的重任也就落到了吴夫人的身上。吴夫人教育儿女也很有办法，总是宽容、诱导，谆谆教诲，于是孙策、孙权兄弟礼贤下士，尊重人才。正是由于母亲的这种教导，孙策才形成了开朗、直率、大度的性格，他善于听取部属的意见，会识人用人，说话又有幽默感，赢得了士人、百姓的拥戴，士民都愿意为他拼命，效忠于他。

在这一时期，孙策还结识了另一位英俊貌美的少年——周瑜。两人共同征战的兄弟情成为历史上的一段佳话。少年孙策经历过一段相当风光的时期，但是现在，随着父亲的去世，原先孙策所拥有的一切都被颠覆，原先父亲的部属都归了袁术，而自己仅仅是一个丧父的少年。现在的孙策急需解决的是如何处理在父亲死后，自己家族地位兴旺的问题，种种的担子压在了这个年仅十七岁的少年身上。

孙坚死后，孙策成为孙家集团的少主，他将父亲的灵柩运回家乡，葬在曲阿县（今江苏丹阳县）后渡江而去。他在江都驻扎下来，期望有朝一日能宏图大展，为父报仇。当时在江都有一位名士，姓张名纮字子纲，广陵人。早年曾经到京都洛阳求学，回到家乡之后，州郡察举秀才，他不去应试，官府征召他去做官，他也不去赴任。

他在等待时机，等待着一位英主能够采用他的策略，在这广阔的土地之上共同实现自己的人生抱负。后来，为了躲避战乱，张纮迁到了江东，在江都住下。一位英主，一位谋士，便在这样的因缘际会之下而得以见面，孙策向张纮求教了自己未来的发展路线。这次对话的意义，对于孙策这样一个刚经历丧父之痛寄人篱下的少年将军来说，不亚于后来刘备与诸葛亮的隆中之对。

孙策对张纮说："方今汉祚中微，天下扰攘，英雄俊杰各拥众营私，未有能扶危济乱者也。先君与袁氏共破董卓，功业未遂，卒为黄祖所害。策虽暗稚，窃有微志，欲从袁扬州求先君余兵，就舅氏于丹杨，收合流散，东据吴会，报仇雪耻，为朝廷外藩。君以为何如？"张纮答道："既素空劣，方居衰绖之中，无以奉赞盛略。"

看到张纮不愿意回答这个问题，孙策十分焦急，便继续说道："君高名播越，远近怀归。今日事计，决之于君，何得不纡虑启告，副其高山之望？若微志得展，血雠得报，此乃君之勋力，策心所望也。"

说着说着痛哭流涕起来，但神情依然充满活力和刚毅。张纮看到孙策是真心想要干出一番事业为父亲报仇雪恨，言辞恳切，于是回答到："昔周道陵迟，齐、晋并兴；王室已宁，诸侯贡职。今君绍先侯之轨，有骁武之名，若投丹杨，收兵吴会，则荆、扬可一，仇敌可报。据长江，奋威德，诛除群秽，匡辅汉室，功业侔于桓、文，岂徒外籓而已哉？方今世乱多难，若功成事立，当与同好俱南济也。"孙策赶忙答道："一与君同符合契，（同）有永固之分，今便行矣，以老母弱弟委付于君，策无复回顾之忧。"（《三国志·吴书·孙讨逆传》，裴松之引吴记）

透过这次对话，孙策确立了其整个家族向江南发展，据守长江之险成就一番事业的总体方针，奠定了未来孙家集团发展的总体走向。

按照张纮的安排，孙策马上赶赴寿春，去见当时驻扎在临近江东地区的袁术。面对袁术孙策再次流下了感人肺腑的泪水。袁术面对着这样的一个少年将军，看到他的言行和举止，便知道他大有过人之处，是将来可以倚重的一个人才。但是要马上将孙坚旧部还给他，自己心中又对孙策能否听命于自己感到怀疑。于是，袁术便说："我已任命你的舅父吴景为丹阳太守、你的堂兄孙贲为都尉。丹阳是出精兵的地方，你可去投奔他们，召集兵勇。"

孙策便接了自己的母亲，带着汝南人吕范和同宗孙河，到了丹阳曲阿。依靠舅父的力量，不久，孙策便招募到兵勇数百人。但是不幸遭到泾县大帅祖郎的袭击，差一点儿丢了性命。兴平元年（公元194年），孙策又投奔了在南阳的袁术，袁术十分赞赏他，把从前孙坚的部属全部交还给了孙策。太傅司马碉持皇帝的符节来安定招抚关东军，在寿春以礼辟召孙策，任命孙策为怀义校尉，袁术的大将桥蕤、张勋等人对孙策都倾心敬重。袁术常常感叹说："使术有子如孙郎，死复何恨！"（《三国志·吴书·孙讨逆传》）和后来曹操发出的"生子当如孙仲谋"的感叹有着惊人的相似。

不得不说，孙家能有两位这么出色的年轻人，在那样的乱世是一笔多么重大的财富。孙策在袁术门下时，孙策有一名骑兵，犯罪后为逃避责罚，逃进袁术的军营，藏到了马厩里面。孙策派人前去捉拿，一直找到袁术的大营之中，将罪犯搜出后当场斩首。事情结束后，孙策才去拜见袁术，说明情况，向他道歉。袁术说："兵人好叛，当共疾之，何为谢也？"（《三国志·吴书·孙讨逆传》）从此之后，军中便对孙策更加另眼相看，孙策在袁术军中便初显露头角，显示出了他作为一名优秀的军事将领所拥有的刚毅果断的良好品质。

不走寻常路的孙策

同样是杀父之仇，曹操可以用自己的大军给自己的仇人以致命的打击，用上百万人的生命来祭奠自己的父亲，孙策什么都没有，只能寄居在袁术阵营之下，借助他人的力量帮助自己复仇，可以想见这对于孙策来讲是多么难以忍受的事情。但手里没有任何权势和兵力的孙策在这种情况下只能忍耐，像越王勾践一样"卧薪尝胆"，在心中不断坚定着自己为父报仇的信念，寻找着机会能够摆脱袁术的控制开拓自己的一番事业，重现孙家的荣光。

袁术自然也能看得出孙策的心思。虽然袁术称不上是一位明主，但是毕竟也在群雄割据的乱世当中占有他自己的一方地域，因此，在孙策的使用问题上袁术是相当矛盾的，一方面他希望能够利用较高的权力将孙策长久地留住，另一方面，他又怕孙策在取得了相当大的威望之后会带兵出走甚至威胁到自己的位置，出于这样的一种矛盾心理，袁术在面对孙策时就经常表现出一种摇摆不定的状态。而这种状态然则更加增强了孙策离开袁术去寻找自身真正价值的决心。

袁术在一开始许诺任用孙策为九江太守，可是不久，就变卦改用了丹阳人陈纪。后来，袁术想进攻徐州在中原分得自己的一杯羹，向庐江（治舒县，即今安徽庐江西南）太守陆康索求三万斛大米，陆康不给，袁术为此大为恼怒。这时候袁术听说孙策以前曾去拜访陆康，陆康只让主簿接待，自己不出来相见，为此，孙策怀恨在心。两个人的仇恨在这里拧成了一股绳子。于是袁术就派孙策去攻打陆康，并且又许愿说："前错用陈纪，每恨本意不遂。今若得康，庐江真卿有也。"（《三国志·吴书·孙讨逆传》）

孙策在得到了袁术上述的保证之后，便按照袁术的指示去攻打陆康，大胜而归。但是袁术却再一次变卦，又用自己的部下刘勋作为庐江太守。俗话说"事不过三"，虽然袁术仅仅变卦了两次，但是已经足够挑战孙策的耐心了。这不但会激怒孙策，并且会让孙策明显地感觉到手脚被束缚，不能施展而萌生去意。与袁术原先想留住孙策的想法就完全背道而驰了。这当然不是袁术希望看到的，但是经过这两次事件，孙策对袁术的看法已经有了明显的变化，两人的决裂已经成了必然。

正在这个时候，机会来了，孙策终于找到一个突破口。

东汉末年，江南的区划当中最大的要数扬州。这时扬州所管辖的地区，除长江以北的九江和庐江两郡外，尚有江南的丹阳、吴、会稽、豫章四郡。汉朝任命的扬州刺史刘繇是兖州刺史刘岱的弟弟，这两兄弟都是当时名士。扬州治所本来在寿春，后来寿春被袁术占据，刘繇就把丹阳郡治所曲阿（今江苏丹阳县）作为州城。

当时吴景还在丹阳，孙策的堂兄孙贲又是丹阳的都尉，刘繇来后，就把他们都强行驱逐了。吴景、孙贲退居到历阳。刘繇派樊能、于糜东屯在横江津，派张英屯驻在当利口用来抵挡袁术。袁术任命自己的旧下属琅琊人惠衢为扬州刺史，把吴景改任为督军中郎将，与孙贲一起攻打张英等人，但是一直都没有攻打下来。朝廷又加封刘繇为扬州牧，领振武将军，有数万人的兵马，一时间成为江南地区相当重要的一股势力。

　　丹阳尉朱治过去曾任孙坚的校尉，他发现袁术政德不立，就劝孙策趁机收取江东。于是孙策就去见袁术。孙策对袁术说："有旧恩在东，原助舅讨横江；横江拔，因投本土召募，可得三万兵，以佐明使君匡济汉室。"这显然只是一个说词而已。东汉末年任何事情最终都得弄一个"匡扶汉室"的名头，实际上汉室的皇帝到现在都被李催和郭汜控制着，匡扶汉室也用不着到江东去吸收兵马。潜台词明明就是说，你赶紧派我去打刘繇，打完之后我在当地会招募兵马，但是究竟是不是为了帮助你"匡扶汉室"这就难说了。

　　袁术难道看不出来孙策对自己不满吗？当然不可能，但是袁术是一个目光短浅的人，他虽然知道孙策是个人才，必须加以控制和利用，但是他毕竟仅仅是个小毛头而已。当时的江东地区形势十分不明朗。刘繇占据曲阿，王朗占据会稽，都是当地的一霸，更何况连自己的大军攻打刘繇都久攻不下，孙策在当地又能闹出什么大动静？更何况如果孙策战败，反而能让他老实一点儿，死心塌地地跟着自己。

　　袁术坚定地认为即便是孙策自己带兵出去攻打刘繇也未必能有什么作为，于是就答应了他的请求，并表奏朝廷任命孙策为折冲校尉代行殄寇将军。袁术不曾想到为了这个决定，他自己要付出多么惨烈的代价来弥补这个错误。但袁术一生荒唐事颇多，这次的"放虎归山"仅仅是他的一堆重大错误当中的一个小错误而已。

他犯错误不要紧，孙策在得到袁术的首肯之后肯定是欣喜若狂，他终于可以实现自己独立带兵的愿望，更重要的是，得到了一次绝佳的脱离袁术成就自己的机会。但是，当时孙策的兵力确实不足以对抗刘繇，如果贸然前进肯定会导致袁术心中所盘算的那样的结果。当时，他的兵力仅仅有千余人，军需物资也非常少，加上幕僚宾客等自愿跟随的几百人，这就是孙策的全部兵力。

这样的兵力条件显然难以支撑大规模的渡江作战。扩充兵员，充实实力成了孙策首要的工作。孙策率领着自己的队伍首先到了历阳，在当地招兵买马。一呼即应，人马迅速扩充到五六千人。孙策的母亲先是从曲阿迁居到历阳，孙策是个孝子，不能够让自己的母亲担受兵马劳顿之苦，于是他把母亲安置到了阜陵。在这招兵买马安置家眷的过程之中，孙策又得到了他的好兄弟周瑜的帮助，周瑜带来了不少兵马和一些军需物资，进一步扩充了孙策的军队。孙策大喜，对周瑜说："吾得卿，谐也。"（《三国志·吴书·周瑜传》）一切都准备停当之后，孙策让大军开拔渡江。由此开始了他事业的原点，展开了针对刘繇的作战。

孙策在短时间内从一名少年成长为一名能够独当一面的将军，这在历史上是相当罕见的。除了有父亲的遗传、母亲的教养之外，孙策自己的个人魅力也是帮助他一步步向自己梦想前进的坚实的基础。如今，江东的土地已经慢慢地展现在他的眼前，这片未来将被称作吴国的土地现在还并不属于孙家。孙策要用自己的双手亲自将这片土地从当地军阀的手中夺过来，成就自己的霸业。

皇帝是我的，你们听我的

建安元年（公元196年）七月，献帝回到洛阳。此时东都之宫室，皆因董卓西迁长安前火烧殆尽，君臣无以为住，只得"披荆棘，依墙壁间""尚书郎以下自出采稆，或饥死墙壁间，或为士兵所杀"。（《后汉书·献帝纪》）

这时，袁绍的谋士沮授，希望袁绍接汉献帝入邺，于是对袁绍说："将军累叶台辅，世济忠义。今朝廷播越，宗庙残毁，观诸州郡虽外托义兵，内实相图，未有忧存社稷恤民之意。今州域粗定，兵强士附，西迎大驾，即宫邺都，挟天子而令诸侯，畜士马以讨不庭，谁能御之？""今迎朝廷，于义为得，于时为宜，若不早定，必有先之者矣。"

但袁绍另外两个幕僚郭图、淳于琼并不同意沮授的意见："汉室陵迟，为日久矣，今欲兴之，不亦难乎！且英雄并起，各据州郡，连徒聚众，动有万计，所谓秦失其鹿，先得者王。今迎天子自近，动辄表闻，从之则权轻，违之则拒命，非计之善者也"。（《后汉书·袁绍传》）而袁绍此前曾密谋立刘虞为帝，即有不逊之志，于是没有采纳沮授的建议。而袁绍稍一迟疑，沮授所言"先之者"即接踵而至。此人即是刚刚被任命为兖州牧的曹操。

献帝前在长安为李傕、郭汜所持时，曹操的治中从事毛玠即对曹操提出"奉天子以令不臣"的建议，曹操遂遣从事王必往长安，欲通使于献帝，而为前文提到的河内太守张杨所阻。幸亏魏郡太守董昭说服张杨，使曹操的使者经过河内西往长安，并表荐曹操。黄门侍郎钟繇，也劝李傕、郭汜曰："方今英雄并起，各矫命专制，唯曹兖州乃心王室，而逆其忠款，非所以副将来之望也。"曹操至此遂有使者通献帝。而汉廷亦承认曹操兖州牧的合法性，于兴平二年（公元195年）十月拜曹操为兖州牧。

献帝抵达洛阳之后，曹操在许昌开始谋划迎取天子。但部属多人以"山东未定，韩暹、杨奉，负功恣睢，未可卒制"为由，认为此时迎天子的条件还不成熟。但荀彧力排众议，向曹操分析道："昔晋文公纳周襄王，而诸侯景从；汉高祖为义帝缟素，而天下归心。自天子蒙尘，将军首倡义兵，徒以山东扰乱，未遑远赴，虽御难于外，乃心无不在王室。今銮驾旋轸，东京榛芜，义士有存本之思，兆人怀感旧之哀。诚因此时奉主上以从人望，大顺也；秉至公以服天下，大略也；扶弘义以致英俊，大德也。四方虽有逆节，其何能为？韩暹、杨奉，安足恤哉！若不时定，使豪杰生心，后虽为虑，亦无及矣。"（《后汉书·荀彧传》）荀彧举晋文公扶周襄王而霸、汉高祖借义帝而王两个例子，说明献帝此招牌虽破，但仍不失为招牌，迎之则为"大顺""大略""大德"之举。而其不以伊尹、霍光，反以晋文、汉高比喻曹操，或说明荀彧此时已对曹操有一个明确的定位，即其不会像伊尹、霍光一样辅佐献帝。

曹操接受了荀彧为之设计的方案，即遣曹洪率兵西迎天子，却为董承等据险抗拒。此时，已为议郎，处于天子身边的董昭又一次帮助了曹操。他以曹操的名义发给杨奉一封信，信中说道："吾（曹操）与将军（杨奉）闻名慕义，便推赤心。今将军拔万乘之艰难，反之旧都，翼佐之功，超世无畴，何其休哉！方今群凶猾夏，四海未宁，神器至重，事在维辅；必须众贤以清王轨，诚非一人所独建。心腹四支，实相恃赖，一物不备，则有阙焉。将军当为内主，吾为外援。今吾有粮，将军有兵，有无相通，足以相济，死生契阔，相与共之。"杨奉遂为之所欺，对诸将说："兖州诸军近在许昌，有兵有粮，国家所当依仰也。"(《三国志·魏书·董昭传》)并表荐曹操为镇东将军，袭祖爵费亭侯。曹操得封以后，连上三表，三让而后受。此后，曹操每遇晋迁，辄三让之，即使日后受封魏公、魏王时，仍经过三让的程式。所谓三"让"，实是曹操通过所上之表，陈述己功，意在服众，表明自己受封无愧。

正当曹操谋划迎帝于许昌的时候，时局又发生了变化，原本恃险拒曹的董承，又因韩暹矜功专恣，遂潜召曹操，而杨奉部将徐晃亦劝奉"令归太祖"。曹操得以顺利进入洛阳，随即表奏韩暹、张杨之罪，并将韩暹赶出洛阳。献帝七月甲子到达洛阳，八月辛亥曹操领司隶校尉，录尚书事，前后不到五十天，献帝便落入曹操的掌控之中。

曹操入驻洛阳后，几经犹豫是否将献帝从洛阳移至许昌，遂问计于董昭。董昭说："将军兴义兵以诛暴乱，入朝天子，辅翼王室，此五伯之功也。此下诸将，人殊意异，未必服从，今留匡弼，事势不便，唯有移驾幸许耳。然朝廷播越，新还旧京，远近跂望，冀一朝获安。今复徙驾，不厌众心。夫行非常之事，乃有非常之功，愿将军算其多者。"曹操又虑杨奉在左近，其兵精，恐为所乘，董昭又为曹操分析："奉少党援，将独委质。镇东、费亭之事，皆奉所定，又闻书命申束，足以见信。宜时遣使厚遗答谢，以安其意。说'京都无粮，欲车驾暂幸鲁阳，鲁阳近许，转运稍易，可无县乏之忧。'奉为人勇而寡虑，必不见疑，比使往来，足以定计。奉何能为累！"(《三国志·魏书·董昭传》)曹操遂坚定迁都许昌之议。杨奉先欲从曹操，至此方才醒悟为曹操所赚，遂与韩暹反，曹操即讨奉于梁，杨奉、韩暹兵败投奔袁术。曹操"移驾"的最后一个阻力业已扫除，便于八月庚申，出洛阳，经辕辕，迁都许昌。

迁都许昌后，曹操为百官总已以听，便对当时于朝野中颇有名望的三公发难。建安元年（公元196年）九月，罢太尉杨彪及司空张喜。后任命自己的亲信荀彧为侍中，授尚书令。尚书令即相当于后世之内阁首辅，其掌管着尚书六曹，六曹即三公曹，掌管州郡官吏的考绩；吏部曹，掌管选举和祭祀；民曹，掌管有关修建和盐池苑囿的管理；客曹，掌管护驾边疆少数族朝贺事务；二千石曹，掌管司法诉讼事务；中都官曹，掌管水、火、盗贼等治安工作。故荀彧实际上全权负责官员考核、财政核算等一切国家事务。而荀彧担任尚书令长达十数年，故有"令君"之美誉。

当曹操迎帝都许之时，前次拒绝挟天子以令诸侯的袁绍方觉不平。曹操对袁绍遂采取软硬兼施的政策，先以献帝诏书的名义责备袁绍"地广兵多而专自树党，不闻勤王之师而但擅相讨伐"（《后汉书·袁绍传》）。袁绍不得不反复上表自辩。而后，曹操又以献帝名义拜袁绍为太尉，封邺侯。其时，曹操业已自封为大将军，袁绍不甘心位于曹操之下，怒曰："曹操当死数矣，我辄救存之，今乃背恩，挟天子以令我乎？"（《三国志·袁绍传》）遂上表请求辞去太尉之职。曹操知道此时尚不能与袁绍抗衡，于是便使孔融持节拜袁绍为大将军，兼都督冀青幽并四州。

打击清除了异己，党旧亲信把持要职，宿敌袁绍亦被稳住，曹操得以进一步控制权力。十月，曹操自封为司空，行车骑将军，至此，曹操集天下大权于一手。

曹操迎帝都许后，做出的另一项重要决策，就是将屯田作为一项国家政策确定下来并付诸实施。曹操这是学习了自己的老仇家陶谦的经验。屯田的提出及实行也是东汉末年战乱频仍的时代背景使然。曹操以枣祗为屯田都尉,以任峻为典农中郎将,主持屯田事务。枣祗劝曹操实行"分田之术",即把土地分给个人,然后根据收获量官民对半分成,曹操听从了这个建议。这一年,便得谷百万斛。枣祗是个薄命人,早逝,任峻便接了他的班在各州郡置田官,继续大力推行屯田。"数年中所在积粟,仓廪皆满",故"军国之饶,起于枣祗而成于峻"。(《三国志·魏书·任峻传》)

任峻死后,继任者国渊、袁涣继续不断完善屯田制度。不仅扩大实行范围,还降低屯田的强迫性,不欲屯田者勿强。五年中仓廪丰实,百姓大悦,竞劝乐业。屯田的广泛实行,不仅解除了中原一带的粮荒,并且极大地支援了曹操日后的战争,故曹操"征伐四方,无运粮之劳,遂兼灭群贼,克平天下"。(《三国志·魏书·武帝纪》)

吕布的表演

刘备本想先在小沛安安稳稳干上一阵子,结果位子还没坐热乎,袁术即发动步骑三万大军,遣大将纪灵为先锋,来攻小沛。刘备前时败于吕布时,丹杨兵背己附吕,刘备已失去对这支军队的掌控权;而幽州兵与徐州兵,经历与袁术、吕布两场鏖战,死的死,跑的跑,所剩无几;刘备此时兵不满万,哪里有足够的军队来对抗袁术的三万步骑?既然正面无法对抗,不如去搬救兵。而刘备此时再显枭雄本色,毫不犹豫地派人向前日曾袭夺徐州的吕布求救。

吕布可能也觉得夺了刘备的地盘,反客为主,人家却没什么怨言，而刘备既已投靠自己，不去救不大说得过去，于是吕布便选择了替刘备解围。但是，吕布的属下不同意救刘备这个方案，建议吕布趁袁术攻刘备这个时机，让袁术把刘备给杀了。吕布却说："不然。术若破备，则北连太山诸将，吾为在术围中，不得不救也。"（《三国志·魏书·吕布传》）我要不帮刘备，等袁术把刘备灭了，咱们就将处于袁术的包围圈中，只能坐守下邳，那情况就很不乐观了。我虽然也很讨厌刘备，但是不杀他，还能有他作为咱们的屏藩，我这也是不得不去救他。吕布虽然少谋，但是毕竟在战场上摸爬滚打多年，这次在这个战略问题上还是做出了一次正确的抉择。于是，便带着步兵千人，骑兵二百，到小沛驰援刘备。

吕布素以武勇闻名天下，而且其带兵作战能力，尤其是他的骑兵更是为诸侯所惮。吕布善弓马，而且膂力过人。和敌人作战时，对方都害怕吕布的武勇，不敢逼近。所以当时人送给他一个"飞将"的名号，将其比作汉初名将李广。当时又有句流传至今的话：人中有吕布，马中有赤兔。吕布曾经率亲兵突入黄巾余党张燕阵中，大破燕军万余人。吕布与曹操濮阳鏖战，更为天下所知。

所以，当纪灵听说吕布亲自驰援刘备时，也有自知之明，不敢与其为敌，敛兵不再攻打小沛。吕布实际上只带了千余人过来，而凭借自己的威名便使对方三万人不敢攻城。吕布看到袁术军不再攻打小沛，便带着人马屯驻在小沛西南附近，而且派人到纪灵那里，请他过来一起吃个饭，解决一下小沛这个问题。

吕布有请，纪灵哪儿敢不去，于是马上跑了过去。宴席上，吕布对纪灵说："玄德，布弟也。弟为诸君所困，故来救之。"这时候，吕布又拿起了他当大哥的架子，说刘备是我小弟，你们既然这么欺负他，那这事我得管。有我在，小沛的主意袁术是不能打的。接着，吕布又说了句让人哭笑不得的话："布性不喜合斗，但喜解斗耳。"

　　实际上，观吕布一生，就没有几个汉末军阀是与他没打过仗的，李傕、郭汜打过，袁术、袁绍打过，曹操、刘备也打过，而吕布却在这时候说了这么一句滑天下之大稽的话。既然吕布想让纪灵退兵，那就要拿出一些硬实力。于是，吕布说完话，便带着大家到了军营里，让门候在营门位置放上一支戟，对周围的人说："诸君观布射戟小支，一发中者诸君当解去，不中可留决斗。"恐怕当时纪灵诸人都不相信吕布能射中，否则军国大事岂能以射戟一事轻易答应退军与否。而如果不中，袁术继续攻打小沛，沦陷只是时间问题。而小沛失守，则吕布就将落入袁术的包围圈。所以，吕布也不可能以儿戏待之。正是因为吕布对自己的本事有充足的信心才会提出射戟解斗这一方案。

　　只见吕布"举弓射戟"，结果是"正中小支"，而观众的反应是"诸将皆惊"，大呼吕布"天威"。这一表现无愧"飞将"的称号，无愧"人中吕布，马中赤兔"的美誉。纪灵等见此，一方面因为前时已经答应吕布，射中戟之小支便罢军打道回府；而另一方面，也是为吕布的武勇所震慑，就算开战，自思也无把握打赢这场仗。于是，只能表示不打了。明日又与吕布大摆筵席，后一天就带兵回去了。

　　纪灵回到袁术处，估计也把吕布的神威跟袁术说了说，袁术此时正心怀鬼胎，欲于寿春称帝，便想拉拢吕布，与其结盟，得到他的支持。于是想和吕布结为儿女亲家，让自己的儿子娶吕布的女儿。吕布多半也想和袁术和平共处，免得受其骚扰，便口头上答应了这门亲事。袁术便派韩胤作为使者，将自己称帝这个想法告诉吕布，和他商量，并且准备将吕布的女儿迎到寿春。这时候，沛相陈珪怕袁术、吕布结亲，则徐州、扬州连成一片，兵势难挡，将成为汉廷的最大隐患。于是跑到吕布那里，劝吕布不要和袁术成为亲家："曹公奉迎天子，辅赞国政，威灵命世，将征四海，将军宜与协同策谋，图太山之安。今与术结婚，受天下不义之名，必有累卵之危。"（《三国志·魏书·吕布传》）

曹操迎还献帝，迁都于许，在内辅政，海内闻名，这才是吕布该结盟的对象。而袁术，欲行僭号称帝之事，与他结亲，只会给自己背上不义之名，弄得身败名裂，遗臭万年。吕布听从了陈珪的建议，急忙派人把已经在送往寿春路上的女儿给追回来，毁了婚约，而且将韩胤抓起来押送许昌。曹操遂以朝廷的名义，封吕布为左将军，并且亲自写了一封信，好好安慰表扬了吕布一番。信中说，此前封吕布为平东将军的绶印，被使者在山阳屯给弄丢了，而现在"国家无好金，孤自取家好金更相为作印，国家无紫绶，自取所带紫绶以籍心。将军所使不良。袁术称天子，将军止之，而使不通章。朝廷信将军，使复重上，以相明忠诚。"吕布受封当然很高兴，而殊不知这是曹操以敌制敌的策略，不仅羁縻住吕布，还成功拆散了袁术和吕布即将形成的联盟。

吕布受封后，又遣陈珪之子陈登为使者，答谢曹操，并且让陈登跟曹操说自己想为徐州牧的打算。但是陈登回来后，并没有封吕布为徐州牧的诏书，反而朝廷"增珪秩中二千石，拜登广陵太守"，给陈珪加了工资，又给陈登升了级。吕布见此当然恼怒，拔戟砍翻几案，责备陈氏父子劝自己绝交袁术，与曹操联合，而自己现在不但没有得到什么好处，而陈氏父子却升官发财，吕布心里怎么可能平衡。

面对吕布的凶相毕露，陈登不为所动，还借曹操之口数落了吕布一顿："登见曹公言：'待将军譬如养虎，当饱其肉，不饱则将噬人。'公曰：'不如卿言也。譬如养鹰，饥则为用，饱则扬去。'"即曹操与吕布，好比猎户和动物，陈登说吕布是只老虎，得每天喂得饱饱的，不然的话就要吃人了。而曹操却认为吕布比老虎活跃多了，更像一只鹰。而养鹰，就不能喂饱，因为鹰饱了就飞走了，而不喂饱，就会服服帖帖地跟在身边。吕布听了这种比喻，或许是默许了，就没追究陈登的责任，"意乃解"。

实际上，陈登此次与曹操的谈话不仅限于此。陈登知道吕布有勇无计，反复难养，所以，当他见到曹操时，便立即劝曹操早日将吕布铲除。而曹操也清楚羁縻吕布一时可以，但终非长久之计。于是，陈登临走时，曹操握着陈登的手，跟他说："东方之事，便以相付。"东方即指吕布所在的徐州。曹操在吕布身边安插了一个内奸，而这个内奸还得到了吕布的信任，并且，暗中还在纠合徐州反对吕布的势力。

而此时的刘备，虽然暂时解除了袁术对自己的威胁，但是，好景不长，因为自己在小沛的建设又引来了吕布的仇视。

袁术怎么混成这样了

袁术的攻势解除后，刘备于小沛本想搞好建设，种种田养养兵。没过多长时间，就有了一万多人的军队。而当吕布得知这个消息时，又觉得刘备要成为威胁了，"吕布恶之，自出兵攻先主"。吕布既要留住刘备为自己的屏藩，又不想看到刘备在自己的地盘上发展壮大，所以，袁术攻小沛，救刘备的是吕布；袁术撤军，攻刘备的也是吕布。刘备自然无法抵御吕布，这下又只能跑了。东边是吕布的地盘，南边有袁术，北边的袁绍和自己交好，但是得跨过黄河。刘备无奈之下只能投奔和自己没什么过节，又在附近的曹操了。

刘备前次投降吕布时，吕布诸将劝吕布趁机杀了刘备；而这时投奔曹操，曹操帐下也有人劝他杀之以绝后患。而吕布和曹操的区别就是，属下的建议，大多数情况下吕布听不进去，而曹操能听进去。但是，值得刘备庆幸的是，曹操这边有人要杀他，也有人要"救"他。

主张杀刘备的人是程昱。程昱早年为兖州刺史刘岱举荐为骑都尉，但以自己生病为由，没有响应刘岱的征辟。而曹操继为兖州刺史后，程昱知曹操终能成大事，遂投奔曹操，却为乡里人所笑前后不一，程昱不以为意，一笑了之。曹操为报父仇而出征徐州，留程昱与荀彧守甄城。张邈等反迎吕布，得亏程昱率众御敌，得保甄城、东阿、范三城不失。曹操执其手感叹："微子之力，吾无所归矣。"（《三国志·魏书·程昱传》）曹操与吕布鏖战濮阳之际，甚为困难，赖程昱数进奇谋得以支持。程昱闻刘备来奔，急见曹操，谓刘备有雄才而又能得人心，终究不能为人之下，不如趁此机会杀掉刘备。

而"救"刘备的人为郭嘉。郭嘉为颍川人氏，二十一岁便投身袁绍帐下。但是，跟袁绍相处没多久，他便看出袁绍的性格特点："智者审于量主，故百举百全而功名可立也。袁公徒欲效周公之下士，而未知用人之机。多端寡要，好谋无决，欲与共济天下大难，定霸王之业，难矣。"（《三国志·魏书·郭嘉传》）"多端寡要，好谋无决"完美诠释了袁绍的特点。既然认识到无法与其成霸王之业，那可以像荀彧那样从袁绍跳槽到曹操那里，发挥自己的才智。但是，郭嘉并没有这么做，或许是在等待时机，郭嘉直接回家了。

六年后，郭嘉再次出山，而荐举郭嘉的便是荀彧。当时曹操有个叫戏志才的谋士英年早逝，曹操很痛惜，于是给荀彧写信道："自志才亡后，莫可与计事者。汝、颍固多奇士，谁可以继之？"荀彧便回信给曹操推荐了自己的老乡郭嘉。于是，曹操召见郭嘉，与其聊了一个晚上，大赞道："使孤成大业者，必此人也。"而郭嘉也看中了曹操，"真吾主也"。这与其对袁绍的评价真为天壤之别。

曹操随即表郭嘉为司空祭酒，留在身边随时为自己出谋划策。当刘备来投时，曹操很矛盾，便问郭嘉，面对有英雄之志的刘备，到底该杀不该杀。而郭嘉的回答相当简练："有是。"没错，刘备是该杀。但是，郭嘉的话还没有说完，"然公提剑起义兵，为百姓除暴，推诚仗信以招俊杰，犹惧其未也。今备有英雄名，以穷归己而害之，是以害贤为名，则智士将自疑，回心择主，公谁与定天下？夫除一人之患，以沮四海之望，安危之机，不可不察！"简而言之，刘备为人雄，固然当杀以绝后患，但现在还不是时候。郭嘉最后劝曹操"早为之所"。有了郭嘉的话，曹操没杀刘备，刘备再次幸运地活了下来，但是，后来曹操因为没记清郭嘉的话在对待刘备的问题上犯了一个重大的错误。

这时候，曹操也没空搭理刘备这个潜在的危险，因为他业已将吕布这个宿敌，提到了日程表上。

曹操表刘备为豫州牧，派他到小沛附近收集散卒，给他军粮，让他帮着应付吕布。刘备也知道，一旦自己又招起兵来，势必又会牵动吕布的视线，与吕布再战的结果难免。果不其然，吕布立即遣高顺带兵攻打，结果和上次一样，刘关张再次战败。曹操又派夏侯惇增援刘备，亦为高顺打败。但是，这两场仗却都是刘备军充为炮灰，虽然两次皆败北，但也消耗了吕布的一部分主力。在此期间，曹操也与其谋士，制定出最后讨伐吕布的方案。

　　与此同时，袁术于寿春僭号称帝。袁术因前次吕布自毁婚约，十分恼怒，遂派遣大将张勋等以步骑数万，兵分七路攻击吕布。吕布听从陈珪之计，瓦解袁术诸军，大败张勋，张勋落荒而逃。随后，吕布又进军寿春，水路并进，一直追至钟离附近。所过之处竞相掠夺，并留下书信，对袁术羞辱一番。袁术无奈退守至淮水之南，吕布之军隔水对袁术大加嘲笑。

　　而远在江东的孙策听闻袁术僭号称帝，便令谋士张纮作书对袁术深加斥责。其中有九条不可僭号称帝的理由："当与天下合谋，以诛丑类。舍而不图，有自取之志，非海内所望，一也；幼主非有恶于天下，徒以春秋尚少，胁于强臣，若无过而夺之，二也；董卓虽狂狡，至废主自与，亦犹未也，而天下闻其桀虐，攘臂同心而疾之……今四方之人，皆玩敌而便战斗矣，可得而胜者，以彼乱而我治，彼逆而我顺也。见当世之纷若，欲大举以临之，适足趣祸，三也；天下神器，不可虚干，必须天赞与人力也。殷汤有白鸠之祥，周武有赤乌之瑞，汉高有星聚之符，世祖有神光之征，皆因民困悴于桀、纣之政，毒苦于秦、莽之役，故能芟去无道，致成其志今天下非患于幼主，未见受命之应验，而欲一旦卒然登即尊号，未之或有，四也；天子之贵，四海之富，谁不欲焉？义不可，势不得耳。陈胜、项籍、王莽、公孙述之徒，皆南面称孤，莫之能济。帝王之位，不可横冀，五也；幼主岐嶷，若除其逼，去其鲠，必成中兴之业……纵使幼主有他改异，犹望推宗室之谱属，论近亲之贤良，以绍刘统，以固汉宗。皆所以书功金石，图形丹青，流庆无穷，垂声管纮。舍而不为，为其难者，想明明之素，必所不忍，六也；五世为相，权之重，势之盛，天下莫得而比焉。忠贞者必曰宜夙夜思惟，所以扶国家之颠顿，念社稷之危殆，以奉祖考之志，以报汉室之恩。其忽履道之节而强进取之欲者，将曰天下之人非家吏则门生也，孰不从我？四方之敌非吾匹则吾役也，谁能违我？盍乘累世之势，起而取之哉？二者殊数，不可不详察，七也；所贵于圣哲者，以其审于机宜，慎于举措。若难图之事，难保之势，以激群敌之气，以生众人之心，公义故不可，私计又不利，明哲不处，八也；世人多惑于图纬而牵非类，比合文字以悦所事，苟以阿上惑众，终有后悔者，自往迄今，未尝无之，不可不深择而熟思，九也。"

就是说，袁术四世三公，本该为朝廷讨逆贼，而献帝也无过错，又没有改朝换代的迹象，袁术却行此篡逆之事，实是不智之举。而曹操又表孙策为讨逆将军，封吴侯，使袁术成了南北无援之势。

建安二年（公元 197 年）秋九月，曹操亲自率军东征袁术。袁术听闻曹操前来，自知不敌，"弃军走，留其将桥蕤、李丰、梁纲、乐就"，但这四人都不是于禁的对手，于禁连斩四将。此时的袁术，众叛亲离，府库空虚，穷途末路之下，只能烧其宫室，投奔其部下雷薄、陈兰，但二人拒绝接纳袁术。袁术无法，又遣使至袁绍处，书云："禄去汉室久矣，天下提挈，政在家门。豪雄角逐，分割疆宇。此与周末七国无异，唯强者兼之耳。袁氏受命当王，符瑞炳然。今君拥有四州，人户百万，以强则莫与争大，以位则无所比高。曹操虽欲扶衰奖微，安能续绝运，起已灭乎！谨归大命，君其兴之。"（《后汉书·袁术传》）自己做不了皇帝，让给别人不如让给自家人。而袁绍早就向往着自己做皇帝，当他接到袁术这封信时，"阴然其计"。

袁术走投无路之下，想北至青州投靠袁绍的儿子袁谭。曹操派遣

刘备及朱灵阻击，袁术不得北行，只能再折回寿春。到了江亭，问厨
子现在的粮食状况，被告知只有麦屑三十斛。而当时正值盛暑，袁术
想弄点儿蜂蜜冲水喝，也没法弄到。袁术看到自己现今如此惨状，坐
在床上叹息良久，忽而大叫一声："袁术至于此乎！"一头倒在床下，
呕血而死。东汉末年的落魄霸主竟是如此下场。

美女与奸雄

　　汉献帝建安二年（公元 197 年）初春。这日，阳光迈着轻盈的
步伐，洒满了整个大地，风微微地吹拂着，千条万条的垂柳，舒展着
它们柔软的身躯，一切都仿佛从漫长的睡梦中醒来，精神焕发。曹府
内，欢声笑语，沉浸在阵阵喜气的氛围中。今日，是曹操大喜的日
子，曹操已有几分醉意。初来宛城，便得如此佳人，曹操怎能不陶
醉。再看那美人，"手如柔荑，肤如凝脂，领如蝤蛴，齿如瓠犀，螓
首蛾眉，巧笑倩兮，美目盼兮"，曹操更是醉了，纵是在战场上再如
何叱咤风云，也不免要拜倒在美人的石榴裙下了。

　　自古美女配英雄，曹操被唤作"奸雄"，却也不枉雄才的称谓。
曹操生性风流，又兼懂得弄文舞墨，自是惹女人喜欢，一生拈花惹草
无数，流连万花丛中从来都是游刃有余。只是，这次，他不知道，他
在温柔乡中，不可自拔之时，一场灾难正慢慢向他逼近，并且这场灾
难因这个女人而起。

　　曹府内，此情此景，自是让人入境。在这乱世之秋，世事无常，
明天尤让人无法预料，何谈将来。此时，能得片刻安宁，明智之举便
是好好享受。日落枝头，夜幕就要降临，狂欢仍在继续。放眼望去，

众人一脸喜气，一番意犹未尽的表情。只是，有个人郁郁寡欢而显得格格不入，细看之下，此人乃是张绣。

张绣此人甚是了得，来头不小，是当时武术名家童渊的大徒弟，他的两个师弟张任、赵云也是威名远扬。张绣使一杆虎头金枪，他的独门绝技"百鸟朝凤枪"让人闻风丧胆，人称"北地枪王"。这张绣能为曹操所用，这里面还有一段故事。

初平三年（公元 192 年），董卓被杀，他部下的大将张济、李傕、郭汜入长安为其报仇，只是中间生出了枝节，这三人起了内讧，时任骠骑将军的张济一怒之下，带着自己的亲兵离开了长安。只是，冲动是魔鬼，这话一点儿都不言过其实。张济的这个决定，让他连后悔的机会都没有，就一命呜呼，奔黄泉去了。

张济领兵出走，一路上无粮饷供给，自是饥饿难耐，竟有些慌不择路，一行入了荆州边境。麻烦来了，这荆州乃是刘表的地盘，所谓一山不容二虎，两军一番火并。场面很惨烈，结局很悲伤，张济中箭，壮烈牺牲了，可怜到死都没有吃上那顿饱饭。

张济一走，军中无将，不是长远之策。张绣就接管了他的部队，这张绣与张济关系不一般，张绣乃是张济的亲侄子。张绣跟随张济多年，此次入长安，张绣也不离左右，因军功显著升至建忠将军，封为宣威侯。

张绣自悲痛中走出，化悲痛为力量，发誓要杀刘表，为叔父报仇。但是，势单力薄却是无奈的事实，叔父待我如亲生儿子，我却如此无能，声声叹息，声声无奈，报仇雪恨的希望日渐渺茫，张绣日日寝食难安。

建安二年（公元 197 年），曹操南征，以无以抵挡之势率领部队到达淯水。其雄赳赳气昂昂的气势，让张绣的希望重新燃起。纵观天下大势，曹操可谓独霸一方，况且有挟天子以令诸侯的优势，成就大业似乎指日可待。大丈夫就要能屈能伸，张绣毫不迟疑，率军投奔曹操去也。曹操重才，众所周知，况且他早就听闻"北地枪王"的大名，若是能够收为己用，那真是如虎添翼。曹操欣然接受，张绣为叔父报仇之事也提上了日程。可惜，人生不如意之事十之八九，一个女人，让曹操与张绣的合作开始出现裂痕，以至于到了兵戎相见的地步，此人就是我们开头提到的佳人——邹氏。

　　曹操娶邹氏，这乃是人家的私事，跟张绣有什么关系，这张绣不是"狗拿耗子多管闲事"吗？其实不然，张绣生闷气，自然有他的道理。这邹氏乃是张济的遗孀，换句话说，就是张绣的叔婶。

　　这邹氏乃异域女子，没有汉人的三从四德观念，年纪轻轻便守了寡，自是不安分，在外抛头露面，活跃于城内公共场所，被曹操看见，甚是欣赏，便娶回家自己享受去了。张绣不乐意了，叔父张济尸骨未寒，仇未报，这叔婶就另觅他主，况且这人还是自己的新主子，这张济若泉下有知，那得多冤。真是"赔了夫人又折兵"。这口怨气张绣咽不下，始终如鲠在喉，反叛之心油然而生。张绣再看曹操，眼神与心绪便迥然不同了，夹杂着更多的不满与怨恨。

　　张绣的手下有一员猛将，名胡车儿，曹操非常欣赏，经常以重金赏赐。张绣敏感的心灵顿时警觉起来，莫非曹操是想收买胡车儿，以借机杀掉自己？张绣看曹操既然已经戴着有色眼镜，处处都可以看出隐患。

　　既已如此，等着被人宰，何不如先下手为强。张绣心中愤怒的小火苗已经燃烧成熊熊烈火，不喷发，不痛快，不燃烧，不泄恨。只是，此时的张绣实则是进退两难，北有曹操，南有刘表，一招不慎，那就死无葬身之地。这时，他手下的谋士贾诩分析当下的情形，极力主张联刘表抗曹操。若是能够成功，便可控制豫州，如此一来，兖州便是囊中之物。

贾诩所想不无道理，曹操已是虎视眈眈，若是再与刘表敌对，则是两面受敌，岌岌可危。当务之急不若联刘表而抗曹操。张绣虽是一介武夫，却也懂得明事理，看得是非。杀叔父之仇暂且放在一边，保命要紧，留得青山在不怕没柴烧。

恰在这时，刘表似是听闻了风声，派人过来慰问，对张济之死表示歉意，更表明态度，愿意接纳张绣及其军马。刘表所虑，乃是以张绣为一个缓冲地带，避免了与曹操的直接接触，况且刘表治荆州，一向是主和不主战。既是如此，双方一拍即合，达成共识。

朋友成敌人，敌人成朋友。在这乱世之中，本就没有永远的朋友，也没有永远的敌人，全在利益二字，张绣将这一点诠释得淋漓尽致。两军联盟，张绣驻守宛城，刘表的北部防御也有了保障。阴谋一步步进行着，曹操对此却一无所知，只是沉浸在温柔乡中无法自拔。这日，张绣以整编军队为由，将曹操贴身侍卫典韦拉到自己身边，是夜，设宴款待。典韦甚好酒食，不疑有他，又是爽快之人，二话不说，开怀大吃大喝，喝得烂醉如泥，根本无法执行守卫任务。

夜幕拉开，伸手不见五指，曹操的营帐外已经潜伏了张绣的士卒，营帐内正饮酒作乐，歌声断断续续，此时不动手，更待何时。只听一声令下，厮杀之声，骤然而起。幸得曹操反应快，片刻便认定是张绣叛乱，立即高呼典韦，典韦哪里搞得清楚状况，迷迷糊糊被厮杀声惊醒，尚存几分清醒，立即率兵守住帐营。

典韦身材魁梧，臂力过人，擅使两支铁戟，传闻这两支铁戟重八十斤，军中有语："帐下壮士有典君，提一双戟八十斤。"只是，现在却以短刀迎战，原来，他那两支铁戟被胡车儿趁其喝醉之时偷走。典韦及其部下十余人，在帐前奋力抵挡，皆以一当十，奋死拼搏。

张绣为免打草惊蛇，并没有带大队兵马，一时间也突破不了典韦的抵挡。就在这空挡，曹操在儿子曹昂与侄子曹安民的护送下，从后门抄小路逃走。后来曹昂因为断后而被随后而来的张绣的士兵杀死，这成为曹操在这次战斗中的一个重大损失。

张绣的后援来临，典韦部下死伤殆尽，唯典韦一人孤身奋战，终因寡不敌众而身中数刀，身疲力竭，动作已经灵活不起来，背后的致命一枪终究是没有躲过，大骂数声，血流满地而身亡。张绣终于松了一口气，只是终究还是不敢从典韦身边经过。典韦死得如此让人心惊胆战，半晌，张绣及其部下确定典韦终是无回天之力后，才敢向前。

张绣命人将典韦首级砍下，在军中相互传阅，没有欢呼，没有雀跃，更多的是对于典韦忠主侠义之情的钦佩。

通过这一次搏杀，张绣的英名可谓世人皆知，毕竟他所打败的是之前所向无敌的曹操，更让曹操吃尽了苦头，不但丢掉了自己的长子曹昂，还丢掉了他引以为豪的一员大将典韦。这给了曹操十分沉重的打击，也让曹操明白虽然"食色性也"，但是也并非谁家的女子都能够这么轻易地被占有的，为了一个女子竟然让自己损失了这么多实在是不值得。这次争斗直接来曹家继承人的问题，可以说正是由于曹昂的去世才给了曹丕与曹植争夺继承人之位的机会，完全改变了后来历史的发展进程。

宛城之败，让曹操败得痛心疾首，自己只能灰溜溜地逃走。巨大的仇恨充斥了他的心，再战宛城，为自己的儿子和自己最心爱的部下报仇只是一个时间问题了。

你终于来了

曹操营帐外，一片狼藉，横尸满地，血染黄土，惨不忍睹，一场恶斗刚刚结束。张绣仗着人多势众，终于将典韦拿下，将其首级砍下，以待传阅示众。营帐内已空无一人，曹操逃逸了。张绣紧握拳头，桌上一拍，大喝一声，追，率领军队往曹操逃走的方向奔去。

后有追兵，前无去处，曹操心急万分，悔不当初，红颜祸水，怎么就是不能以史为鉴。正想着时，一支箭射在了马屁股上，正奔跑着的马嘶鸣一声，猛然停住，不动了，曹操从马上摔了下来，幸好无碍。只是，这马受了伤，无论如何哄骗，都奈何不了它了，真是"屋漏偏逢连夜雨"。

追兵哒哒的马蹄声，越来越近，曹昂当即将自己的马让给了曹操。在这千钧一发的时刻，若是没有马，那等于死路一条。曹昂如此作为，不禁让曹操这个硬汉潸然泪下。他抬手在曹昂的头上摸了一下，满含泪水地看了曹昂最后一眼，转身跨上马，快马离去。

曹昂与曹安民断后，与追来的张绣浴血奋战，终寡不敌众，均壮烈牺牲。曹操以重大的代价，长子曹昂、侄子曹安民被杀，猛将典韦战死，为自己捡回了一条生命。曹操率领残兵到了舞阴城，惊魂未定，知道曹昂与曹安民是回不来了，不免痛哭起来。更雪上加霜的是，典韦已死的消息传来了，一连串的打击，曹操有些承受不住了。他将自己关在屋子里，整日不吃不喝，不言不语。这日，曹操的房门终于打开了，房外是焦急等待的将军与侍卫。苍白的面容，凌乱的头发，曹操一下子苍老了很多，只是他的声音仍充满着自信与当初的激情，这下众人总算是放心了。

终究是做大事的人，只消一日，曹操便已从悲痛中恢复，逝者已矣，日子仍然要继续。曹操立即命人去张绣处谈判，将典韦的尸体取回，隆重地将其安葬在襄邑，并亲临哭丧。此后，每逢经过此地，定会前来追悼，并时不时对身边的人说，"非典，吾死矣"，曹操还算有感恩之心的人。

曹操将典韦之子典满视为亲生，拜其为郎中，后来又将其升为司马，留在自己身边做侍卫，在短短时间内，典满就坐到了父亲的职位。自家事办完了，曹操的下一步目标就是张绣了，这个不共戴天的仇人，定要除之而后快。曹操打算撤回许都，整顿军队，以做好进攻准备。

这边曹操还没有动手，张绣就紧追而至，屯兵在舞阴城外，曹操大将于禁等人，做好防御工作的同时，以小股游击的形式主动出击，其神龙见首不见尾的架势，将张绣打得"丈二和尚摸不着头脑"，一点儿便宜也没有占到，没撑多久就恼怒着退居穰城。

曹操顺利撤回许都，招兵买马，苦练军队，准备再次攻打张绣。建安三年（公元 198 年），春节刚过，曹操就按耐不住焦躁的心情，迫不及待地讨伐张绣，率领军队围住了宛城，准备攻城，张绣也不简单，早就做好了防御工事，况且有实力派刘表的加盟，曹操连攻数日，仍无任何取胜迹象，反倒被张绣占去了优势。

曹操看胜利结局渺茫，便撤兵退回。张绣看准时机，打算在其屁股后面给其一击，谋士贾诩认为不妥，曹操心中有恨，怎肯轻易放弃，定是会设下埋伏。贾诩苦口婆心一番劝说，张绣仍一意孤行，不肯听从。如贾诩所料，曹操准备多时，自是不肯轻易罢休。曹操屯兵安众，夜里暗中挖了一条地道，将车马运走，士卒则是隐匿在安众，给张绣造成曹操军队已从地道撤退的假象。

张绣追至安众，看到地道，便断定曹军已从地道撤退，立即追赶。火烧火燎的张绣一门心思往前追，却不料曹军从天而降，在屁股后面给张绣一击，这原本是张绣的初衷，此刻张绣却遭遇如此，真是让人哭笑不得。

结局自是不用说，张绣败得狼狈，张绣悔不当初，拉着贾诩的手，一遍一遍地述说，若听良言，怎会落得今日之地步。只怪昨日不能重现，贾诩一番安抚，然后再出良策，此时趁曹军得胜心里无戒备之时，若能整残兵，在其后追击，定会取胜。张绣这下糊涂了，以精兵攻之，尚不能取胜，现在要他以残兵攻之，这结局可想而知。这贾诩真是聪明一世糊涂一时。张绣将自己的想法说给贾诩，贾诩一笑，仍坚持己见。张绣一介武夫，怎么想也猜不透其中的道理。

只是，有前车之鉴在此，张绣抱着九死一生的信念和半信半疑的态度，打算暂且赌一把，整顿残兵，尾随曹军其后，伺机出击。曹军被打了个措手不及，惊慌之余，多有溃散，曹兵大败。曹操万没有想到会是如此结局，初时的喜悦转瞬成为惨败，这变化太突然，思绪还没有转过弯来，面临的就是豫州领地的大部分丢失。

如此三番两次，曹操征讨张绣，双方互有胜负，进入一个相持阶段。在张绣虎视眈眈之际，让曹操感到火上浇油的是，后院起火。原来曹操根据地许都告急，袁绍这只老狐狸，正盯着汉献帝这块肥肉，想要效仿曹操"挟天子以令诸侯"。

张绣要杀，但是，许都更是不可失，两者相较，当务之急乃是保许都不失，曹操率领残兵回到大本营，袁绍的阴谋没有得逞。此路不通，另觅他途。所谓敌人的敌人就是朋友，袁绍打算拉拢张绣，便派了使者去拜访张绣。张绣欣喜万分。以当前之实力，充其量可与曹操打个平手，但是，袁绍兵马众多，实力远在曹操之上。若是能得袁绍相助，败曹操指日可待。

想及此，张绣喜上眉梢，便要开口答应，却不想被贾诩抢先一步给回绝了。如此大好时机，贾诩却不抓住，这是什么道理。张绣怒视贾诩，满腹疑问。贾诩先将使者打发走，才说明心意。

原来，贾诩之意乃是让张绣舍袁绍而投奔曹操。张绣顿时火冒三丈。曹操乃是不共戴天的敌人，况且曹操多条人命丧于自己手中，若去投奔他，那不是自投罗网，贾诩这脑袋锈了不成？贾诩不紧不慢，慢条斯理地将这其中的缘由细细讲来，张绣的火气消了七分。细细品来，贾诩说的确实是句句在理。

袁绍手握大兵，旗下将领无数，若是去投奔他，对他来说，根本无关紧要，不过是九牛一毛，定然不会把张绣当成一回事。相比之下，曹操就不同了，他此时正值缺兵少马，如去投奔他，必定能够得到重用。况且，依曹操之雄心壮志，又兼"挟天子以令诸侯"，名正言顺，日后未必不如袁绍，曹操是个成大气候的潜力股。

但是，问题来了，这也是让张绣更加担心的，曹操能否接纳一个背叛自己的仇人。贾诩巧舌如簧，一番花言巧语，打消了张绣的顾虑。一来，正值曹操招兵买马之时，又有袁绍威胁，张绣若去投奔，无异于雪中送炭，曹操定会欣喜款待，而不会去计较个人恩怨。二来，天下人为证，他曹操必定会向天下人展现他的宽宏大量。有了这些安全保障，张绣仍旧心有余悸，寝食难安，日夜思考。只是，形势比人强，张绣终究是硬着头皮去投奔曹操了。

见了曹操，此情此景让张绣更加佩服贾诩的料事如神。曹操心情极好，亲自迎接不说，更是如同见了故人一般热情洋溢，绝口不提当年往事。两人相见甚欢，一同赴宴，并促膝长谈，一同憧憬未来，之后恋恋不舍地分开，临走时还敲定了儿女亲事，成了欢喜亲家。

曹操跟袁绍的大战就要开场，为让张绣为其效力，曹操封张绣为扬武将军，更赠送豪宅一处。张绣感恩戴德，曹操如此待己，足见真心，自此更加卖命为曹操打拼。

曹操终于将自己的一个敌人给转化成了一个得力手下并且获得了宛城，这应该说是曹操的一大胜利，但是另外一方面这也是另外一个人的胜利，即谋士贾诩。贾诩本来作为李傕的手下，当年就是他为李傕献上了反王允控制朝廷的计策，使得李傕、郭汜可以把持朝廷多年。后来李傕、郭汜兵败，贾诩辗转来到了张绣手下，又献上了几乎置曹操于死命的毒计。可是最后却帮助曹操让张绣得以归降。这其间很明显贾诩是在选择自己的主人，一旦他肯定了一个人的能力之后便会死心塌地地跟随他。在这之前的谋略都可以看作是贾诩为自己所做的一个求职广告，由此给曹操很深的印象，如此而来，贾诩便可以待价而沽，让曹操在自己众多的谋士之中加强对自己的关注，最终成就自己辅佐主公的梦想。

但无论怎样，曹操的后顾之忧解除了，几经波折，张绣终究是投入了曹操的麾下，与袁绍的大战即将开演。

吕布之死

曹操征讨张绣未果，退居许都，与张绣成相持之势，总算是可得一夕之安宁。是夜，曹操辗转反侧，难以安眠，便披衣而出，仰望天空，月黯淡，星闪亮，散布各个方向，布满整个苍穹。登上庭院中的假山，曹操想要离星空更近一些，昂首远眺，却让曹操惊出了一身的冷汗。当今之形势，四面威胁俱在，让曹操成了瓮中之鳖，东有吕布、西有张绣、南有袁术、北有臧霸与孙观这两个吕布的盟友及袁绍这只猛虎。

这些人都在虎视眈眈，饿虎扑羊一般的气势，让曹操满腔的热情顿时被冷水浇灭了，原来一夕安宁都不可得。曹操的思绪快速转动着，事态严重，须有个万全之策。兵力不足，不能分散兵力，只能联合盟友，集中实力，各个击破。刘备是个可用之人，那么第一个矛头应该指向哪个方向呢？曹操六神无主，便命人将荀彧唤来，尽管已经入夜，但他已经等不及了，非找人商量出个对策来不可。

荀彧来了，问题一提出，荀彧便提出了方案，原来此事他已关注多时，考虑多时，第一个目标是吕布，只能是吕布。他们之间的矛盾与利益冲突是突破口，只有沿着这一方向，方能找到解决方案。张绣刚刚经历了战败，必是元气大伤，短期内不敢轻易进犯。北方有袁绍与吕布的势力，这二人素来不和，无甚好感，他们二人联合的可能性微乎其微。而吕布与袁术则是时战时和，完全是利益在支配，依现在的形势来看，若是攻打吕布，袁术增援吕布的概率几乎不存在。

吕布与臧霸、孙观这三人一旦联合起来，形成掎角之势，曹操将无处可逃。所以必须将其主力吕布先行扼杀，才能各个击破，突出重围。主动出击，掌握主动权，并且能够出其不意攻其不备，这是曹操的一贯作风，此次也不例外。曹操留下小部分兵力，在西部防御张绣，之后便率领主力一路西行，与刘备会合，准备给吕布意外一击。

　　曹操采取声东击西之策，先命人切断吕布外援。东北的臧霸、孙观是吕布势力，曹操在刘备与曹仁的掩护下，亲率军将他们击溃。袁术也是不可忽略的可能因素，刘备率军切断袁术与吕布来往路线。一切准备就绪，吕布被彻底孤立，就等好戏开场。曹操步步为营，吕布再怎么迟钝也明白了曹操的用意，立即召开紧急会议，商讨御敌之策。吕布雷厉风行，不几天，就做好了防守工事，以陈圭守徐州城，以高顺和张辽守沛县，以陈宫守萧关，吕布则率领主力部队前往各地支援。

　　如此严谨周密的计划，顺利击破似乎不是那么轻而易举的事情，曹操有些犹豫。谋士荀彧看出了曹操的忧虑，便进言："主公难不成忘记了陈珪、陈登父子？"

　　经荀彧一提醒，曹操顿时来了精神，这两张王牌，是该派上用场了。陈珪、陈登父子虽在吕布手下供职，心却在曹操那里，乃是曹操的眼线。曹操立即秘密命人联系到他们，委以重任，所谓养兵千日用兵一时，这二人大展身手的时机到了。

　　陈珪父子不负重托，立即着手准备。吕布三地防御，两地需武力解决，这徐州城可不战而降。但是，问题来了，吕布的妻子儿女及其亲军都在徐州城内，若是不战而降，他们未必好摆平。陈登是个绝顶聪明之人，他跑到吕布那里，以无比诚恳的声调和充满说服力的语言对吕布讲，曹操此次气势汹汹而来，徐州城危机重重，恐怕是凶多吉少，为以防万一，不若到下邳躲避一番来的安全。

　　吕布此刻已毫无主见，又听陈登说的句句在理，便将妻子儿女

三 国 其 实 很 有 趣

95

及其近卫兵，外带部分粮草都转移到下邳，如此一来，陈登松了一口气，徐州城的问题就解决了。接下来，目标就是沛县与萧关。这一次，陈登又使出了漂亮的一招，曹军不费吹灰之力，控制了这两个地区。吕布率领主力去支援萧关，准备与陈宫、与高顺内外夹击，来个瓮中捉鳖，一举将曹操歼灭。陈登一听，这下麻烦大了，聪明如陈登，脑袋一转，便来一计。

陈登在吕布面前一番花言巧语，争取到了通风报信的职务。既然是内外夹击，总要有个信号才方便行事，陈登建议以燃烧烽火为号，吕布赞同，陈登便领先一步，通知高顺、张辽和陈宫去了。在这空挡里，陈登联络到了曹操，约定看到烽火，便可攻打萧关与沛县。陈登在陈宫与高顺这两边却是另一番说辞，说曹操声东击西，虽在此布兵，主力却是去攻打徐州城了，吕布告急，急需支援。

陈宫与高顺一听，这下了得，来不及多想，便留小部分兵力在萧关与沛县，率主力兵一路往徐州城方向奔去。夜幕来临，漆黑一片，一切布置完毕，陈登看时机已经成熟，便在萧关放了一把火，投奔曹操去了。

这边吕布看到烽火，便开始进攻萧关，与陈宫主力遭遇。只是黑手不见五指，哪里还看得清谁是谁，一番厮杀，才知道是自家人。两人一番交流后，才知道上了陈登这个老狐狸的当，连忙赶回萧关，却是傻了眼。

曹操见烽火烧起，便领兵占领了萧关与沛县。吕布见萧关被曹军占领，再战已经得不到便宜，便与陈宫领兵往沛县去，却见曹军的旗子已经插在了城墙。一夕之际，连失两座城池，吕布欲哭无泪。吕布与陈宫打算退守徐州，赶至徐州城，却不料徐州的城门紧闭，任人喊破喉咙都无用，吕布备受打击，成了"霜打的茄子"，蔫了。吕布火暴脾气上来，拼了，正蓄势待发，曹操的大军来了，好汉不吃眼前亏，陈宫拉着吕布火速往下邳方向逃走。

下邳成了吕布最后一个根据地，吕布整顿残军，曹操大军跟随而至，将下邳团团围住，吕布插翅难逃。幸好城中早已准备了一些粮草，不然都成了饿死鬼了，吕布无计可施，焦头烂额，整日与妻儿吃喝玩乐。

陈宫看不下去了，便进言，曹操远道而来，粮草短缺，长此以往，必定不能够支撑，将军可出城与其对峙，等曹操弹尽粮绝，然后一举攻之，方可取胜。吕布正值无助，能抓住根救命稻草便是福，认为此法可行，但是半路杀出个程咬金，吕布的夫人出来阻拦，坚决不让，理由不管充分不充分，足够说服吕布。

吕布六神无主了，想想这二人说的都有道理，这主意还真难拿。所谓用人不疑疑人不用，吕布优柔寡断，却又听不进谏言，这种性格上的弱势，让其无法成为一个优秀的领导者。相形之下，曹操虽多有独断专行，但在用人上确有过人之处。二人性格上的差异，是他们人生走了不同道路的重要因素。

曹操看久攻不下，粮草已不能供应，再看士卒个个垂头丧气，便采取了荀彧的劝降之策。这吕布虽习惯了趾高气扬，面对无可奈何的困境，却也不得不低下高贵的头颅。但是陈宫却坚决不同意，看来他与曹操结怨甚深。陈宫慷慨激昂，吕布投降的念头被扼杀。

下邳城内，粮草眼看用完，人人都在勒紧了裤腰带过日子，士卒人心惶惶，真怕出什么乱子。真是怕什么，来什么，吕布的担心终究是来了。这日，对吕布颇有积怨的侯成发动叛乱，宋宪、魏续率兵纷纷响应，投降了曹操，不几天，陈宫与高顺也被抓。

吕布成了光杆司令，登上白门楼，放眼望去，曹兵无数，眼下是插翅难逃了。吕布大叹一声，命令左右取下他的首级献给曹操。吕布左右均跟随他多年，感情浓厚，哪里忍心，吕布便打开城门，出来投降了曹操。

素闻曹操爱才，抱着一线生还的希望，吕布请求免其一死，愿为曹操效犬马之劳，"明公所患不过于布，今已服矣，天下不足忧。明公将布，令布将骑，则天下不足定也"。曹操欣赏吕布之武才，打算留为己用，刘备却将其种种恶行一一数落，认为不可用，曹操遂命人将其缢死。

武勇天下第一的吕布，陨落在白门楼。吕布以武将起家，骁勇善战，是个难得的军事人才。但因其暴虐成性，为人无谋，才使得一生大起大落，几经波折，落得殒命白门楼的下场。陈寿评价他："吕布有虓虎之勇，而无英奇之略，轻狡反复，唯利是图。自古及今，未有若此不夷灭也。"

裤腰带的另一种作用——衣带诏

吕布白门楼殒命，徐州重回曹操手中，刘备功不可没，本想重掌徐州，只是曹操不允。也罢，人在屋檐下，不得不低头，这二人虽表面上和和气气，多半只是表象而已，曹操对刘备仍是心存芥蒂，并未完全信任，当然不会把一城之统治权交给刘备。更让曹操放心不下的是，刘备在徐州颇得人心，有朝一日，难保不反。

曹操对于刘备，采取的策略则是：用之，防之。曹操对于用人有一套自己的标准，惜才、爱才是一个准则，但是前提是能够为己所用。曹操欣赏刘备，刘备作战讲究策略，又懂得用人，地方统治深得民心，但是同时刘备又是一个心怀大志之人，野心深藏不露，如同一匹野马令人难以驯服。曹操想将其纳入自己的圈子，死心塌地为自己卖命，是不容其生出二心的。所以，曹操将刘备时时带在身边，在自己眼皮子底下，谅他刘备有再大能耐，也不敢有所作为。

刘备自然明白这其中种种，只是，这种不被信任的滋味，时刻被人监视的情境，让他备感压抑。刘备叹息一声，当今天下，事事瞬息万变，难以预料，没有人可以成为终身依靠，唯有靠自己。这样想着，心中油然升起一个念头。前几日，因杀吕布有功，刘备跟随曹操入朝廷领赏，见到了汉献帝，两人相见甚欢，毕竟他们有着远房亲戚这层关系，按辈分来讲，刘备乃是皇叔。

言谈中，刘备看出汉献帝对曹操专擅皇权非常不满，似有将其铲除之心思，只是因曹操手握重兵，苦于不知如何下手。刘备的揣摩第二日便得到了印证，事实证明，确实如此。

刘备谢恩之后，便留在了许都。曹操给其安排了住处，第二日刘备吃过晚饭，闲来无事，便早早睡下，迷迷糊糊，忽闻下人来报，董承来访，刘备一惊，睡意全无，立即坐起，看来有什么重要的事情发生了。这董承乃是汉献帝宫中董贵人的父亲，国丈深夜亲临，非同小可，必是大事。刘备迅速更衣，出门迎接。

董承一袭黑衣，似是为防引人注目，刘备心里更加没有底了。二人先是寒暄一番，董承遂将事情来龙去脉一一道明，刘备心里七上八下，一时无语。此事刘备曾有过考虑，却万万没有想到能跟自己沾上关系。

这汉献帝终究是受不了曹操的处处牵制，要出手还击了。话说回来，曹操对汉献帝还有救命之恩，当时，以董卓为首的乱党，搅乱天下，朝廷人人自危，汉献帝成了光杆司令，无人理会，还是曹操在其贫困潦倒之时，拉了自己一把，现下吃喝享乐，无不齐全。离开了荆棘丛生的洛阳，摆脱了武人的枷锁，告别了贫困潦倒的生活，却又掉入曹操布置的陷阱之中。当初的感恩之情现已经变质，曹操"挟天子以令诸侯"成了人人皆知的事实，当初献帝眼中的忠臣，成了一个窃国者。正如周瑜所说"操虽托名汉相，其实汉贼也"。一个傀儡天子，纵使有鸿鹄之志，也无施展之机。

但是，树活一张皮，人活一张脸，汉献帝年龄一年比一年长，脸皮也越来越薄，随着自我意识的增强，眼看曹操飞扬跋扈，专擅朝政，脚踩在自己的头上，是可忍孰不可忍，便萌生了铲除曹操的念头。

朝廷之中，对曹操不满的人大有人在，只是慑于曹操权威不敢轻举妄动。汉献帝的身边也笼络了一群反对曹操的实力派，国丈董承便是其一。曹操的魔掌已经伸向朝廷角角落落，若一再纵容，必成大祸，此时不动手，更待何时，一场针对曹操的阴谋悄然展开。

汉献帝建安四年（公元199年）年初，汉献帝向曹操宣战了，先是任命董承为车骑将军，剥夺了曹操部分权力，曹操的大度从来不在权力争夺上展现，怎容汉献帝如此，对汉献帝的牵制更是无孔不入了，这二人的冲突更深了，矛盾一触即发。

汉献帝亲写诏书，将其缝在衣带内，命董承带出宫，秘密集结反曹势力，将曹操谋杀。十九岁的汉献帝能有如此果断作为，让董承刮目相看，董承承诺不辱使命，便张罗起来此事。人多力量大，靠一己之力也难成如此大事，董承开始拉拢志同道合之人，将军王服、长水校尉种辑、和议郎吴硕，先后入团，这几个人可谓朝廷实力派，因看不惯曹操作为，很少与曹操接触，更谈不上有什么交情。

依当前形势来看，依仗单纯的武力根本无法与曹操抗衡，必须要靠智慧投机取巧。秘密行刺，倒不失是一个不错的选择，若能够拉拢一个曹操身边的人，似乎可以起到事半功倍的效果。这四人将目标锁定在刘备身上，刘备身兼刘皇叔的称谓，在曹操手下又颇不得志，是个可人人选。董承是爽快之人，行事雷厉风行，刘备入许都第二日，董承便登门拜访。

刘备犹豫难决，事关重大，性命攸关，若是一时莽撞，弄不好就是脑袋搬家的事情。董承看刘备踟蹰不定，便将汉献帝的衣带诏拿出，给刘备看。刘备小心翼翼，手竟有些颤抖，战战兢兢拿起诏书，细细读来，诏书字字让人心痛，曹操欺君霸主，可谓恶贯满盈，小皇帝如履薄冰，忧心忡忡。读罢，刘备心情激动，久久不能平复，董承几次试探，一次比一次见到希望，看来此事有戏。

董承走了，刘备心绪难定，这浑水到底能否见底，刘备心里没有一个定数，屡屡入水，又将迈出的脚收回。董承召集的几次秘密会议，都邀请刘备参加，刘备参与密谋，却未发表任何言论，他仍旧还在试探。

思绪收回，刘备在庭院里踱来踱去，感慨万千，这乱世不好混，混出个出头之日更难，但是不混就只有等着被宰的份。既已如此，只能搏一搏了，是死是活就看造化了，刘备此刻在心里已经暗下决心。这时，曹操命人来请，邀其一同去喝酒。刘备心里一惊，真是怕谁来谁，不去，怕是更惹曹操生疑。刘备思绪快速转动着，只能兵来将挡，水来土掩了，想罢，便换身衣赏，跟去了。天空已经布满乌云，这雨说来就要来了。

曹操满面红光，看来今日心情不错，刘备心里的戒备放松下来。一番闲话家常，说着便来到了桌旁，两人坐下，刘备不经意看到了曹操锐利的眼光，刚刚放松的戒备又提上来，唯恐露出任何端倪，让曹操察觉出衣带诏之事。

曹操话锋一转，转到了喝酒上，原来曹操酿成梅子酒，又想起当年望梅止渴的往事，便邀请刘备一同品尝，刘备心里的小鼓咚咚敲起来，事情真的会这么简单吗？以曹操之聪慧，未必如此吧。席间，曹刘二人共缅往事，倒也相谈甚欢，刘备心绪大开，一颗七上八下的心，终于回归原位。二人谈着谈着，话题转到了天下大势，江湖英雄之上，曹操一番恭维，询问刘备当今天下谁可称为英雄。

这下，可把刘备难住了，曹操葫芦里卖的什么药。刘备辗转多地，确实走了不少地方，也算一个老江湖，但是对于这个问题还真是没有深入探究过。况且此刻面临的是曹操，他的心中必定是已经有了定数。

青梅煮酒论天下英雄，晴天霹雳划过英雄心中，在这一刻刘备与曹操这两位当世豪杰相互对视，心中不免都有些涟漪，只不过这涟漪发生的原因不同。曹操此刻以一种胜利的姿态，希望能够像收服其他人一样让刘备也加入自己的阵营当中。而刘备可谓是"心怀鬼胎"，生怕自己与董承之间的暗中交易被曹操发现。两位英雄都各自有着自己的小心思，这堪称是最有喜剧化效果的一次会面，此次会面之后，曹操和刘备再也不能够这样心平气和地在一个桌面上交谈了，直至他们最后走向人生的终点。

将谦虚进行到底

窗外，密密层层的浓云，像是要铺天盖地而来，空气中有一股潮湿的泥土气息。天渐渐黑下来，灯慢慢掌起，屋子里闷热起来。东南方向雷声已经隆隆咆哮而至，眼看大雨就要来临。风将窗纸吹得哗啦哗啦响，曹操起身，去关窗户，看到窗外那变幻莫测的浓云，忽来感慨，便指着似龙状的云说，你看这龙千变万化，这个时节正是他肆虐妄为的时候，天空如此广袤，可任其逍遥，这就跟当世之豪杰如出一辙，偌大一个中原大地，只要有能力，任凭拳脚施展。

刘备但听不语，心里直犯嘀咕，这话，曹操说的不会没有来头，难道他是自比天上这龙？如此想来，刘备不禁为自己捏了把汗，曹操野心之大，路人皆知。

刘备心猿意马，不禁想起在许田打猎的事情来。当时曹操以天子所用御箭射麋鹿，这本就犯了欺君大罪，更让人气愤的是，群臣看到麋鹿上的箭，以为是天子所射，便齐呼万岁，向汉献帝贺喜，孰料，曹操骑马挡在献帝之前，接受了群臣的祝贺。此举，让百官看清了曹操的狼子野心，个个义愤填膺。在侧的关云长气愤不过，便想上前痛斥，幸得刘备拉住，才免遭曹操毒手。

一声雷鸣，将刘备的思绪拉回，曹操仍沉浸在他的"龙挂"说中。片刻，曹操关上窗，重新坐回座位，紧盯刘备，刘备被看得有些头皮发麻，曹操倒是从容不迫，由"龙挂"谈论起当世之英雄来。

曹操一番恭维，询问刘备当今之英雄所谓何人。刘备突然明白，这才是曹操的真正目的，曹操心中自有定数，既已如此，何不糊涂到底，让其说下去。刘备将谦虚进行到底，说自己肉眼凡胎，不能慧眼识人，更不知当今谁可称之为英雄。

曹操怎肯满意，再三请求，说是请求，其咄咄逼人的气势是要刘备非得说出个所以然来。刘备看躲不过，便将凡是有些实力的人物列举了一遍。刘备说出袁绍、袁术、刘表、孙策，曹操均微笑着摇头。刘备一怔，难不成半道杀出了黑马，一时还真想不出来，刘备绞尽脑汁，却是黔驴技穷，纵观天下，还有谁势力能在他们之上。

刘备转脸望向曹操，看到曹操满是期待的眼神，将脑海中出现的能够称雄一方的人物都说了一遍，算是敷衍了，刘璋、张绣、张鲁、韩遂等人从刘备口中说出。曹操抿了一口酒，满是不屑地说，这些人不过是一群碌碌无为的小人物罢了，不值得一提。对于得到曹操赞同，刘备也没有抱多大希望，看列举出的一个个人名都被曹操一一否决，刘备对曹操心中所想，根本摸不到边际，只等曹操来揭晓。

曹操为刘备斟上酒，徐徐道来："夫英雄者，胸怀大志，腹有良谋，有包藏宇宙之机，吞吐天地之志也。"刘备点头，曹操所说极是。再观刚刚所列举之人，虽一时得志，却无守业与再创业之雄心。

刘备不禁对曹操之英雄观佩服得五体投地，正想对其恭维几句，却不料曹操站了起来，神秘莫测一般，用手拍了一下刘备的肩膀，然后又指了指自己，幽幽地说："今天下英雄，惟使君与操耳。"刘备一听，心一下子提到了嗓子眼上，竟不知如何应答，手一颤抖，筷子掉在了地上。窗外，一声巨雷响起，刘备机警，借着害怕雷声将自己心中的恐惧隐藏。后有人对刘备应变能力之强作诗称赞：

勉力虎穴暂趋身，说破英雄惊杀人。巧借闻雷来掩饰，随机应变信如神。

表面的镇定掩盖着刘备内心的恐慌，这顿饭刘备食不知味，曹操之后所说，刘备多以敷衍作答，那句"今天下英雄，惟使君与操耳"，久久在脑海中盘旋。曹操何等狡诈，这话定是有所指，难道曹操已容不得自己？

这样想着，刘备在失眠中度过几日。曹操有"吞吐天地之志"，这是其篡权野心的自我流露。曹操将刘备也看作英雄，就意味着刘备有"包藏宇宙之机"，暂且不论刘备是否如此，总而言之，曹操已经将刘备视为潜在的头号敌人。

刘备每每想及此，越发恐惧，夜夜梦到曹操那充满恨意的眼光。如此如履薄冰地过日子，刘备已经难以承受。董承隔三岔五来拜访一次，无外乎是谋刺曹操事宜。刘备的生活中，处处充斥着曹操的身影。

谋刺曹操的事情，仍在暗中紧锣密鼓准备着，刘备在曹操的阴影中终究是支持不住了，加入了董承的这一阵营，但是他也知道，铲除曹操不是一日两日能够实现的，这里面有太多的不确定因素，一旦失败，生死未卜。所以，刘备对谋刺这个事情并不怎么热衷。

这日，徐州来了军报，原来，袁术走向穷途末路，无安身之地，便想要找棵大树好乘凉，看中了北方的袁绍，这二人一来一往，成功达成协议。只是，袁术率军去袁绍处，徐州乃是必经之地。

袁绍与袁术一旦联合起来，对曹操有害无利，曹操对此事比较看重，想尽办法从中阻挠破坏。刘备毛遂自荐，主动请缨去拦截这二人会师。刘备如此积极，曹操很是欣赏，满口答应。刘备接到命令，率领五千士卒，连夜出发。在许都他一日也待不下去，又唯恐曹操临时变卦，便迫不及待上路了。董承前来送别，看着董承满是期待的眼神，刘备无言以对，一句安慰的话也说不出。刘备心中满是歉意，但是保命是第一位的，刘备是打定主意不再回许都了。

刘备决绝地上路了，此次曹操放虎归山，为自己留下了后患，这都是后话了。曹操自然知道刘备是不会再回来了，以刘备所带兵力，此次阻拦二袁，必定会使刘备实力轻者大伤元气，重者损失殆尽，如此一来，刘备就算侥幸生还，也成了光杆司令，根本无法与自己对抗。曹操是"智者千虑，必有一失"，他看轻了刘备的能力，这让他后悔莫及。

第二日，曹操醒来，猛然醒悟，自己一时冲动，做了一个让自己遗憾终生的决定。曹操手下程昱和郭嘉听闻刘备已走，立即派了百余骑人马去追，只可惜，刘备是以逃命的速度前行，根本无法企及，追兵无功而返。

曹操在刘备功不成名不就之时，舍天下得势之人而断言，刘备乃是英雄人物，可谓慧眼识人。出于对英雄的惺惺相惜，曹操收留刘备，又出于对英雄的嫉贤妒能，曹操防备刘备。

刘备曾自诩在曹操手下，如同进入了一个笼子中，处处受限，不得自由。此次曹操放虎归山，刘备得以重获自由，以其屡败屡战，不屈不挠的顽强精神，去实现他的远大志向。

对曹操来说，这固然错失了一个将刘备控制住的大好良机，这样做无异于放虎归山。但是，如若刘备真正留在了汉献帝身边，恐怕才是曹操最大的威胁。试想，汉献帝本来就被曹操束缚在深宫之中没有任何的自由可言，更不可能有自己信任和亲信的大臣能够帮助自己，如果将刘备也同样放在许都，以刘备的志向和胆略，再加上他自身的皇族身份，有极大的可能成为汉献帝的肱股之臣，到时候曹操再想除掉刘备就变得异常艰难。而刘备的出逃正好给了曹操机会可以给刘备安上一个反叛朝廷的罪名而兴兵讨伐刘备。到时候，刘备合法的皇族身份就不能够再保护自己了，所以从某种意义上来说，让刘备逃出了许都也许对曹操来说还是一件值得庆幸的好事。

刘备逃出以后，在徐州安定下来，势力日益坐大，成为一支可与曹操抗衡的实力派。

徐州，我来了

物竞天择，适者生存，优胜劣汰的潜规则亘古不变，在这乱世之中，弱肉强食，人人自危，人人自保，今日穷困潦倒，明日可能就成为暴发户，今日高高在上，明日又可能被人踩在脚底下，反之亦然。这世上的事情历来如此，小跌小撞的有之，大起大落更不乏。

有人蒸蒸日上，有人走滑坡，真可谓几家欢喜几家愁。袁术打定了投奔袁绍的主意，便整装待发，过徐州与之会合。曹操正为铲除吕布而沾沾自喜时，袁绍破公孙瓒而强上更强，如虎在侧的威胁让曹操寝食难安。被困于许都的刘备整日活在曹操的阴影中，如履薄冰，战战兢兢。袁绍如日中天，小儿子却一病不起，成了袁绍心头之痛。生活如此多姿，烦恼如此多彩，真是人生不如意之事十之八九。

袁术于汉献帝建安二年（公元197年）在寿春称帝，使其成为众矢之的，天下群豪群起而攻之，再加上生活奢靡，天灾人祸并起，在南阳终究是过不下去了，便萌生了投奔袁绍的想法，二人毕竟是同父异母的亲兄弟。

袁术率军到达青州，多方来报，徐州已经被刘备堵得严严实实，根本无法通过。袁术大骂一声，真是屋漏偏逢连夜雨，袁术一向不把刘备看在眼里，不过一个乡巴佬而已，能成什么大气候，刘备这时却俨然一个拦路虎的姿态，真是虎落平阳被犬欺，袁术怎能不气。徐州乃是北上必经之地，袁术兵力又不足以与刘备抗衡，无奈，只能返回，袁术率军往大本营寿春走去。

刘备不战而屈人之兵，斩断袁术去路后终于松了一口气，在徐州安顿下来。多日奔波，终于摆脱了曹操的控制。但是，此时反曹操，似乎还不是时机。徐州刺史车胄是曹操的忠实爪牙，随军的朱灵还握着军队的指挥权，这二人必须想办法除去。他命令朱灵回许都复命曹操，并请示下一步的计划。刘备此举并非继续听从曹操旨意，只是将朱灵支开的计谋而已。

朱灵自然明白，他这一走，必定要交出指挥权。曹操以朱灵为监军，就是怕刘备有反叛之心，此刻若是将指挥权交出，乃是失职作为。朱灵心中隐隐觉得很是不妥，但是《孙子兵法》里说"将在外军令有所不受"。朱灵的迟疑转瞬即逝，便启程回许都复命去了。

朱灵解决了，刘备掌握了军队，小具实力，胜利的曙光近了。与曹操摊牌的时候到了，刘备这样想着，将下一个目标定在徐州刺史车胄身上，总要找个借口将其除掉。车胄对刘备甚有敌意，刘备入徐州，车胄并未出城迎接，这在礼数上就是不周。大军出征，刘备并未带过多粮草，此刻粮草已消耗殆尽，刘备便命令车胄供应粮草，左等右等仍不见车胄回复。这边车胄接到刘备的命令哪里放在心上，正紧锣密鼓张罗谋杀刘备事宜。

原来，朱灵回去以后，曹操就知刘备要造反了，便给车胄发了一份密报，让他杀刘备。但是此时刘备正意气风发，况且身边还有张飞、关羽两人把关，哪里是好对付的。恰逢有足智多谋的陈登在，车冑便跟陈登商量。这回车冑真是找对了人，陈登跟刘备交情匪浅，口头上为车冑出了策略，出了车冑家门，便一溜烟跑到刘备处，准备将此事告诉他。

不巧，刘备出去招募人马了，关羽、张飞两兄弟在，陈登便将此事告诉了他们二人。张飞脾气急躁，听闻车冑要杀刘备，提刀就狂奔出去，誓砍车冑首级，幸得被关羽拉住，一番安抚，张飞才算平静下来。是夜，伸手不见五指，刘备、关羽率领一小队士卒，假扮成是曹操兵马，密报车冑城外会合。车冑虽半信半疑，却也不敢怠慢，准时赴约。车冑走近一看竟是刘备，心知凶多吉少，心脏开始咚咚直响，表面上却不动声色。

车冑上前问好，一番马屁拍下了，看刘备仍怒色于面，心里更是凉了一截。关羽上前一步，一脚将车冑踢得跪倒在地。刘备转过身，面向车冑，以充满威严的声音把车冑一番训斥，问他粮草之事。车冑心里的石头放了下来，一番解释，不卑不亢，一切都以曹操为挡箭牌，总归一句话，徐州粮草，没有曹操发话，那是万万动不得的。这话刚刚说出口，车冑顿感脖子上一凉，关羽的大刀已经架在脖子上，再看自己的人马，哪里还有踪影，均被屏退了。车冑知道，命不久矣，也不挣扎，被关羽砍下了首级。

将这两个人物扳倒，就剩下一些乌合之众，这些碌碌之辈不足为惧。随后，刘备下了一道公文，在职官员，只需安心办公，相安无事。刘备在徐州本来就颇得人心，此次能够重掌徐州也算是众望所归。徐州各郡县纷纷来访，表示愿意臣服，刘备力保他们利益无损，顺利接班。

徐州事宜，没有再生枝节，进展顺利。自家的事情办好了，也就没了后顾之忧，刘备知道该来的总是会来，曹操现下肯定恨得牙痒痒，必定不会让其有好日子过，是时候做好防御了。刘备命关羽为徐州太守，留守下邳，自己则率领士卒驻守小沛，小沛是徐州门户，曹操进攻首当其冲之地，万不可失。

曹操听闻关羽杀车胄，刘备据徐州，大叹一声："夫刘备，人杰也，今不击，必为后患。"这徐州乃是曹操从吕布手中夺得，转眼之间，又入刘备囊中，真是养虎为患，曹操悔不当初，本该早早将刘备除去，今放虎归山，为自己惹来了大麻烦。更令曹操气愤的是，曹操如此欣赏刘备，刘备却以怨报德，真是白白糟蹋了曹操的一番苦心。曹操越想越气愤，这刘备乃是眼中钉，肉中刺，非除之而后快。

刘备刚刚占据徐州，毕竟实力不足，刘备日日出去招募兵马，收效甚微，唯今之计，就是做好坚固的防御工作。袁绍正虎视眈眈，汉献帝怒气冲冲，直嚷嚷着要亲掌朝政，曹操不敢离开许都亲征刘备，便派了司空长史刘岱、中郎将王忠率领五万精兵去征讨。

这刘岱无甚名气，这王忠倒是以爱吃人肉而声名远扬，刘备听闻是他们二人松了一口气，这二人素来清高，领兵打仗常犯轻敌之失。刘备的眼光很准，这二人在小沛之战中，不堪一击，狼狈而返。

刘岱、王忠资质平庸，多年未得升迁，能得此立功机会，当然都想一马当先，夺个头彩。这二人，在官职上是平级，但是领兵打仗，总要有人打先锋，有人断后，谁打先锋，谁断后，这是个问题，两人因这个问题吵得面红耳赤，最后决定兵分两路，各带一半人马，同时进攻刘备。

这二人各领一支兵马，均在距离小沛三十里外扎营，谁知水源俱被刘备毁坏，兵马饮水成了一个问题。这天夜里，正当刘岱、王忠为寻找水源伤透脑筋时，均收到了对方的求救信，营寨被围困，要其前去营救，当然，这是刘备的小把戏，二人皆不知情。毫不迟疑，二人皆往对方方向奔去，不料却迎面相撞，二人面面相觑，然后恍然大悟，骗局，这是刘备设的骗局。二人调转方向，飞奔回去，却发现粮草尽失。

没有了粮草，这仗还怎么打？刘岱、王忠二人傻了，只是坐着干瞪眼，仗不能打，回去无法复命，横竖都是一死，唉声叹气，叹气唉声，二人就这么耗着。这日，刘备命人传唤刘岱、王忠，二人对视一眼，横竖一死，还有什么可怕的，去。见了刘备，这二人倒还是算有骨气，高昂着头颅，一副盛气凌人的样子。刘备心平气和，一番说辞，无一个脏字，却句句是羞辱，临了，还给了他们二十车粮草，并说了句"使汝百人来，其无如我何；曹公自来，未可知耳"。

刘岱、王忠高傲的头颅再也神气不起来了，灰溜溜地回到军营，却看那粮草，这不正是他们自己的粮草。二人虽气，却也无可奈何，垂头丧气地回去复命去了。

孙策据江东

汉献帝建安四年（公元 199 年）冬，江南江北雪漫漫，袁术在贫困潦倒中抑郁而终。袁术的部下长史杨弘、大将军陆勉与孙策交好，又见孙策风华正茂，意气风发，是个成大事的少年英雄，便率领士卒前去投奔。不料，庐江太守刘勋早就盯上了袁术这块肥肉，将他们二人截获，士卒全体被俘获，刘勋将兵马全部据为己有。

曹操虎视眈眈，袁术亲属在寿春哪里敢待下去，便抬着袁术的棺木，野鬼游魂一般处处打游击。眼见刘勋收编了袁术部属，便去投奔他了。刘勋全盘接收，当然，他看中的不是袁术家属，乃是袁术基业。

这袁术晚年贫困潦倒，士卒兵马无粮可供，自己尤忍受饥饿，实在是支撑不下去，混到要去投奔袁绍的地步了，他能有什么基业。按理说本该如此，事实却大出世人意料。刘勋带领人马，直奔寿春，左搜右刮，竟然找出了一批金银珠宝，其数量之可观，让刘勋这个嗜财如命的太守叹为观止。这袁术真是舍命不舍财，就连刘勋也不禁感叹，自己真是小巫见大巫，这袁术跟自己相比真是有过之而无不及，难不成是怕自己到了黄泉路上无法逍遥快活？刘勋摇头傻笑，这些无关紧要，这些金银珠宝进了自己的口袋，这个最重要。这样想着，刘勋美不胜收，却不料，一场灾难正慢慢向他袭来。

孙策早就眼巴巴等着袁术一命呜呼，好渔翁得利，却不料这刘勋近水楼台先得月，白白捡了个便宜，还把投奔而来的杨弘、陆勉截获，眼看煮熟的鸭子飞了，孙策能不气吗？孙策跟刘勋的仇怨算是结下了。不过尽管咽不下这口窝囊气，孙策却也不敢轻举妄动，毕竟刘勋实力大增，不是孙策能够企及的。孙策找周瑜商量，如何能惩治一下这个刘勋，最后，他们想出一个声东击西的计谋。这一招声东击西，让刘勋血本无归。

刘勋此人志大才疏，嗜财如命，是个见钱眼开的人物。孙策抓住他这样一个弱点，开始了不间断地糖衣炮弹的轰炸。孙策先是派人带着大批奇珍异宝与自己的亲笔书信去拜见刘勋。使者一番甜言蜜语，归结起来不过是，上缭富可敌国，刘繇余部万人可收编。先将好处亮出，吊起刘勋胃口，接着提出自己要求。上缭曾多次派兵骚扰江东，请求刘勋派兵征讨。若能如此，孙策便会倾全力相助。

刘勋早就听说上缭殷实富裕，想据为己有之心昭然若揭，以前苦于实力不足，未能征服，现下实力大增，当然愿意出兵。刘勋当即表示愿意出兵，听完使者回报，孙策暗中一笑，事情正朝着他计划的方向进展着，成功指日可待。

刘勋利欲熏心，帐中却有人保持着头脑清醒，他的手下刘晔进言道，上缭地方虽小，防御工作却做得相当完备，易守难攻，非一日两日就能够攻下的，大军一走，庐江空虚，怕是有心之徒趁机而入，还需三思。利益在前，刘勋哪里听得进去谏言，一向刚愎自用的他仍然坚持己见，如期出兵。刘勋此次带着志在必得的决心，举全郡之精兵而攻之，城中只剩下老弱残兵，根本无抵挡之力。孙策以小股兵力助之，仅仅是做个样子罢了。刘晔大呼，庐江命不久矣。刘勋前脚刚走，孙策便整装待发，正当刘勋酣战之时，孙策一声令下，千余轻骑如弦上之箭，向庐江飞奔而去。孙策满载而归，刘勋余部均归附，城中金银珠宝，粮草贮存，妻妾美人均被俘获。孙策不损一兵一卒，占领庐江，任命李术为庐江太守，分兵三千，把守此地。

刘勋入上缭，却发现上缭已经成为一座空城，一无所获，正愤怒之时，听闻庐江已被孙策所占，刘勋气急败坏，夜里行军，马不停蹄地往回赶。刘勋所率军队人疲马倦，士气下降，战斗力明显减弱。孙策哪里给他缓冲的机会，立即派出将领孙贲、孙辅二人率军拦截，给刘勋致命一击。刘勋被打了个措手不及，狼狈而逃，投奔曹操去了。孙策收编了刘勋残兵，入流沂。黄祖见孙策意气风发，霸气十足，心痒难耐，许是羡慕嫉妒恨作怪，便率领水军进攻孙策。

仇人见面分外眼红，黄祖部下射杀孙坚，黄祖与孙家结下了不共戴天之仇。孙策见黄祖，恨不得"食汝肉，寝汝皮"，心中仇恨的种子被灌溉了，一发而不可收，誓要手刃仇敌。有如此动力，孙策作战威猛无比，黄祖节节败退，刘表派五千精兵前来支援。

孙策手下将领齐上阵，周瑜、吕蒙、黄盖个个是带兵的好手，兵分多路，齐头并进，团团将黄祖围住，惊心动魄之场面，无以用语言来形容。黄祖已无反击之力，险些全军覆没。孙策大获全胜，缴获的物资不胜枚举。不过让孙策倍感遗憾的是，黄祖侥幸逃脱。随后，孙策入豫章，豫章太守乃是名声大盛的华歆，孙策亲见华歆，力陈利害，华歆倒是识时务，无条件归附。至此，孙策已经将江东纳入自己旗下，如此气魄，让人佩服，曾有人评价孙策"有吕布之所长，而无其所短，谋略与仁义集于一身"。

孙策以迅雷不及掩耳之势，战群豪，据江东，成为后起之秀，跟他的人格魅力不无关系。孙策为人开朗，性情豁达，在用人上也颇有主见，士民多愿意为之效命，《三国志》记载，"是以士民见者，莫不尽心，乐为致死"。孙策自幼跟随父亲亲征，孙坚去世，他便担起镇江东大业。作战有勇有谋，身先士卒，更懂得治军。孙策治军非常讲究策略，纪律严明是一贯准则，曾多次重申，抗敌攻城，不得损害百姓一牲一畜，一田一木，违者以军令处置。孙策作战勇猛，威名远扬，百姓曾经非常害怕他，不敢与之亲近，但其严明的治军，让其与百姓打成一片，后深得百姓爱戴。孙策平定江东，引起了曹操的充分重视。此时的孙策仅仅是还未奔三的毛头小伙子，曹操长叹一口气，无不感慨地说："猘儿难与争锋也！"

曹操对孙氏父子历来采取宽松的政策，甚至有时候还可称之为纵容。当然，在这里面曹操是有利益可图的。刘表一直是曹操的一块心病，以孙氏父子来牵制刘表是曹操的一个策略，所以曹操远观孙策，任其坐大，却无行动进行干预。只是，曹操的意图并未行太远，就因孙策的英年早逝而失败了。

孙策为孙家在江东地区的发展作出了不可磨灭的贡献，最重要的就是在上文中提到的对于民心问题的掌握。曹操马踏青苗的故事只能够显示出曹操对于军人的掌握，即曹操在领导方面的才能。而孙策在民心上面的把握上则是体现了孙策的政治才能，如果没有良好的民间基础，孙家作为一个外来的军阀家族是不可能在江东地区立足的。这点与曹操在占领徐州之后对当地的百姓实行报复性杀戮的做法是不同的。

扼杀在摇篮

刘备一得曹操应允，便一溜烟连夜从许都往徐州城奔去。重得自由的刘备，面容焦急又有几分兴奋，让在侧的关羽、张飞也摸不着头脑。以曹操对刘备的防备，如今能够让刘备出征徐州，多半是曹操头脑发热，丧失理智。刘备心知，曹操一觉醒来，理智归来，是极可能反悔的，刘备便等不得天亮，唤上二人，率军连夜出发。

果不其然，第二日，曹操见刘备不见了踪影，当即后悔莫及。刘备这一走，无异于放虎归山，后患无穷，曹操眉头紧锁，心中无限感慨。这时，程昱、郭嘉听闻刘备逃逸前来相见，二人力陈利弊，总之一句话，万万不能让刘备逃走。曹操一算时辰，此时若以快马相追，许能赶上，便命百余骑快马加鞭去追，追兵手握军令，令刘备速速归朝。却不料，刘备将来兵敷衍打发，绝口不提回朝之事，仍旧直奔徐州而去。

刘备克袁术，入徐州，总算是舒了一口气，以协助徐州刺史车胄驻守徐州为由打发朱灵回许都复命，朱灵一走，刘备将军权握于手中。不几，刘备又寻得理由，令关羽斩杀车胄，成为徐州实际上的统治者。曹操让车胄杀刘备的计划泡汤，便又派刘岱、王忠二将去征讨，这二人心高气傲，轻敌难挡，刘备不失一兵一卒，就让他们军粮尽失，最后被刘备羞辱一番狼狈而还。

因刘备那句一时得意的话，"使汝百人来，其无如我何；曹公自来，未可知耳"，曹操亲率大军气势汹汹而来。刘备将要为一句得意之话，付出惨重代价，另一场逃亡之路已经打开。

刘备万万没有预料到曹操会亲自出马，他心中清楚，后方袁绍对曹操的威胁久矣，若曹操率军入徐州，就把大好机会留给了袁绍，这是得不偿失之事，智慧如曹操，他绝对不会这么做的。因此刘备自以为可以高枕无忧了，趁着曹操与袁绍对峙，无暇东顾之机，可以好好经营徐州，作为日后光复汉室，重振刘家大业的根基，抱着这样的心思，刘备根本没有做任何的防备措施。

但是，事情就是如此让人措手不及，刘备优哉游哉之时却闻曹操来袭，顿时如五雷轰顶一般，傻眼了，事情大出意料，这仗该如何打？

刘备率领五千士卒入徐州，再加上后来收编的徐州兵力，不足九千，刘备一纸救援急报发到了东海郡昌霸那里，这个东海郡昌霸是刘备一入徐州，便带头投诚的徐州一方小霸。昌霸率军来援，刘备兵力增至万余人。

曹操此次前来，率领两万精兵，若以人数来算，刘备的兵力也并不算少，况且自己手下还有关羽、张飞两员猛将作为左膀右臂。但是要命的是，刘备所带之兵，本是曹操所有，其战斗力当然毋庸置疑，但是难保他们肯为刘备效命，更何况是对抗自己的老主子。刘备反叛曹操，自己背负着背信弃义的罪名，军中士卒也难免有怨言，所以指望他们抛头颅洒热血的可能性微乎其微，刘备所能够仰仗的就仅仅是自己那可怜兮兮的两千亲军而已。

这两千士卒远远不足以与曹操相抗衡，希望渺茫，不是刘备没有信心，实在是不具备支撑起信心的能力。曹军日益逼近，刘备心中只有一个念头，那就是逃。刘备甚至连交战的勇气都没有，撒腿就溜，也许这个决定是对的，所谓留得青山在，不愁没柴烧。

曹操大意而放虎归山，刘备恩将仇报，背后插曹操一刀，举起反曹大旗，又参与"衣带诏"谋杀曹操的阴谋，旧怨新恨，若得曹操擒拿，肯定命丧黄泉，而且会死得很惨。种种，刘备看得清清楚楚，所以曹军当前，刘备临阵脱逃，即使背负这样的罪名，也要保得性命。见得明天的太阳，才有东山再起的希望，刘备这样想着，脚下逃跑的步伐更快了。

曹操率领军队，气势汹汹，哪里有多少士卒诚心抵抗，刘备的军队一触即崩溃，当真兵败如山倒，况且，将领逃跑了，士卒哪里还有拼命的道理。曹军势如破竹，长驱直入，直奔刘备逃跑的方向而去。

看曹操充满仇恨而锐利的双眼，刘备心中的恐惧一波一波、一浪一浪袭上心头，曹操一声令下，曹军直扑而来，刘备被令人窒息的气场震惊了，一阵厮杀，刘备扬鞭一挥，胯下坐骑，冲出重围，狂奔而去。狂奔百余里地，看那夜幕笼罩，刘备停了下来，再看后面，只有几十名亲兵跟随，人马个个气喘吁吁，神态忧郁。刚刚从鬼门关回来。刘备无语良久，心中却感慨万千，再次失徐州。

败得如此彻底，片刻之间一无所有，刘备越想心绪越难以平定。但是，事已至此，路仍旧要走下去，便强行打起精神为明日之生存绞尽脑汁。多时的狂奔，刘备与仅存的几十名亲军已经累得无法前行，恰见一间破庙，便打算在庙里安歇一晚，准备明早上路。

窗外，月光皎洁，刘备辗转反侧，哪里能够入睡。张飞在战乱中失去联系，现下也不知如何。关羽与妻儿在下邳，下邳本是个安身之所，只是恐怕现在曹操已经布下天罗地网等着自己自投罗网。一边惦记着妻儿与两兄弟的安危，一边为自己明天的路而担忧，刘备思绪万千，却毫无头绪，实在是到了山重水复疑无路的绝境。

天下之大，却无立身之地的滋味，让刘备一夜未合眼。清早，在疲惫中起身，刘备感觉全身的力气都被抽空了，却见一双双期待的眼睛，刘备羞愧难当，寄托着几十人的期待，总要拿出个主意来。现下，妻儿与两员大将只能听天由命了，刘备自己尚且处于狼窝虎穴，更无暇顾及他们了。心中这样想着，只能走一步算一步了。

庙外，一阵急促的哒哒马蹄声传来，众人的警觉立即被唤醒，莫非是曹操的追兵？刘备立即命人隐匿起来，从窗缝里往外看，却是一列袁绍的士卒飞奔而过，舒了一口气，戒备松弛下来，刘备的眼前却一亮。

天无绝人之路，刘备脸上浮现出一片生机，众人看刘备如此，知道主公来了主意，心中的大石头也落地了。纵观天下，能够与曹操相抗衡的唯有袁绍，袁绍与曹操必有一战，现下不若去投奔袁绍，方能与曹操对抗。

刘备想着，脸上露出"柳暗花明又一村"的神色，只是片刻便被一片阴霾代替。曹操来袭徐州时，刘备曾给袁绍发去救援信，更建议袁绍攻打曹操大本营许都，袁绍却以儿子生病为由，坐失良机。以此来看，袁绍乃是难成大事之人，与曹操更是相形见绌。况且，以袁绍之心胸，能否容得下刘备也是问题。为自己的前途，刘备不得不考虑周全。

刘备踱来踱去，拿不定主意。众人肚子咕噜咕噜直叫，一天一夜，滴水未进，体力又消耗严重，真是饥渴难耐，刘备一声不发，却都看在眼里。还是保命要紧，刘备下了命令，众人便策马往袁绍方向而去。

一路上刘备只希望袁绍看在旧情的份上，能够收容他们一行。毕竟刘备还担当着袁绍大儿子袁谭的恩师这样的称谓。此话要从刘备在曹操手下当值时说起，刘备时任州牧，保举了袁谭为"茂才"，依汉朝传统，刘备作为保举人，乃是被保举人袁谭的恩师。这丝旧情谊，不知袁绍是否还挂念，一路疑问，就到了袁绍营中。刘备一番肺腑之言，让袁绍起了恻隐之心，便收留了如丧家之犬的刘备。当然，不排除更深层次的原因，刘备毕竟曾是曹操的部属，对曹军知之甚多，必能为袁绍带来重要情报。

对刘备来说，袁绍的死活与他刘备没有任何的关系，但是因为袁绍的存活可以对曹操形成威胁，这就与刘备有着莫大的关系了。刘备是个极具忍耐力的人，经过了前几次的寄人篱下之后，他不在乎再多来一次，此刻正在袁绍与曹操厉兵秣马之时，刘备只不过作为一个隔山观虎斗的观者，这样的决定可以说是十分高明的。

刘备入袁营，自当感恩图报，知无不言，言无不尽，只是，正如刘备所预言，袁绍终究是难成大事之人。

先打一仗试试看

汉献帝建安五年（公元200年）二月，春节的气息还没有散去，声威日震的袁绍，便按捺不住心中的欲望，要给曹操以致命一击。恰逢刘备狼狈来投，刘备知无不言，言无不尽，将曹军军情一一汇报，袁绍大喜，认为凯旋的把握已经达到了百分之百。袁绍亲率大军进入黎阳，袁绍手下名将颜良独当一面，渡过黄河，以迅雷不及掩耳之势围攻白马城。

出征之前，袁绍集团内部矛盾重重，保守派与主战派争论得不可开交，谋士田丰主张打消耗战、持久战，因与袁绍意见相左，被投入监狱。沮授则被踢出政务，实力一分为三，虽有领军之名，手中可用权力却有限，更因袁绍刚愎自用而与之不和。

此次，袁绍命颜良率军入白马，沮授以颜良有勇无谋而进谏，袁绍对沮授早有成见，并日渐疏远，哪里听得进他的谏言，依旧以颜良独当一面。这颜良是一员猛将，以骁勇善战威名远扬，却是一介莽夫，无甚智慧，是个执行任务的好手，却不是当领导的料子。袁绍无视谏言，刚愎自用，注定了白马之战的失败。袁绍在用人上的缺陷，让其虽暂得领先，却终究还是被一浪高过一浪的潮水扑倒在沙滩上，一蹶不振，死后无名。相形之下，曹操与刘备却是用人的高手，终使得他们成为后起之秀。

袁绍出兵部署完全随心所欲，权力完全掌握在一人手中，听不得谏言，见不得反对，沮授知凶多吉少，有去无回，便不想随军出征，不料，袁绍以死相逼，强行将其拉下水，沮授大叹一声，感慨万千，其悲，其凄，似是末日来临。事实证明，事情就是一步一步往最坏的方向发展，最终走向末日。

颜良气势汹汹，直奔白马城，将白马城团团围住。此时驻守白马城的是曹操部将刘延。刘延自知实力不足，更闻颜良大名，士卒更是闻风丧胆，哪里敢出城迎战，而曹操的军马此时距离白马城十几里地，一时远水也解不了近渴。刘延战战兢兢给曹操发去求救军报。这刘延虽不应战，却也尽职尽责，将白马城的防御工事做得十分到位，使颜良久攻不下，终究是等来了援兵，解了白马之围。

曹操接到求救军报，焦头烂额，不能见死不救，却实在是苦于实力不足，如今之计，不能硬拼，只能以智慧取胜。曹操心中焦急，却是越急越乱了方寸，无计可施了。谋士荀攸见曹操眉头紧锁，便献上一计。荀攸一向不鸣则已，一鸣惊人，曹操见荀攸发话，便知他心中已有十足把握，便以信任的眼神示意荀攸继续说下去，荀攸一得鼓舞，也不再卖关子，将心中想法一股脑儿说出来，曹操眉开眼笑，连连点头，对荀攸所说，很是赞同。

荀攸所说这声东击西之策，乃是曹操率领主力部队攻打延津，并声张造势，入延津，过黄河，攻打袁绍的老家，当然这都是虚张声势，并非实情，以引袁绍分兵来攻打。趁着袁绍分兵之际，派出精锐轻骑兵，转而入白马城，将颜良打个措手不及，然后解白马之围。

曹操听了荀攸之策，喜上眉梢，事不宜迟，恐再生事变，曹操亲率大军往西而去，直奔延津，一路张扬无比，风光无限，生怕不能引起袁绍的注意。事情传到袁绍的耳朵里，袁绍见老巢危险，便率领大军主力赶往延津阻截，半道儿蹦出一个拦路虎——沮授。沮授见曹操入延津如此张扬，不像曹操一贯作风，怀疑这里面有猫腻，劝谏袁绍不可轻举妄动。

袁绍一听，倍加反感，这沮授一遍一遍出来阻拦，打击袁绍兴致，袁绍心中已是厌恶不已，大丈夫行事本应雷厉风行，沮授却一再婆婆妈妈。况且，此次曹操的攻打目标是袁绍大本营，非同小可，若是让曹操掀了老窝，这谁能负起责任。袁绍看沮授越来越不顺眼，将其臭骂一顿，末了一句妇人之见，把他监管起来。

袁绍执意入延津，跟曹操决一死战，这一天，他等了很久了，怎能轻易放过。只是，他自己却不知道，自己已经掉入一个为他精心准备的陷阱里。好戏马上就要上场，袁绍的大军已经出发，颜良也分兵去支援，时机到了。曹操见袁绍已经中计，便率领张辽、关羽两员大将及其小股精锐士卒，快马加鞭，日夜兼程，往回奔去。

关羽乃是刘备兄弟，此刻怎在曹操营中？原来，曹操破徐州，刘备舍妻儿与关张二人而逃，曹操对关羽从心底赏识，便想招降关羽。关羽是何许人物，自然不肯。曹操便将刘备妻儿擒住，以此威胁，关羽无奈，只得应允，以待时机与刘备会合。

距离白马城越来越近，曹操只希望颜良能够放松警惕，越晚得知救兵来袭越好，如此一来，便可出其不意，攻其不备，将颜良打个措手不及，胜算的可能更大了。

这颜良心高气傲，又是火暴脾气，见白马城久攻不下，心中未免有些赌气，这口气顺不下来，便火气难消。这日，颜良率领亲兵士卒，在白马城外溜达，以寻得个佳方妙计，尽早攻入白马城。当然，大牌自有大牌的待遇，士卒贱者步行，贵者骑马，颜良有专门的麾盖战车，坐在上面威风凛凛，气势压人，能让颜良感觉到高人一等的优势和乐趣。正是这辆麾盖战车暴露了颜良的身份，从而葬送了生命。

坐在麾盖战车，颜良无精打采，猝不及防，却闻阵阵马蹄声，但见一股骑兵以无人能敌之势，直奔而来，是什么人拥有如此天下无敌的气势？颜良从战车上站起，以便看得更清晰些，却见领兵之人是曹操，颜良心中一惊，竟然不知如何是好，片刻才回过神来，急令回营。

说时迟，那时快，曹操已经率军将去路斩断，颜良遭遇曹操，不得不战。毫不含糊，交战双方没有任何的寒暄，就已经乱成一团，此时此刻，唯有手中刀枪最有话语权，除此之外，一切都是枉然。

所谓射人先射马，擒贼先擒王。关羽看那旄盖战车，便策马而去，颜良见关羽直奔他来，却没来得及躲闪，关羽已手起刀落，将颜良斩杀，并割下颜良头颅，献给曹操。袁军无首，成为无头苍蝇，士卒更见关羽斩颜良，恐惧不已，军心大乱的袁军，不攻自破，白马之围顺利解除。

在延津的曹军主力，本就没有跟袁绍对决的计划，见袁绍来袭，撒腿就撤。袁绍知曹操的项庄舞剑，意在沛公，心中懊恼不已，又闻颜良被关羽斩杀，无异于受了当头一棒，心中斗志反倒是被激发出来，一将不成，再拉出另一将文丑，文丑之名与颜良旗鼓相当，不相上下，文丑率领五千士卒，追击曹操留在延津的主力。

文丑平素与颜良关系亲密，见颜良战死，誓要为颜良报仇，有了动力，就能爆发出令人难以想象的行动力。文丑看中了曹操的辎重部队，作战如果没有物资，就只能等着挨打，刘岱、王忠的结局就是前车之鉴。

文丑这样想着，不禁心中窃喜，却不知曹操将这一切都看在眼里，念在心里，事情朝着曹操预料的方向发展。上行下效，文丑与袁绍犯了同样自以为是的错误，却不知螳螂捕蝉，黄雀在后，误入他人圈套却不自知。

文丑冲着曹操的辎重部队而去，曹操也不奋力抵抗，笑看文丑所带士卒疯抢财物，乱作一团。曹操见时机成熟，一声令下，将乱作一团的袁军围住，一番厮杀，手有物资的袁军哪里肯轻易放弃财物，生命与财物真是难以抉择，在这犹豫踟蹰之际，成了刀下亡魂，英明一世的文丑将军也被乱刀砍死。

斩颜良诛文丑，这本是《三国演义》最为经典的描写，突出了关羽作为一代名将的各种性格特征与威武霸气，成了世人所传颂的经典三国故事，但又有谁能想到正史当中文丑的死与关羽没有一丝一毫的关系，这只不过是罗贯中为了突出人物性格，讲述人物故事做的又一次"移花接木"罢了。

曹军虽少，却凭其智慧，初战告捷，而狂妄自大的袁绍，连损两员大将，节节败退，曹、袁初战就奠定了官渡之战的基本走向。

谁都不服谁

白马城之战，曹、袁双方小试牛刀，曹操以荀攸声东击西之策，成功解围，袁绍手下猛将颜良被关羽一刀斩杀，文丑则被乱刀砍死，奠定了官渡之战最终的基调。

官渡初战，两军领导者不一样的魅力一览无余。在实力悬殊巨大的情况下，曹操初战告捷，乃因其出其不意，攻其不备，这里面作战智慧发挥了重大作用，另外曹操能听谏言，更果断下策。再观袁绍，就相形见绌了，疏远能臣，刚愎自用，随心所欲，依仗兵强马壮，狂傲自大，致使连损两将，兵败如山倒。

白马之围的顺利解除，鼓舞了曹军的士气，使曹营之中的恐袁氛围一扫无余，沉浸在一片自信中。更让人来劲的是，曹操一番慷慨激昂的演说，打破了袁军貌似强大的假象，士卒个个跃跃欲试，动力十足。美好的开端是成功的一半，这场战争的凯旋，已经远远超过它本身的实际战果，更是将两军士气来了个大转变，曹军正以充沛的动力迎接下一次的挑战。而与此同时，袁绍的营帐之中，人人铁青着脸，震撼度相当高，锐气大大受挫，实力明明白白摆在那里，却狼狈败北，这哪里是能说得过去的道理。

受到如此屈辱，袁绍在损失两员大将的伤痛之余，也不免要吸取教训，再同曹操决一雌雄。袁绍接受前车之鉴，认为白马城之战的失利原因，乃是中了曹操的声东击西之策而分散了兵力。袁绍整顿军队，率领主力十万大军渡过黄河，在官渡之北的方向阳武驻扎下来，此时，袁绍已经占领了曹操防御的白马、延津、阳武三地，曹操三道防线均被袁绍占领，向曹操步步逼近，直至把曹操赶到许都的家门口。

曹军之中，乐观归乐观，形势还是相当严峻的，曹军虽然初战告捷，但敌强我弱的实力还没有得到根本的转变。延津一战虽然取得小规模胜利，却还是被袁军追赶着走，考虑到这一点，曹操便放弃前线驻守防线，率军撤退到官渡，官渡乃是一线防护，许都的门户，万不可失去，曹操命人在官渡做好了坚固的防御工事。

毕竟面临强敌，曹操若是紧急应战，难免仓促，一旦失利，就很可能面临全军覆没的隐患，曹操虽果断，却也不敢冒这么大的风险，毕竟没有足够让他冒险的实力为后盾，这也可谓是明智之举。

针对当前的情况，双方各自制订出了作战计划。袁绍初战失利，狼狈败北，士气低落，大大受挫，但是却有极其有利的条件，那就是兵多马壮，粮草供应充足，白马、延津、阳武现都已归于自己囊中，成为袁绍的大后方，有源源不断的粮草供应，再加上冀州、并州、青州、幽州，袁绍从不必为粮草而担忧。袁军如此情况，非常适宜打持久战、消耗战，以便将粮草非常有限的曹操拖垮，这不愧是一个良方妙计。

其实，在战争准备阶段，袁绍的大将军兼谋士沮授，就已经提出过此策略，只是当时袁绍求胜心切又心高气傲，刚愎自用的他根本听不进谏言，致使初战败北，两员猛将命丧黄泉。针对当前情况，沮授再提消耗战战略，一般人均能在付出代价后总结教训，但是袁绍他不是一般人，再次将沮授的提议置之度外，汉献帝建安五年（公元200年）八月，袁绍在距离官渡不远处安营扎寨，营寨连绵数十里，曹操在官渡筑成坚固的防御，袁绍见曹操毫无动静，便主动率军出击，连攻数十日，损失惨重，仍不能破，无奈，袁绍只得退回营寨，以等待时机，另寻他策。

面对袁绍的步步为营，曹军倍感吃力。第一，多日行军，士卒疲惫，无法立即迎战。第二，兵力太少，满打满算也只是两万有余，粮草供应仅依赖许都一处，但是许都存粮严重不足。针对此种情况，速战速决是正确选择。两军完全相悖的策略，只能看谁更有耐心，谁能笑到最后，谁便能赢得最后的胜利。

然而屋漏偏逢连夜雨，本就有压力的曹军，面临的形势越来越严峻，曹操焦头烂额，心烦意乱，一面要抵挡袁绍的步步紧逼，一面还要应对新的挑战。

在白马之围中，挥刀斩颜良的关羽，是一头倔驴，无论曹操如何拉拢，都留不住他要离去的脚步，得知刘备在袁绍营中，便毫不迟疑地带着刘备妻儿，和刘备会合去了。曹操在关羽身上浪费了不少心血，终究是留不住他，关羽忠义之风让人佩服，曹操惜才爱英雄，仗义放行，更让人感叹。

关羽离去，曹操固然伤感，却有更大的挑战正一浪一浪扑向曹操，让曹操应接不暇。江东传来消息，威震天下的少年英雄孙策遇刺身亡，这对于曹操来说，无异于五雷轰顶，曹操的如意算盘被打破了。

曹操对孙氏在江东发展势力一向纵容，并不是对孙策存有好感，深层原因乃是以孙策牵制荆州刘表。孙策一去，刘表毫无顾忌，正值曹操与袁绍打得不可开交，是刘表把黑手伸向许都的绝好时机，如此，曹操前有虎，后有狼，如何应对？许都一失，曹操将面临灭顶之灾，不仅多年的苦心经营付之一炬，怕是会死无葬身之地。

如此严峻形势，曹操却来不及多想，就面临了袁绍又一次的进攻。袁绍性子急，取胜心切，见曹操始终无举动，便再次主动出击，他命人在曹营外堆砌了一座座土山，高有数丈，士卒居高临下，能见曹营之中人头攒动。这日，曹操正在帐外练兵，一阵箭雨突然袭来，惊慌失措的曹军，顿时乱作一团，挣扎着往营帐中躲去，没来得及躲闪的多被乱箭射死，死伤无数。一时间，曹军中消弭的恐袁情绪重新抬头，并风靡起来，人人自危，出门都得身带盾牌护身。

兵来将挡，水来土掩，曹操紧急召开会议，制定出应对策略。曹操命人与袁绍相对，也同样筑成土山。但是，仅仅筑成土山，只能作为防御只用，还不能对袁绍攻城威胁，曹操命人赶制一批发石车，以发石车的威力将袁军的土山一个一个摧毁，再以其人之道还治其人之身。

曹操的计策无疑十分成功，曹军在发石的同时，更以击鼓助威，士气大增，而袁军土山一个一个被摧毁不说，更是感受到了曹军的威力，在气势上就被压倒了。

在两军对峙中，双方小打小闹，各有胜负，却无伤大局，只是曹操的眉头越皱越紧，唉声叹气的次数也越来越多，曹军中粮草已经不多，这消耗战是打不起的，但是，实力上又难以与袁绍决一死战，真是进退维谷。曹操本就粮草不足，袁绍却命越骑司马韩荀率领精兵偷袭运粮部队，更将许都与官渡之间的运粮通道切断，这对曹操来说无异于雪上加霜。

一路不成，另寻他路，曹操想到汝南，这里是黄巾军刘辟、龚都的地盘。曹操掌握汉室大权以后，这二人均归顺。汝南一块肥田，曹操在这里作为屯田的试验地，初见成效，此时是他们该效忠的时候了。曹操命人去要粮草，却遭遇了闭门羹，曹操气急败坏，大骂刘辟、龚都忘恩负义。当然，不管曹操如何将二人骂得狗血淋头，只能是逞口舌之快，根本是无力征讨的。

兵马未至，粮草先行，多少著名的将领为了吃饱饭的问题伤透了脑筋。如今在官渡的这种窘迫的状况，与当时曹操在兖州与吕布进行鏖战的时候有过之而无不及，何况曹操面对的不是那个有勇无谋的吕布，而是有着极高名望和一大群谋士的袁绍。如若不是这样，始终充满着超过常人自信的曹操肯定不会选择去向那些黄巾军寻求粮食。本来拉下脸去借就已经是对曹操的羞辱了，却又没有借到，这就更加深了曹操"虎落平阳被犬欺"的尴尬之感。

这样的状况对曹操来说无疑是致命的。本来兵力就没有袁绍那样雄厚，战斗力也比不上袁绍的军队，虽然自己有着"十胜十败"论的理论支持，但是理论永远不能当饭吃，要打仗首先要解决吃饭的问题才成，这样，原本的军事问题就演变成了粮食问题，进一步变成了是去是留的问题。

眼看军中粮草一日比一日少，士卒不堪重负，曹操却无计可施。如此下去，迟早是要败北，曹操如此想着，便萌生了撤兵的念头。留守许都的荀彧不愧跟随曹操多年，在关键时刻挺身而出，给曹操快马寄来鼓舞信，分析形势，将袁绍与曹操一番对比，对曹操一番恭维，却句句属实，句句在理，曹操如醍醐灌顶，茅塞大开，坚定了作战到底的决心。荀彧在给予曹操信心和鼓舞的同时，更是加强粮草护送人手，历尽千难，将粮草送至军营。

两军相持，均无法占据优势，此时曹军若是撤退，与败北无异，袁绍必定会乘势追击，战争仍难以避免，反倒是落于挨打的被动局面。战争中的成败往往取决于一念之差，两军相持，若能抱着再坚持一下的信念，战局很可能就会扭转。

兄弟我来了

人是铁，饭是钢，一顿不吃饿得慌。曹营之中，曹操见粮草日益减少，却无供给，眉头紧锁，如此下去，这仗如何打下去，曹军人少马瘦，一人要承担多人劳动，士卒本就劳累不堪，若是粮草供应不上，不被袁绍攻城而败，军中也会起内乱而散。

曹操退缩了，之前一波一波的打击都被曹操咬紧牙关，挺过去了，但是袁绍截断了许都与官渡的运粮道路，而其他地方的供给又指望不上，此番，曹操确实是无计可施了。荀彧的快马回书，让曹操重拾信心，许都历尽千难送来的粮草解了燃眉之急，但这也是许都的家底了，粮草问题仍是个亟待解决的难题。最后，曹操一狠心，放了一句袁绍逼人太甚的狠话，走上了土匪的道路，竟然打了劫粮的主意。

袁绍后方基地较多，兵多马壮，需要的粮草供给也多，所以运粮之事就更加频繁了。既然起了抢劫之意，曹操就对袁绍的粮草运输队伍上了心，时时派人侦查。这日，曹操手下将领徐晃抓获了一名袁绍的探子，一番糖衣炮弹，此人交代，袁绍大本营邺城方向有一队运粮车马往官渡方向赶来，曹操的警觉性立即被调动起来，在派人抓好官渡防御的同时，立即将注意力转移到这一行运粮队伍身上。曹操派去的侦察兵来报，袁绍方的军粮车少说有两千辆，负责押送的是袁绍方的大将韩荀。

曹操大喜，两千余辆粮草，这对将要面临饥饿的曹军来说，无异于是一块大肥肉，曹操立即部署劫粮事宜。

曹军全部集中于官渡防御上，能够派出的人不多，所以就要以最小的代价换取最大的胜利。时袁绍麾下有五员大将，被称为四庭一柱，四庭是颜良、文丑、张郃、高览，那一柱就是韩荀。颜良、文丑在白马城一战中毙命，袁绍以韩荀护送粮草，可见对此次粮草运输十分重视。这韩荀，骁勇善战，勇猛无敌，是个难对付的主。

对韩荀，就要找到他的弱点，荀攸一语道破韩荀不足之处，"有勇无谋、恃勇轻敌"，既然如此就要找个有勇有谋之人去应对，荀攸推荐徐晃。

徐晃，是曹操手下的一员经验丰富的大将，战功卓越，智勇双全，熟读兵法，擅长治兵之道，被曹操称为"有周亚夫之风"。更难能可贵的是，徐晃忠心耿耿，对曹操毫无二心，他曾无比自豪地说："古人患不遭明君，今幸遇之，当以功自效，何用私誉为！"

曹操一听徐晃之名，便点头应允，他对徐晃是有信心的。曹操以徐晃及其部下史涣为先锋，率领轻骑兵以迅雷不及掩耳之势，拦截韩荀。韩荀虽武功盖世，心思却极不缜密，根本没有察觉敌军正在渐渐逼近，等察觉时，已经被打了措手不及。曹操对此次劫粮极其重视，恐徐晃兵力不足，又以张辽与许褚断后，二者互为呼应。史涣则带领小部队在主力部队的掩护下，偷偷溜到韩荀的后方，韩荀大意，只是与前锋徐晃斗争，丝毫没有察觉到后方威胁。

但毕竟袁军众多，曹军若要全身而退并得粮草而归，实属不易，徐晃便命令史涣在韩荀后方放了一把火，韩荀见辎重着火，又无法分身，火势渐大，韩荀见已无法挽回，便寻了个机会，一溜烟跑掉了。徐晃率领部队一番打劫，能带走的就带走，回去复命去了。此番劫粮计谋，虽然没有达到预想中的结果，却也将袁绍的嚣张气焰浇灭了不少，袁绍阵营中更是矛盾重重，面临分化的危机。

袁绍谋士许攸屡屡提议均被扼杀，倍感生不逢时，更无用武之地，又逢家人被收押，一肚子怨气化为仇恨的力量，一怒之下，一不做二不休，投奔曹操去了，袁绍听说许攸投奔曹操，顿感全身无力，悔不当初。这许攸不就是做了第二个刘备吗？当初刘备来投，将曹营之中种种，滔滔不绝，娓娓道来，可谓是让胜算增加了不少，在这官渡之战的关键时刻，许攸愤然离去，对于袁绍来说，真是凶多吉少。

曹操与许攸毕竟有旧交情，曹操对许攸之智谋甚是欣赏，早就有挖墙脚之心，在这曹、袁两军对峙的关键时刻，许攸来投，曹操感动得热泪盈眶，几近泪流满面，光着脚丫子就跑出去迎接，我们暂且不论曹操在礼数上的失态，这足可以看出曹操的欣喜若狂，以至于失了礼数。

曹操对许攸嘘寒问暖，许攸在袁绍处备感冷落，此时受如此待遇，不免心头一热，当即下定决心要为曹操效犬马之劳。曹操待许攸为上宾，许攸也不让人失望，当即献上了大礼。于是就有了如下一番对话：

攸谓公：袁氏军盛，何以待之？今有几粮乎？

曰：尚可支一岁。

攸曰：无是，更言之！

又曰：可支半岁。

攸曰：足下不欲破袁氏邪？何言之不实也！

公曰：向言戏之耳。其实可一月，为之奈何？

攸曰：公孤军独守，外无救援而粮谷已尽，此危急之日也。今袁氏辎重有万余乘，在故市、乌巢，屯军无严备；今以轻兵袭之，不意而至，燔其积聚，不过三日，袁氏自败也。（《三国志·魏书·武帝纪》裴松之注引《曹瞒传》）

曹操一听袁绍有军粮万余乘，顿时红了眼，这乌巢劫粮之计也妙到好处，曹操见军中诸人对许攸心存芥蒂，也并不介意，他是知道许攸的，更有言，用人不疑，疑人不用，曹操断然采取行动。

袁绍这边，韩荀护送粮草，却被曹军烧掉，但是军中无粮，也不是长久之策，便再次派大军运输粮草。此次，粮草供应地是冀州，目的地是袁绍大营以北的乌巢，负担此次护送任务的是淳于琼，袁绍派一万多人马随行，这可是袁军的老本了，若是没有这些粮草将命不久矣。

沮授心思缜密，上次粮草被袭的事情历历在目，他害怕曹操故技重施，再次劫粮，便向袁绍提议再加派人手保护，以防万一。袁绍是个很不长记性的人，警戒在他那里鲜有成效，自认为天下聪明唯他，将旁人的话均当作耳边风，很快他就尝到了恶果。

曹操预料到此次劫粮对曹、袁二军来说，是一个关乎成败的转折点，只能成功，不允许失败。曹操令曹洪与许攸驻守官渡，亲率五千步兵，在一个月高风黑的夜晚，抄近路，往乌巢奔去。

此次入袁营，曹操命令士卒乔装打扮一番，手持干柴与大刀，然后打着袁军的旗帜，在乌巢屯粮地点燃柴草，熊熊大火顿时照亮了漆黑的夜空。睡眼蒙眬的袁军惊醒，惊慌失措，一时不知该如何是好，哪里还有救火的心思。

淳于琼片刻镇定，立即率领士卒迎敌，却不知曹军乔装打扮，根本无法辨认，淳于琼只得率领士卒退回营中，另做打算。袁军援兵闻讯赶来，近在咫尺，曹操势在必得的信心让其仍专注于进攻淳于琼，最终在袁绍的救援队伍赶到之前将乌巢攻下。

火烧乌巢是整个官渡之战当中的重大转折，由于有了许攸，使曹操知道了袁绍军中最为重要的情报——粮草的信息。这正是曹操梦寐以求的一项重要的资源。毕竟如果兵少还可以搏，而如果粮少，那么随着部队士气的下降，等待着曹操的不是兵变就是失败的命运。但恰巧这时候袁绍不听他人意见、一意孤行的老毛病又犯了，与其说这次火烧乌巢的成果是曹操在战略上的成功，不如说是袁绍在用人方面的失败导致的。

作为袁绍重要谋士的沮授曾经几次向袁绍说明过粮草的问题，但袁绍却不为所动，而且袁绍的一意孤行也直接导致了许攸的叛变。至此，人心的向背再一次决定了战争的走势，这样的一个战争当中致命的转折点为曹操的胜利带来了曙光，也为袁绍敲响了丧钟。

自此，局势大变，曹操转被动为主动，胜利在即，而袁绍，等待他的是土崩瓦解、命丧黄泉的悲惨命运。

袁绍殒命

乌巢熊熊烈火，火光冲天。金灿灿的粮食瞬间被大火吞噬，曹操被传来的麦香所陶醉，曹军之中粮草如此缺乏，若能够据为己有那该是多么美好的畅想，阵阵厮杀声在曹操耳边响起，瞬间的走神后，思绪立即回来，现在不是想这些的时候，当务之急是把淳于琼解决，将乌巢攻下。

袁绍听闻粮草被烧，仍处在浑浑噩噩的麻木状态，并不认为自己已经大祸临头。对于粮草被烧这么重大的问题并未充分重视，只派一股骑兵前去支援，自己则打起了另外的主意。曹操兵力两万有余，此时正率领五千精锐攻打乌巢，那么驻守官渡的满打满算有一万五千士卒。官渡战线极长，绵延几十里，用这剩余的一万五千士卒防守官渡，势必困难重重，趁此时机将官渡一举拿下，曹操别无他法，只能束手就擒。想到这如意算盘，袁绍不禁窃喜，派大将张郃、高览二人攻打曹营，袁绍坐守大营，满脸挂笑，似是手擒曹操势在必得。

若人人都能够梦想成真，这世间就没有忧伤与痛苦了，但人生十之八九却在不如意中度过，袁绍的如意算盘打得再妙，也抵不过现实的残酷。曹操五千精锐，在袁绍的援军还未到达之前将乌巢拿下，将淳于琼生擒。

乌巢拿下，曹操心中挂念着官渡，袁绍已经派两员大将率领重兵攻打大营，大营人少粮缺，岌岌可危。曹操马不停蹄，迅速往官渡赶去。幸好，曹军在官渡防御做的坚固，张郃、高览攻打官渡，久攻不下，战斗力大大消耗，信心大减，又闻曹操兵马归来，势必对其造成内外夹击之势。继续攻打还是撤退，张郃、高览二人踌躇难决，就在他们犹豫之时，曹操的马蹄声已经隐隐可闻，这二人进退不得，干脆心一横，投降了曹洪。

张郃、高览二人可谓是袁绍军中除颜良、文丑之外数一数二的两员战将。尤其是张郃。张郃曾经应募参加镇压黄巾起义，后来归属冀州牧韩馥作为军司马。初平二年（公元191年），袁绍取冀州，张郃便率兵投归，任校尉。后来又因为在袁绍与公孙瓒争夺北方主导权的时候有重大的立功表现，因此得到了袁绍的重视。张郃也是当时最早提出来应该用重兵守护乌巢这个粮草重地的将领，但是无奈于袁绍的老毛病，建议没有被采纳。如是，这次的投降也可以说是因为气愤袁绍的倒行逆施、不听忠言而做出的悲愤之举。

曹操归来，见张郃、高览归降，心中欢天喜地，惜才之情顿时泛滥，亲自接见了二将，礼遇待之。再看那被捕的淳于琼，曹操见他狼狈不堪，鼻子也被人割去，心中不免感慨万千，念及旧情，便想开恩，放他一条生路。

说到曹操与淳于琼的交情，还要从汉灵帝中平五年（公元188年）说起。当年，淳于琼被任命为右校尉，与蹇硕、袁绍、鲍鸿、曹操、赵融、冯芳、夏牟并称西园八校尉，只是后来形势所迫，各为其主，淳于琼成了袁绍的部将。

曹操念及此，一时起了恻隐之心，在侧的许攸却是个狠心的主，一句"明旦鉴于镜，此益不忘人"将曹操驳得哑口无言。世道如此，许攸所虑可谓是绝后患，淳于琼遭受割鼻之屈辱，又是刚硬之人，若是饶他性命，日后不知会如何。曹操见如此，也就命人将淳于琼杀掉。而这许攸从这里就显现出他俨然以官渡之战帮助曹操夺得胜利的功臣自居，竟然能够随意地决定以前曾经和自己相共事的将军的命运，只是为了自己能够登上高位，此人心肠之狠毒可见一斑，这也就预示着此人未来不会有什么好下场。

许攸在曹操平定了整个北方之后便屡屡口出狂言，经常大声叫喊，狂放不羁，最终被曹操手下的大将许褚所斩杀，曹操只是"深责"许褚，并不以为意。许攸就这样走完了他的一生。许攸做的事充分警醒着世人，即便是自己有恩于他人，也绝对不能够因为这点儿恩德就抓住人家不放，希望人家一辈子都来报答自己，这样的恩德并不是恩德，而只不过是自己为了达到目的所做出的施舍罢了，如此品德之人最后是不会被别人瞧得起的，此为题外话。

袁绍营寨中弥漫着让人透不过气的气息，事情的发展已经超出了袁绍的预期，许攸离去，无以数计的粮草被烧掉，乌巢被曹军攻破，张郃、高览投降曹操，淳于琼被杀，这一连串的打击让袁绍绝望了。曹操兵力弱于袁绍数倍，却将袁军打得兵败如山倒，这是如何的惨败。过去是曹操兵弱缺粮、士气不稳，而现在换作袁绍为了自己的饭碗问题而忧愁了。恐慌情绪在士兵当中不断蔓延，毕竟没有人愿意在这种毫无后勤保障的战争当中去拼杀。面对这样的败绩，袁绍已经没有作战的信心了。

胜者为王，败者为寇，愿赌服输，袁绍承认了自己的失败，他率军撤退了。但是，曹操的目标却不在此，打败袁绍不是最终目的，让袁绍永无翻身之日才算是最终的胜利。曹操的大军一扫往日的阴霾，个个站得腰板挺直，反攻的时候到了。

曹操制订了乘胜追击的计划，便马不停蹄率军往袁绍撤退的方向追去，袁绍及其子袁谭率领八百士卒渡过黄河逃奔而去，其他人皆被曹操生擒。受降者收纳之，不归降者杀之，袁绍的谋臣沮授被擒，拒不受降，曹操因与之有旧情，便亲迎，想收为己用，沮授大叹一声："本初无谋，不相用计，今丧乱未定，方当与君图之。"曹操感慨："孤早相得，天下不足虑也。"沮授虽不肯屈服，曹操爱其才，赦免了他，但是沮授乃是忠义之士，日日寻思回袁绍处，曹操无奈，害怕纵虎归山，终成后患，就把他杀了。

袁绍及其子率领残兵到了黎阳，曹操一时也过不了河，袁绍总算是舒了一口气。但是官渡的惨败，给袁绍留下了阴影，袁绍一生清高自傲，每想及此，心中抑郁不已，不免忧劳成疾，强撑了两年，吐血而亡。

姑且称为是一代英雄的袁绍就这样离开了这个他征战了一辈子的世界。对于袁绍的评价只能用四个字："优柔寡断"。袁绍这个人在本质上并不坏，在执政方面并没有太多的失误，在他死后甚至出现了整条街巷的人都为袁绍哭泣的景象。

可以看到，袁绍在当地的民众中间还是有着相当声望的。但是人缘声望这些东西只不过是一个英雄可以称之为英雄的补充条件而不是必要条件。最最必要的决断力方面，袁绍比不上曹操，这就导致了他在官渡之战中的整体指挥和部署出现了一连串的问题。再加上他过于自傲的性格特点让他自己走上了一条不归路。陈寿在《三国志》当中这样评价袁绍："袁绍咸有威容、器观，知名当世。绍外宽内忌，好谋无决，有才而不能用，闻善而不能纳，废嫡立庶，舍礼崇爱，至于后嗣颠蹶，社稷倾覆，非不幸也。昔项羽背范增之谋，以丧其王业；绍之杀田丰，乃甚于羽远矣！"在这之中，陈寿将袁绍与一代霸王项羽相提并论可以说是十分恰当的。两个人都享有极高的声望，都拥有不错的实力，可都是在用人及优柔寡断上出了太多的问题终至失败。袁绍的霸业也就此停在了历史当中，只能给曹操在北方的全面崛起做一个小小的注脚了。

批量生产的荆州名士

曹操腾出手来后，准备把刘备这个隐患除掉，于是派大军征讨汝南，刘备知道自己不是曹操的对手，赶紧逃跑，投奔了荆州的刘表。刘备得刘表庇护，终得喘息，见刘表将荆州治理得井井有条，不禁心情澎湃，受创的伤口渐渐平复，野心再度生根、发芽，并在荆州这片沃土上茁壮成长。

刘表盘踞荆州十几年，从东汉兴平元年（公元 194 年）到汉献帝建安十三年（公元 208 年），荆州一直比较安定。荆州位于长江的南北两岸，有八郡之广，背靠中原，南向江东，地理位置十分重要。《后汉书·刘表传》记载刘表"开土遂广，南接五岭，北据汉川，地方数千里，带甲十余万。初，荆州人情好扰，加四方骇震，寇贼相扇，处处麇沸。表招诱有方，威怀兼治，其奸猾宿贼更为效用，万里肃清，大小咸悦而服之"。

刘表治理荆州有方，又鲜少参与战事，使得荆州免于战乱，由此成为谋士与文人的避难之地，众多声名远扬的士人隐居于此，可谓人才荟萃。而刘表又是一位颇具儒家理念的领导者，所以荆州就成了名士的世外桃源，时称"关西、兖、豫学士归者盖有千数"。

刘表对于隐居于此的名士，颇为礼遇，安慰赈赡，无不齐全，但是，人各有志，刘表虽然占据天时地利人和之时机，却无称霸天下之野心，只求自保，唯想偏安一隅，因此"有才而不能用，闻善而不能纳"的情形时时发生，这不禁让有抱负之士寒心，所以众多闻名于世的谋士虽隐居荆州，却并不为刘表所用，心怀大志而谋略出众的有志之士，诸葛亮、庞统、徐庶就面临着这样的境况，这不得不让人叹息，舞台辽阔，英雄却无用武之地。

群雄争霸之时，刘表依仗兵强马壮，实力压阵，不思进取，只求守得一席之地，这样的愿望在天下大乱之际，让荆州得一时之安定，呈现出一片欣欣向荣的景象。却不知，在这样一个群雄并起、天下纷乱的世道里，不求强大，只有被强大压倒，不把别人踏在脚下，就会被别人踩在脚下。优胜劣汰，社会就是这么残酷，井水不犯河水这样的日子，虽一时可得，却不是长远之策。

刘表心无大志、让荆州名士寒心，看清这样的形势，他们只有稳稳当当做个隐者。但是，理想的火花并没有熄灭，他们在等待时机，等待一个能让他们实现抱负，等待一个有野心的明主，刘备的到来，让他们眼前一亮，看到了希望的曙光。刘备是一颗闪亮的明星，到哪里都能成为焦点，领导者的魅力一览无余。

韬光养晦的日子该结束了，素有名望的徐庶伺机而动，首先迈出了第一步，奔向了刘备。其实徐庶在荆州多时，刘表也曾多次礼请徐庶出仕，到刘表麾下任职，但是徐庶对刘表之心无大志，优柔寡断颇为看不上眼，辞而不就。

刘备如丧家之犬一般来投奔刘表，却被徐庶认定，断定他刘备胸怀大志，才略过人，更重要的是懂得知人善任，日后必定能够成就大事。徐庶弃刘表而选刘备，显示了其识人的智慧，事实也证明，徐庶的选择是正确的。

话说刘备被刘表安排在新野，正愁无兵无粮，手下正缺少谋士，徐庶自动送上门，这让刘备喜不胜收，礼遇待之自是不用说，更是委以重任，授予军师一职。徐庶初来乍到，就被如此信任，不免心中感恩，以效犬马之劳。

徐庶又名徐福，自幼心怀大志，立志为民除害，做一名游走四方的侠士，所以少时便拜师学艺，武艺甚是了得。这样的志向造就了他疾恶如仇、打抱不平的性格，但是也正是因为这样的性格给他惹来了追杀之祸。

徐庶的一位朋友遭到了乡中恶霸的欺侮，使得家破人亡，徐庶受朋友所托，将恶霸铲除，为乡中除掉了一大害，却因此惹上了人命官司，无奈，为躲避官兵的追捕而远走他乡。

随着年龄的增长和理想的一次次挫败，徐庶越发感觉到，以一己之蛮力，无法从根本上解救人间疾苦，但见那东汉王室日益衰微，根基摇摇欲坠，无处不弥漫着硝烟的气息，诸侯纷争，各自割据一方，人民在夹缝里艰难生存。徐庶萌发了弃武从文的念头，掌握治国之本领，才能更好地造福百姓。徐庶确立了这样一个志向，便迫不及待投到读书求学之中，最终把自己磨炼成一个文武兼备的名士。

汉献帝登基以后，汉室更加动荡不安，战乱频发，民不聊生。徐庶为避战乱，与同窗好友石韬一起，举家迁到荆州，又闻刘表礼贤下士，便想在此实现一身的抱负，却见那刘表根本就无大志，一心偏安，更不能知人善任。徐庶叹息一声，虽有刘表的多次拜访，却都

——推辞，只是与荆州名士结交、躬耕度日，日日畅游，此举并非对入仕丧失兴趣，而在于韬光养晦，以待明主。

在荆州扎根以后，徐庶结识了此地的司马徽、庞德公、诸葛亮、庞统等人。司马徽是颍川（今河南禹州市）人，到荆州避难，孟公威是当地的士族领袖，两人关系甚是亲密，庞德公称司马徽为水镜先生，司马徽还有一戏称是"好好先生"。司马徽有经邦济世之才，却只潜心于讲学，若是有人让他品评时人，他总是以"好好好"相敷衍，人送外号"好好先生"。

庞德公对司马徽十分看重，将自己的侄子庞统送往司马徽处求学，庞统与司马徽二人相见甚欢，十分投缘，司马徽见庞统淳朴诚恳，却大智若愚，德才兼备，是个难得的奇才，司马徽称其为"江南第一名士"，可谓南州冠冕，后来，庞统果真成为一员声名远扬的谋士。

司马徽才学横溢，又颇具威望，自然被刘备看在眼里，痒在心里。此时的刘备正求贤若渴，若是能将如此有威望之人纳于旗下，自然会有众多追随者，尽管明了司马徽的心思，刘备还是亲自前往司马徽住处拜访，问天下大事。毫无悬念，刘备被非常坚决地拒绝了："儒生俗士，岂识时务。识时务者在于俊杰，此间自有伏龙凤雏。"

刘备见司马徽如此坚决也不再强求，便问"伏龙凤雏"所谓何人，"诸葛孔明、庞士元也"，司马徽也不多语，此话一出，便关门送客。

诸葛亮曾求学于司马徽，乃是司马徽的学生。诸葛亮与庞德公关系更是不一般，除了师生关系外，还结成姻亲，庞德公的儿子庞山民娶了诸葛亮的姐姐，从这一层面上讲，庞德公算是诸葛亮的长辈，所以，诸葛亮每次见到庞德公都要行参拜礼数。司马徽见诸葛亮志向高远，非常赏识，将其与庞统并称为伏龙凤雏。

徐庶入荆州以后，闻司马徽大名，也拜其为师，与庞统、诸葛亮成为同门师兄弟。徐庶与诸葛亮相见恨晚，二人甚是聊得来，来往日益频繁，成为至交。二人时常在一起谈论天下大事，探讨治国用兵之道。随着了解的加深，徐庶与诸葛亮被彼此的魅力所折服，渊博的学识，高尚的品格，独到的时政见解，高明的治国用兵之道，在日益的切磋与磨炼中，二人的情谊逐渐升温。

刘备来到荆州屯兵新野，走访名士，野心勃勃，却谦虚至极，徐庶在一次又一次的观察中，认定了刘备。司马徽也极力劝说徐庶去投奔刘备，徐庶便不再迟疑地投奔了刘备。徐庶在刘备麾下展现了卓越的军事才华，刘备颇为倚重，在刘备处站稳了脚。

徐庶见刘备确是可以效劳的明主，便向刘备极力推荐诸葛亮，刘备心中早就有了招揽诸葛亮之意，便毫不踟蹰前去拜访，便有了"三顾茅庐"的佳话。所以细说起来，徐庶才应该是刘备军中最有价值的谋士，因为他不但自己满腹经纶，还能够去选择对主公真正有帮助的人。

如果刘备没有徐庶的帮助，那么很有可能出现想找名士但却不能登门拜访的窘境，刘备将寄居在刘表这里，一声不响地给刘表看家护院，最后迎接曹丞相的到来。正是由于徐庶丰富的人际关系网络，才能够让刘备接触到这些为了躲避战火而暂居于此以寻求明主的名士。刘备也才能因缘际会地得到他后来最为重要的谋士诸葛亮，为蜀国的江山打下坚实的基础。

诸葛亮，我终于见到你了

诸葛亮，字孔明，琅琊阳都（今山东沂南县）人，生于汉灵帝光和四年（公元181年），父母早死，由叔父诸葛玄抚养长大，十五岁时跟随叔父诸葛玄到荆州避难，在此拜师求学，成为司马徽与庞德公的学生，诸葛玄死后，诸葛亮就结庐隆中，过着半耕半读的日子。

汉献帝建安十二年（公元207年），诸葛亮已经在隆中生活了十年，在这十年里，诸葛亮一边勤奋学习，一边了解天下大势，熟悉政治与军事，成为一个声名远扬的饱学之士。"凤翱翔于千仞兮，非梧不栖；士伏处于一方兮，非主不依。乐躬耕于陇亩兮，吾爱吾庐；聊寄傲于琴书兮，以待天时。"诸葛亮的这段话，反映了他的抱负，十年隆中，只为待天时。

隆中十年，诸葛亮把自己锤炼成一个百科全书般的通才，天文、地理、气象、阴阳、兵法无不通晓，琴棋书画样样精通。才华上毫不逊色，品行更是让人无可指摘，"淡泊以明志，宁静以致远"，这是诸葛亮一生的格言，锦衣玉食、富贵显达不是诸葛亮所求，他的目标在于更高层次的苍生事业，诸葛亮在这乱世之中仍能够保持中国士人传统的节操、气节、忠义，诸葛亮终其一生都在践行。

当然，刘备现下所知，仅仅是诸葛亮的一丝皮毛罢了，出于对诸葛亮才华的赏识，刘备与关羽、张飞带着厚礼，往隆中卧龙岗去拜访诸葛亮，只是，天不遂人愿，诸葛亮不在，刘备打算在隆中草庐等候，被关羽、张飞劝回。第一次，刘备失望而归，张飞心中的不满情绪已经泛滥。

第一次没有见到诸葛亮，刘备并没有气馁，正值寒冬腊月，大雪纷飞，刘备再次在关羽、张飞的陪同下，前去拜访诸葛亮，不料诸葛亮又外出未归，刘备惆怅不已，却也不敢懈怠，张飞是个直性子，脾气暴躁，没有耐心，见诸葛亮又不在家，心中恼怒，便吵着要回去。刘备见天色已晚，也不便久留，便写下一封信，表达了自己的敬仰之情，以及请诸葛亮出山协助自己救百姓于水火之中的请求。

诸葛亮归来，见了刘备的书信，心中所动，却并未有任何表示。刘备焦急，恐诸葛亮不肯接受出山辅助的请求，再次携关羽、张飞来访。此次拜访，三人产生了分歧，关羽与张飞认为诸葛亮徒有虚名，心高气傲，不值得三番两次的拜访，若非要请诸葛亮，令人前去差遣即可，何必劳驾刘备多次亲往。刘备将这二人斥责一番，坚持第三次入隆中拜访诸葛亮。

皇天不负有心人，诸葛亮终究是在家了，只是此时正值中午，诸葛亮小童来报，诸葛亮正睡午觉，不便打扰。张飞一听顿时火冒三丈，他一个粗人，哪里懂得这些文人的礼数，便上前要将诸葛亮唤醒，刘备心细如发，将张飞拦住，与关羽、张飞在外等候，直到诸葛亮醒来。

刘备的诚意，诸葛亮看在心里，终究被刘备精诚之心打动，后来，诸葛亮在《出师表》中描述此事并表达自己的知遇之恩："先帝不以臣卑鄙，猥自枉屈，三顾臣于草庐之中。"诸葛亮与刘备二人促膝长谈，诸葛亮见刘备心怀天下苍生，实为明主，尽管刘备此时正值潦倒落魄，仍旧毅然决定出山辅佐刘备。

这一年是汉献帝建安十二年（公元207年），刘备已49岁，诸葛亮仅27岁，君臣相见恨晚。刘备"三顾茅庐"开辟了事业的一个新局面，陈寿在《三国志》里记载刘备诸葛亮"君臣相遇，可谓希世一时"，裴松之也说"诚君臣之至公，古今之盛轨也"，可见刘备之"三顾茅庐"看似是一件刘备礼贤下士的小事，却是汉末历史发展进程中的一件重大事件，这主要得益于诸葛亮颇有先见的"隆中策"。

所谓隆中策，就是这次会面当中诸葛亮为刘备设计的整个成就霸业的路线，原文是这样写的："自董卓以来，豪杰并起，跨州连郡者不可胜数。曹操比于袁绍，则名微而众寡，然操遂能克绍，以弱为强者，非惟天时，抑亦人谋也。今操已拥百万之众，挟天子而令诸侯，此诚不可与争锋。孙权据有江东，已历三世，国险而民附，贤能为之用，此可以为援而不可图也。荆州北据汉、沔，利尽南海，东连吴会，西通巴、蜀，此用武之国，而其主不能守，此殆天所以资将军，将军岂有意乎？益州险塞，沃野千里，天府之土，高祖因之以成帝业。刘璋暗弱，张鲁在北，民殷国富而不知存恤，智能之士思得明君。将军既帝室之胄，信义著于四海，总揽英雄，思贤如渴，若跨有荆、益，保其岩阻，西和诸戎，南抚夷越，外结好孙权，内修政理；天下有变，则命一上将将荆州之军以向宛、洛，将军身率益州之众出于秦川，百姓孰敢不箪食壶浆以迎将军者乎？诚如是，则霸业可成，汉室可兴矣。"

这篇对话可以说是《三国志》当中最为翔实的一条记录，在惜字如金的《三国志》当中特别显眼。因为它完整地概括出了三国为什么将要成为三国，而刘备又要往何处走这样的问题。这篇"隆中策"主要围绕和针对曹操，当今天下能够与曹操相抗衡的，有江东孙权，可联合孙权抗曹操。但是在此之前，要先夺取荆州、益州，占有一席之地，荆州乃是用武之地，益州乃是天府之国，以这二地为根据地，南抚夷越，西和诸戎，等待时机与孙权联合，夹击曹操，以图天下。

诸葛亮与刘备一番交谈，顿感待到天时，觅得明主，便毫不隐瞒，精辟分析当世形势，提出"兴汉室，成大业"的战略。刘备听诸葛亮所言，如醍醐灌顶，敲醒了梦中人，对诸葛亮甚是佩服。

这是一次历史性的会面，它从根本上改变了刘备寻求出路的方式，以前刘备只是想做一个官员为朝廷效力，后来随着黄巾起义的爆发，刘备走上了争夺中原霸权的道路。总体而言，刘备一直是在硬碰硬，没有想办法进行迂回，与曹操几次硬碰硬的结果都是惨败，而诸葛亮的出现为刘备解决了最为关键的路线问题，其实就是"柿子拣软的捏"这个最简单的道理，刘备被这样的言论提醒了，终于让自己的事业走向了正途。

刘备以诸葛亮的"隆中策"为终极目标，从无立锥之地，一步一步走上三足鼎立的道路，这其中懂得运筹帷幄的诸葛亮立下了汗马功劳。

张飞爷爷一声吼

因刘琮投降了曹操，所以刘备率领大队人马，准备过江陵，与江夏刘琦会合，共同抵抗曹操。曹操在后穷追不舍，刘备让关羽走水路，分散曹操注意力，张飞带领先头部队入江夏刘琦处请求支援。刘备与诸葛亮一同往南而去，江陵物产富饶，刘备准备在此筹备物资，以供三军。但是，曹操不仅要捉刘备，也看中了江陵这块肥肉，便快马加鞭率领五千骑兵追赶刘备。

眼见曹军越来越近，刘备心急如焚，心中挂念关羽，刘琦的救兵迟迟未到，刘备遣诸葛亮亲入江夏，请求援兵。刘备士族众多，行军困难，诸葛亮前脚刚走，刘军就在当阳长阪被曹操赶上，一场恶斗即将展开。

刘备人多，包袱沉重，有生力量却有限，曹操气势汹汹，一顿猛追狠打，刘备无力抵抗。在这形势危急的时刻，刘备也顾不得亲情，仁义道德也弃之一旁，再次将妻儿丢下，更不用说新野、樊城两城的百姓了，刘备准备一拍屁股逃为上策。但是，曹操围追堵截，哪里能让刘备跑得掉。在战乱中，刘备家小与赵云皆失去音讯。

刘备奋力抵挡，仍不能突破曹操的重围，刘备绝望了，无救兵，无出路，刘备感叹毫无建树，却命不久矣。却在这时，听到了张飞的声音，原来张飞带领人马杀开了重围，前来解救。刘备顿时有了生气，跟随张飞一路拼杀，且战且退，行至隐蔽处，躲藏起来。

稍作喘息，正当刘备无计可施之时，却闻糜芳仓促来报，见赵云策马往北面的曹营方向而去，此去必定是投奔曹操了。张飞刚刚经历了一场生死拼杀，心中不悦，又闻赵云如此，想到，这赵云必定是见刘备山穷水尽，已经无利可图，很是识时务地投奔曹操去了，赵云为贪图富贵如此忘恩负义，让性情豪爽的张飞脾气大发，不加思考，便要去寻赵云，扬言要亲自将赵云捉拿。

刘备身处险境，思绪却清晰，赵云乃是患难之交，重情重义，袁绍重金收买，都不为所动，今日怎会为荣华富贵而背叛兄弟情义。刘备听糜芳再三坚持，心中仍没有动摇对赵云的信任。张飞性急，便即刻起身，要去弄个明白，刘备再三叮嘱，不可错怪赵云。糜芳亲见赵云北走，而刘备凭对赵云的信任，仍不怀疑赵云反叛，可见对赵云信任如此。《孙子兵法》云，"用人不疑，疑人不用"在刘备这里得到了很好的诠释，这也许就是刘备手下能够聚拢一批肝胆之士的一个重要因素吧。

另一头，赵云果如刘备所料，忠心耿耿，并无反叛之心。此时，正与曹军浴血奋战，解救刘备家眷。此事要从刘备退守樊城之时说起，诸葛亮出谋划策，安排好了退守事宜，并将一份重任交给赵云，保护刘备家眷。

刘备年事已高，却仅有刘禅一丝血脉。此次撤退，凶多吉少，刘禅方年少，若是有了闪失，刘备就会断子绝孙，所以此中关系甚是重大。赵云知道此任务必定要做到万无一失，不然就是刘家的千古罪人。

赵云心思缜密，犹豫片刻，这必须万无一失的重担，他是否能够担得起？赵云不怕死，为刘备可肝脑涂地，但是这护送之事，不比打仗，刀枪无情，一旦遭遇曹军，这老幼难以安置，恐怕就只能发生惨事。诸葛亮看出赵云心思，知此事确实为难，但是大敌当前，诸葛亮将其中利害一一讲明，赵云见如此，就只能挑起这重担，并暗下决心以性命保护刘备家眷。赵云对刘备家眷以性命相拼，誓死保护，刘备对赵云深信不疑，这君臣二人建立起来的绝对信任，可谓是肝胆相照，让人无限感慨。

当阳一战，曹军将刘军打得方寸大乱，刘备与妻小走散，赵云不负诸葛亮重托，独自一人寻找刘备家眷，曹军将其重重包围，曹操素闻赵云大名，又见赵云单枪匹马在曹军中厮杀，其气势难敌，便生出了惜才之情，让士卒不可伤赵云，以将其活捉，占为己用。

在曹操不得伤赵云命令的束缚下，曹军不敢放冷箭，又要把握力度，这反倒为赵云逃脱创造了条件，赵云救得刘禅与甘夫人，杀出重围，便寻刘备去了。

张飞率领几名士卒寻赵云，入当阳长坂桥时却闻阵阵马蹄声、厮杀声，见对面曹军正迎面而来，张飞心中一惊，再看身边士卒，寥寥几人，如何抵挡曹军。张飞虽武艺超凡，但也不是一介武夫，也有粗中有细的时候，张飞命人在一片树林遮掩的道路上扬起灰尘，以造成万马奔腾之势，给曹操唱一曲空城计，曹操果真中计，不敢再往前逼近。

张飞心中大喜，却不露声色，威风凛凛立于长坂坡上，横刀在握，威严尽显，张飞大喝一声，让曹军不寒而栗，纷纷不敢向前。《三国志平话》中有诗称赞张飞：

长坂坡头杀气生，横枪立马眼圆睁。

一声好似轰雷震，独退曹家百万兵。

曹操裨将夏侯杰，年轻气盛，自动请缨，力战张飞。夏侯杰年方二十一，是西汉夏侯婴的后代，自幼舞刀弄枪，武艺超人，骁勇善战，战功显赫，曹操曾无比自豪赞扬夏侯杰："夏侯麒麟真乃大将！"麒麟乃是夏侯杰的字。曹操的谋士贾诩也曾赞扬他，"麒麟真乃'麒麟帝'也"，军中常以"麒麟帝"称呼夏侯杰，可见这个夏侯杰不简单，也算是颇有名气之人。

张飞不怒自威，令曹军中多人丧胆，但是夏侯杰不怕，给张飞下了单挑的战书，曹操倒是乐得看好戏，两军中的勇将一对一单挑，这确实是一出好戏。高手相争，看点颇多，张飞与夏侯杰大战多个时辰，仍不分伯仲，张飞性急，有些耐不住性子了。

赵云寻得刘备，将刘禅与甘夫人送回刘备身边，刘备手握赵云肩膀，良久无语，眼中泪花闪烁，相对无言，心中却感慨万千，这对君臣同心同德，心中对彼此的信任更上一层。

赵云闻张飞在长坂坡，便带领士卒来到长坂坡，见张飞正与夏侯杰酣战，多个回合，仍不分胜负，张飞沉不住气，心中燥气满溢，竟有些不敌。赵云见此，趋马上前，与张飞共战夏侯杰。战争迅速升级，曹军之中顿时沸腾，加入战争行列，赵云负伤，策马而逃，去搬救兵了。

刘备派遣顾博领兵前来解救张飞，却被夏侯杰刺于马下，此役刘军大败，狼狈而逃，夏侯杰却是出尽了风头，立下了大功，曹操喜不胜收，加封赏赐自然不少。

老三惹祸老二救

当阳长坂一战，刘备几乎兵力全失，赵云受伤，张飞打不过，且战且退，将长坂桥拆掉，以阻止曹军前进。曹操见张飞如此，心中不免一喜，原来刚刚是中了张飞的计谋，林子后面的道路上扬起的尘土，不过是张飞的障眼法罢了，曹操知刘备兵力所剩不多，便连日让士卒在长坂河上架起了大桥，过河追刘备。

刘备提心吊胆盼张飞回来，一阵马蹄声，见张飞一身疲惫，飞马回来，心中的大石头终于落地，不禁佩服张飞只身抵挡曹操精锐，却听张飞说，曹军现今已无法过河，再问其缘由，得知张飞把长坂桥给拆了，刘备心口刚刚落下的大石头又提起来了。张飞勇猛无敌，智谋仍欠一筹，聪明如曹操，必定知道刘备军中无人，定会追来。

张飞后知后觉，听刘备将这其中缘由讲清，不免为刚刚的鲁莽而后悔，但是事已晚矣，自责也无济于事。刘备踱来踱去，心中没了计谋，诸葛亮、关羽不在身边，真是连个可以商讨之人也没有。张飞见刘备如此，心中焦急，自知闯了大祸，却也不敢插嘴。

曹操正连日修桥之事传来，刘备知事不宜迟，必须紧急撤离。在刘备的带领下，张飞、赵云等往汉津方向赶去，现下，唯有立即去投奔刘琦才能保命。只是，刘备心事重重，以今日之落魄，哪里有颜面去与晚辈刘琦相见，回想当时刘琦三番两次向刘备乞保命之策，刘备均以不干预刘表家务事为由敷衍，如今却要夹着尾巴去投奔。真是世事难料。

刘备身骑快马，心中却五味俱全，一阵骚乱，刘备神回当下，原来，江水挡住了去路，江有数丈宽，波涛滚滚，无一船只，纵有天大的本事也无法逾越。前有江水阻隔，后有曹操追兵，刘备让张飞前去探路，自己领兵在此等候，但见江面白茫茫一片，似有将人吞噬之气势。张飞快马十几里，仍不见江水之尽头，如此宽的江面，更不用说有桥梁了。刘备见张飞那霜打的茄子一般的冷脸，就知一无所获。

上天无路，入地无门，再见眼前这辽阔的江水，听着身后哒哒的马蹄声，知曹操已经到了不远处，刘备绝望了，命运已经将他逼到了死胡同，除非天降神兵。刘备仰天长叹，良久无语，众人皆不知道如何安慰，索性也不言语。如此一来，唯有江面呼啸不停，唯有哒哒的马蹄声不断，死神一步一步向刘备靠近。

刘备放眼望向随从，寥寥无几，却个个都是死士，不禁泪溢眼眶，自从起兵以来，颠沛流离，不曾过安稳日子，更不曾享受荣华富贵，刘备心中满怀愧疚。听曹军越来越近，刘备抱着一死的决心，准备破釜沉舟，背水一战。

刘备的思绪快速转动，毕竟是经历了多次生死离别、久经沙场的首领，能在这危急时刻迅速冷静下来，做到临危不惧。刘备正打算部署迎敌计划，却见那张飞扔下一句话，跃马而去。原来，张飞拆桥惹来麻烦，心中有愧，便单枪匹马前去会曹操了。

张飞快马加鞭，片刻就闻曹军气息，张飞见曹军行走在飞虎山的山间小路上，便爬上路旁山峰，以大石为掩护。但见山下曹军众多，以刘备的力量根本无法抵挡，但是，曹操在此，狡诈如他，以张飞之谋略，使计谋根本躲不过曹操的法眼。张飞也不再浪费精力去耍聪明，打定主意与曹操决一死战。

张飞怒目而视，眼中的怒火似要喷发而出，大吸一口气，张飞紧握蛇矛，就要冲将下去，却见对面山上隐匿着一支士卒，距离太远，张飞不知是敌是友，便不敢轻举妄为，只等时机，确定对方身份。

张飞目不转睛，注视着这两支军队，不消片刻，却闻对面山上一阵呐喊，直冲山下，但见那领头的，骑一匹快马，再细看之下，见此人正是关羽。张飞大喜，随即冲下山来，与关羽一同抵抗曹操，张飞见曹军在关羽面前不过如此，便大为放心，又想起刘备还在江边等消息，便告别关羽回去给刘备通风报信去了。

张飞多时不回，刘备心中七上八下，听人来报，一飞骑正往江边赶来，便料定是张飞，大喜，亲领赵云迎接，张飞将遇见关羽种种一一汇报，刘备喜不胜收，果真是天无绝人之路，绝地逢生，刘备紧握张飞手，激动万分。刘备见了关羽，千言万语都无以言说心中的喜悦。此次，关羽救刘备立下了汗马功劳，他的功绩簿上又添了一大笔。

后方还有曹操，逃命要紧，在关羽的安排下，刘备率领士卒往江夏方向而去。刘备到了江夏，见了诸葛亮与刘琦，逃难的日子告一段落。但是，但凡能够称得上英雄的，必然有些共同的特点，大业未成，永远闲不住就是其一。刘备刚刚坐稳了，就派诸葛亮前往江东，商议抗曹大事。

是我的就是我的

孙策占据江东以后，可谓意气风发，人称小霸王，乱世之中，可谓群雄中的佼佼者。不过孙策并不打算止步不前，野心勃勃的他，妄图争夺天下。这一计谋，对于备受拥护而有谋略的孙策来说，不是傲世轻物。

时曹操正与袁绍酣战，为防止腹背受敌，曹操事先将孙策安抚妥当，并与孙策结成姻亲关系。但是，利益面前，亲父子、亲兄弟尚且反目为仇，曹操的如意算盘没有打响。孙策见许都空虚，便想抓住这天赐良机，偷袭曹操的大本营，而与此同时，袁绍也派来了使者，打算与孙策里应外合夹击曹操。

孙策袭击许都的消息传来，曹操又惊又怒，兵力不足，本就与袁绍力量悬殊，此时又有孙策来袭，孙策不比袁绍，智勇兼备，更是一大祸患。但是曹操的谋士郭嘉却不以为然，"策新并江东，所诛皆英豪雄杰，能得人死力者也。然策轻而无备，虽有百万之众，无异于独行中原也。若刺客伏起，一人之敌耳。以吾观之，必死于匹夫之手"。（《三国志·魏书·郭嘉传》）

孙策的弱点就是恃勇无备，这一弱点被郭嘉一语点破，正应验了郭嘉这句话，孙策的大军还没有北上出发，孙策就由于自己的疏忽而遭遇了不幸。

汉献帝建安五年（公元200年），孙策意气风发，骑马去打猎，孙策一人快马在前，后面的随从逊色几分，根本无法跟上孙策的步伐。行至茂林处，孙策见一麋鹿，心中不免喜悦，便放松了警惕。茂林中有三个人，正目不转睛地望着孙策，悄悄弯弓上箭，瞄准孙策，三箭齐发，孙策正一心一意追赶麋鹿，根本来不及躲闪，仓促之间，面颊中箭。

孙策手捂面颊，剧痛传来，这时后面的随从赶到，将这三名刺客抓获，经审问，乃知这三人均是许贡的门客，因孙策杀其主公，便潜伏至此，伺机报仇。

因箭上有毒，孙策中箭以后，自感将不久于世，就将弟弟孙权唤至床前，交代后事，将东吴之事交于孙权，并言："举江东之众，决机于两阵之间，与天下争衡，卿不如我。举贤任能，各尽其心，以保江东，我不如卿。"孙策一语道破了二人优劣。这年孙权十七岁，承担起了保江东的大业。孙策临死前，交代了东吴以后的发展方向："中国方乱，夫以吴、越之众，三江之固，足以观成败。"并将群臣唤至身边，诚恳而艰难地道："公等善相吾弟。"（《三国志·吴书·孙讨逆传》）群臣见此，莫不为之惋惜，均让孙策宽心。是夜，孙策去世，年仅二十六岁，可谓天妒英才，英年早逝，唯有高唱"出师未捷身先死，长使英雄泪满襟"了。

孙权父兄打下了江东之地，孙权承担起守业的重任，初执掌江东，孙权倍感吃力，因基业尚未稳固，而鞭长莫及之地，又多不服，江东豪族不甘居于一个毛头小子之下，反抗之声此起彼伏。

诚如孙策所说，孙权有守业之能。孙权比之其兄，略显优柔寡断，当断不能断，犹豫迟疑之时，往往错失良机。而年轻人所具备的拼搏精神在孙权身上也逊色几分，闯劲不足，这就使他只能甘守父兄基业，而不能有所拓展。

孙权所具备的才能让其成为一个守业之主，首先他能够知人善任，举贤任能，虽生于富贵之家却能够体会民间疾苦，对手下、对百姓和颜悦目，不以威严相逼，甚得人心，人心归附便不成问题。孙权为巩固其统治根基，在用人上下了一番工夫，首先对孙策旧臣仍予以重任，待他们极厚，虽是他们的顶头上司，却仍怀着谦卑心态，虚心请教，真正做到不耻下问。

周瑜是孙策手下的一个重臣，见识非凡，颇有谋略，孙权对他"言必信，计必从"，周瑜感激孙权的知遇之恩，知无不言，言无不尽，将孙权当作至亲，以肝脑涂地之信念为孙权效忠。后周瑜提出招贤纳士之计，孙权欣然采纳，广纳贤士，并诚心相待，善用之，甚得文武之心，个个殚精竭虑为他效劳。

孙权凡事谨慎，每有大事，必然多方听取意见，鲜少刚愎自用，更不会一意孤行，这种谨慎自然有利有弊，群臣均可各抒己见，孙权从来都是捍卫每一个臣子说话的权利，综合群臣所抒，孙权拿定最后主意，这样的谋断，自然含金量就高，万无一失之概率也大。但是，谨慎也会常常让人迟疑不决，计谋难以早日定下，若是事态紧急，则会贻误时机。孙权在稳固统治之时，也不忘注重发展生产，养精蓄锐，富国强兵。其主要作为乃是效仿曹操，实行屯田制，屯田制让大片土地得到开发，士卒闲时耕作，忙时作战，做到两不误，增加了粮食仓储，为战事储备了足够的粮草。

当然，在孙权大力整顿内政，发展生产的同时，也不忘军事行动与外交活动，三伐黄祖，联刘抗曹，乃是其在守业之余，纵横捭阖，力图建立东南霸业的努力。

周瑜来加盟

孙权派鲁肃以吊丧为名，到荆州与刘备商议联合抗曹。鲁肃与刘备、诸葛亮达成一致意见，刘备便派诸葛亮与鲁肃一同去会见孙权，此时，孙权正屯兵柴桑，柴桑即将经历着一场辩论大战，关乎江东生死。

孙权自是不愿意将江东拱手送人，但是形势逼人，曹操号称有八十万大军，如此庞大，就算是孙刘联军能否与之相抗衡仍旧是个未知数，孙权犹豫了，抗曹的信念动摇了。眼见鲁肃一言不发，孙权知其必定已经有了谋略。

鲁肃一向支持联刘抗曹，孙权见其一言不发，只是低头沉思，将目光转向他，然后开始了漫长地等待，鲁肃依旧无语，若有所思的样子，孙权明了，知鲁肃心中必定已经有了谋略，只是在这种场合不愿意公开谈论而已。孙权的兴致被调动起来了，迫不及待想要听听鲁肃的高见。鲁肃早就注意到了孙权那满是疑问的目光，但是，群臣在侧，怕是口无遮拦，有所不便，鲁肃只求能够单独与孙权对话。

鲁肃抬头望向孙权，却见孙权那满是笑意的眼神，二人相视一笑，已经心有灵犀一点通。孙权借口如厕，鲁肃紧跟而入，君臣相见，孙权也不委婉，单刀直入，鲁肃也不含糊，一一相告。鲁肃所言将众多投降派文武官员贬低为没有骨气之人，更以专误主公评价之，确实是不敢在群臣面前直言。孙权听后,深感鲁肃全然为江东利益着想,不若群臣为一己私利。更让孙权茅塞大开的是,鲁肃一针见血指出孙权投降曹操将无路可走,"将军迎操,欲安所归",所谓"一山不容二虎",孙权就是第二个刘备,曹操已经尝到了放虎归山的恶果,难道还会放任孙权,而坐视不管?!

鲁肃能够想到孙权安危,估计江东之存亡。再观殿外诸臣,孙权十分感动,紧握鲁肃的手,眼中充满感激,对鲁肃更加器重。鲁肃此言,甚得孙权其意。信心有了,但是,残酷的现实,仍旧不曾改变如何与曹操八十万大军抗衡。孙权仰天长叹,无言。鲁肃知道孙权心中顾虑,便向孙权建议将周瑜召回,以共商军务大计。孙权也不迟疑,立即命人将驻守鄱阳的周瑜召回。

周瑜骁勇善战,且颇具谋略,跟随孙策征南伐北,立下了汗马功劳,每每战事凯旋,孙策总是亲自迎接。周瑜之名在江东越发响亮,时人总是亲切地将其称之为"周郎"。后孙策、周瑜得皖城,得乔公的两个女儿,就是当时有名的美人大乔、小乔。孙策也不独占,娶了大乔,而周瑜娶了小乔,自此结成了姻亲,关系更近了一步。

孙策被刺后,周瑜得孙策所托,一心辅佐少主孙权,手握重兵的他并不倚老卖老,更无反叛之心,对孙权也是以君臣之礼相待。

曹操为笼络人才,不惜挖墙脚。曹操看中有勇有谋的周瑜,想据为己有,便派人前去游说,周瑜不为所动,道"丈夫处世,遇知己之主,外托忠臣之义,内结骨肉之亲,言行计从,祸福共之。即使苏、张更生,郦叟复出,犹抚其背而折其辞,岂足下幼生所能移乎?"将曹操使者礼遇打发,足见其气量不俗。

在孙策死后,曹操为与袁绍死拼时无后顾之忧,更为牵制江东孙权，让其送子入京，以作人质。对于此事，周瑜坚决反对，为举棋不定的孙权坚定了信念，孙权拒绝了曹操的命令，显示了强硬的一面。脱离曹操牵制，为孙权后来不断壮大，出兵江夏免除了隐患。

周瑜被孙权召回，即刻站在了鲁肃这一阵营，一场针对投降派的斗争展开了。孙权再邀群臣议事，投降派仍旧是之前的一番言论，总而言之，就是迎曹操，周瑜忍将不住，拍案而起，厉声道：

"操虽托名汉相，其实汉贼也。将军以神武雄才，兼仗父兄之烈，割据江东，地方数千里，兵精足用，英雄乐业，尚当横行天下，为汉家除残去秽。况操自送死，而可迎之耶？请为将军筹之：今使北土已安，操无内忧，能旷日持久，来争疆场，又能与我校胜负于船楫，可乎？今北土既未平安，加马超、韩遂尚在关西，为操后患。且舍鞍马，仗舟楫，与吴越争衡，本非中国所长。又今盛寒，马无藁草。驱中国士众远涉江湖之间，不习水土，必生疾病。此数四者，用兵之患也，而操皆冒行之。将军擒操，宜在今日。"（《三国志·吴书·周瑜传》）

周瑜在此具体分析了曹操在江南用兵的各个不利之处，总结起来大致有三点：其一，曹操后患不除，将危及他的后方，曹操无法安心于江南作战；其二，曹军远道而来，在颗粒无收的寒冬打仗，粮草供应不足；其三，曹军擅打陆战，江南多水战，士卒对水战不熟悉，必然会水土不服，产生厌战情绪。他的这一番话，将孙权满身的热血都调动起来，最后周瑜满怀信心，慷慨激昂道："瑜请得精兵三万人，进住夏口，保为将军破之。"这掷地有声的保障，让孙权更加坚定了抗曹的决心。经历了一番辩论，孙权终于下定了决心，联刘抗曹的好戏就要上演了，赤壁之战拉开了帷幕。

各有各的"降龙十八掌"

曹操以全数兵力开赴赤壁，本想以绝对优势渡江，一举攻下江东，却不料初战失利。曹操低估了孙刘联军的实力，更将自己置于不可高攀的位置，踌躇满志的曹操意气风发，却让日益蔓延的独断专行逐渐将其吞噬，骄兵必败，曹操开门即败，这"骄"字可谓是头等功臣。

弱者易虚，强者易骄，自古就是一个难以逃脱的法则，在曹操身上也不例外。观曹操战官渡，征赤壁，这其中道理被曹操诠释得淋漓尽致。官渡一战，曹操那个谦虚，恨不得将头颅低入尘埃，让众人不禁感叹，希望在即。反观赤壁，曹操高高扬起头颅，就再也不肯低下了，却不料，被脚下的一块小石头绊了跟头。

战争一开始，曹军就将其弱势展露无遗，长途劳顿，不习水战，水土不服，更因疾病流行而无精力作战。一连串的问题远远超出了曹操的预想，而经历了战败的曹操并未从失败中悉心总结经验教训，将战败原因归结于军中蔓延的疾病，依旧一意孤行如故。

曹操仍旧是有信心的，毕竟胜败乃是兵家常事，一次小小的战败对于久经沙场的曹操来说，就是一个小指头的问题。曹操首战伤亡万余，以剩下之兵力横扫江东仍旧绰绰有余，这些曹操并不担心，令曹操眉头紧锁的是，如何能破对岸周瑜的水军。

水军是曹操的一个死穴，曹操在南征之前就在邺城建玄武池，以此训练水军，做好南征准备，但是，毕竟是天生的北方旱鸭子，只能是临时抱佛脚，没有成就大气候。占领荆州，曹操迫使刘琮投降以后，收编了荆州水师，然而，有多少士卒能够为这突降的曹操一心一德，拼死拼活，曹操高估了荆州水师的品行，也高估了自己的魅力。

曹操所带亲兵，在陆上战斗，个个生龙活虎，气势威不可当，但是到了水中，个个都成了霜打的茄子，再也神气不起来了。荆州水军虽然庞大，但是战斗力却难以让人信服，打仗，这生死攸关的时刻，任谁也是靠不住的，到头来，还是得靠自己的人马。当务之急乃是训练出一支足以与孙氏集团抗衡的水军。

长江水流湍急，船只颠簸，况且是在船只中作战，让北方来的士卒难以适应，如何让士卒快速适应颠簸的船只，曹操可是煞费苦心。这日，曹操令士卒将船只首尾连接，以此加强船只的稳固性，也便于训练士卒。

《三国演义》中，这一段被演绎成，曹操乃是听从了荆州名士庞统的建议，然后命令士卒用铁链将战船——连接起来，人马于其上如履平地，解决了船只颠簸的问题。这一说法，综观史书，并无确切记载，而在《三国志》中，也只是提到曹操将战船首尾相连，紧密联系在一起罢了。其推断原因有二：

其一，曹操善于用兵，这是众所周知，以曹操之谋略，不至于愚蠢到将船只用铁链固定，他应该能够想到，若是船只固定，周瑜领兵来袭，那将处于非常被动的局面。

其二，假设果真是曹操将船只固定，那么后来的黄盖诈降一事就成了画蛇添足。曹操既是已经将船只固定，那孙吴直接火攻岂不是省事，为何还要冒着这么大的风险去施苦肉计，由此可见，孙吴还不具备直接实施火攻的条件，也就是说曹操并未把船只捆绑，孙吴尚不能一举将曹军歼灭，这才有了黄盖诈降以图近距离接近曹营之事。

周瑜、黄盖二人商议半日，终得计谋，周瑜令黄盖写诈降信，送予曹操，以得曹操信任，一场针对曹操的阴谋展开了。

周公点火

这日，黄盖遭到周瑜毒打的消息一时之间传开来，消息很快传到了曹操的耳朵里，曹操抿嘴而笑，心中得意，黄盖扑向自己的怀抱确信无疑了。曹操志满意得，再看那江面布满的士卒，急切期待一场战争的到来，再一次的胜利正踯躅而来。

天气放晴了，这在江南实属不易，今日是个好天气，周瑜立于船头，感受着湿润的东南风，心情极其舒畅，一场战斗，决定生死的战斗就要拉开帷幕，尽管实力上与曹军仍旧悬殊，周瑜仍旧不乏信心。

今日不战，更待何时？想及此，周瑜不作迟疑，以黄盖为先锋，准备好十艘轻便的船只，里面满载着干草与膏油，然后用红色帷幕作遮掩，旌旗满布，甚为显眼。周瑜又令人预备了一批小船系于大船之后，做好逃跑的准备。在东南风的吹拂下，黄盖率领水师，顺江而行，浩浩荡荡往乌林而去。

黄盖立于船头，眼神坚定，面无表情，沉默不语，心中却是犹如这波涛汹涌，七上八下。此战背负着江东的希望，这份重担就压在身上，成败就在这一举之间，江东存亡无时不敲打着黄盖的心灵。看江中波涛滚滚，黄盖思绪万千，这一生经历了这么多，却从未如今日一般心情沉重。

黄盖的船只距离曹军越来越近，曹操立于船上，威风凛凛，看船只一步一步靠近。手下小将见有船浩浩荡荡而来，紧急来报，不料曹操早就知晓，碰了一鼻子灰。众人见江中船只，不知是敌是友，有谋士劝曹操早早作好打算，曹操却一口断定，船只是来投诚的，也不作打算。曹操心中洋溢着喜悦之情。只等与黄盖能够尽早相见，然后杯酒尽余欢。

黄盖越来越近，只有二里的距离了。曹操正准备率领部下前去迎接，却见那江中，火光一片，船只尽被点燃，情况不明，曹军骚乱起来。曹操迟钝，却已经明白这其中缘故，无奈，全无准备，仓促应战。

装满干草与膏油的船只，借着东南风之气势，越烧越旺，犹如无人驾驭的马匹一般，横冲直撞而来，曹军慌乱，船只首尾相连，一时之间根本无法分散，被点燃的船只，一艘延及一艘，火光冲天，人声鼎沸，东吴水军的那种气势，怎能用"磅礴"二字可以描叙。

黄盖其后，周瑜率领水军跟随，锣鼓阵阵，江东将领个个意气风发，士气大振，而曹军慌不择路，一时之间不知道如何应对。曹操见形势大去，已经无法挽回，再也坚持不下去，当机立断，命令士卒点燃剩余战船，引兵从华容道步行后退。

屋漏偏逢连夜雨，曹操领兵后退，刚刚下过雨的道路泥泞，行军困难，曹操又令士卒将甘草铺于地上，方便行路，却耽误多时，而后方，周瑜与刘备联军水陆并举，一路追随曹军，这样一来曹军死伤众多，有一半之余。

曹操率领士卒往江陵方向而去，到江陵以后，曹操恐怕战争失利造成北方政局不稳定，便马不停蹄往老家赶去，赤壁之战，以孙刘联军的胜利告终。

关于赤壁之战的失败，曹操个人一向将其归结为疾病所致，曾有言，"赤壁之役，值有疾病，孤烧船自退，横使周瑜虚获此名"，这点无可厚非。唐朝诗人杜牧的一首《赤壁》，将周瑜之胜利归结为借东风之力，"折戟沉沙铁未销，自将磨洗认前朝。东风不与周郎便，铜雀春深锁二乔"，这也有合理之处。

关于赤壁之战的意义一直是三国史学界长期讨论的内容之一。对曹操来说，赤壁之战可以说是曹操头一次遭受到的重大挫折，没有一次失败让曹操如此地刻骨铭心。可以说赤壁一战耗光了曹操长期积攒下来的雄厚资本，让曹操不得不将他统一的计划一拖再拖，直至最后带着对统一的渴望去世。曹操在此次大战之后再也没有涉足中国的南方地区，这一大片大好河山从此与曹孟德绝缘。

对刘备来说，他终于得到了一个十分难得的喘息机会，这也是他头一次战胜曹操，这样的胜利可以说是爆炸性的，一下子就改变了刘备与曹操之间的力量对比，让曹操不能够再轻易地击溃刘备。另一方面，刘表死后荆州就投靠了曹操，现在曹操兵败，荆州就成为一块"三不管"的地盘，这对于自古以来就是兵家必争之地的荆州来说是十分罕见的状况，是上天赏赐给刘备的一个绝好的机会。赤壁之战后，刘备迅速在荆州扩展自己的地盘，终于超过了他在徐州时期所占有的土地，这为刘备完成诸葛亮西进益州，三分天下有其一的战略目标铺平了道路。

对孙权来说，赤壁之战的胜利，让江东摆脱了一次严重的危机。为江东地区经济的开发与发展准备了充足的时间，更加巩固了孙家对这一地区的控制。

总体说来，赤壁之战让曹操失去了统一南北的机会，终其一生，曹操也没有了却他的这一夙愿，孙刘联军的胜利，开创了三分天下的局面，一个崭新的时代诞生了。

先把夷陵围起来

赤壁之战，以孙刘联军的胜利告终，这一胜利，不能不归功于孙刘联合抗曹这一先见的实践。火烧赤壁一战，黄盖功不可没，以诈降为起点，充分利用曹操轻敌冒进之心理，谋略得以成功实施。孙刘联军自始至终和衷共济，同仇敌忾，终于打得曹操烧战船，丢士卒，狼狈而逃。

赤壁之战胜利以后，孙刘联军的矛盾浮出水面，当诸葛亮的"隆中对"遭遇鲁肃的"榻上策"，双方有了共同的终极目标，那就是一统天下。同舟共济终究是要分道扬镳，甚至会反目为仇。

首先，让孙刘起冲突的是荆州问题，荆州均在他们的战略目标之内，矛盾就变得不可调和。但是当务之急却不是解决矛盾的最佳时刻。因为曹操走了，曹操的势力却没有被彻底消除，江陵是一个重要的战略基地，曹仁与徐晃据守江陵，就存在绝地反击的隐患，必须除之，方能巩固赤壁之战的胜利。因为曹操的牵制，孙刘双方在处理这一矛盾时不能不有所克制，才避免了矛盾尖锐化，但是，孙刘相争是迟早都要面对的问题。

曹操北归，曹仁与徐晃在江陵防御，周瑜与程普率领数万之众乘胜追击，两军交战，周瑜不敌，败下阵来，被迫退守长江南岸，孙刘两军再次隔江对峙。江陵攻防的天平，两军一时之间难以打破平衡。

孙刘两军久持不下，江陵一时之间难以攻下，这时，甘宁向周瑜献计。江陵上游有夷陵，若能将夷陵攻下，然后东西夹击曹军，瓮中捉鳖，手到擒来，攻下江陵不在话下。周瑜听后，甚是赏识，命甘宁率领数百名精锐去取夷陵。

甘宁率领士卒，日夜兼程，靠着夜幕的掩护，以出其不意，攻其不备之势，一举将夷陵拿下，并做好防御工作，然而，毕竟士卒有限，夷陵的防御并不坚固。曹仁得知甘宁攻战夷陵，立即调兵遣将，亲自率领六千余士卒来攻。曹仁到夷陵以后，将其团团围住，并在城外筑成高台，高台之上，众矢齐发，飞入城中，城中一片恐慌，士卒躲闪不及则被乱箭射伤、射死。

连续几日，曹仁借着乱箭的气势，取得了夷陵之战的绝对主动权，但是，夷陵城仍旧不能破，夺回夷陵这一战略要地的计划仍毫无头绪。夷陵城内，甘宁所带士卒不过数百，加上新增投诚士卒不过千人，士卒惊慌失措在所难免，但是，甘宁仍能够镇定自如，谈笑自若，只是命令士卒加强防备，这就如同给属下吃了一颗定心丸，士卒也有了信心。

周瑜在江陵与曹军对峙，接到甘宁的求救，便要去营救，这一决议，遭到诸将的反对。江陵曹军乃是主力部队，周瑜兵力本来就难以与曹仁抗衡，现下若是再分兵入夷陵，恐怕曹军会乘机进攻。面对诸将的反对，周瑜迟疑了。这时，吕蒙站了出来，力辩诸将，并毛遂自荐愿意领兵前去营救，周瑜应允。周瑜以凌统守江陵，亲与吕蒙前往夷陵营救。

在入夷陵之前，周瑜还接受了吕蒙的意见，派遣三百士卒，采取各种手段将夷陵入江陵的必经之路堵塞。这样一来，曹仁一旦败退，将不能迅速逃奔，以吕蒙之推断，曹军很有可能舍马而走，孙吴士卒可以趁此追击，并可截获曹军物资。

周瑜、吕蒙入夷陵，鼓舞士气，与甘宁内外夹击，曹仁大败，仓促而逃。正如吕蒙所料，曹军慌不择路，在阻塞的道路上，舍弃马匹，步行而逃，损失更加惨重。甘宁则乘胜追击，曹仁败得惨不忍睹，这一仗周瑜率领士卒凯旋。

当周瑜在江陵奋战的时候，孙权也没有闲着，他亲领士卒北攻合肥，攻城数月，仍旧没有攻下。这时，曹操赤壁战败，率领主力部队北归，孙权听闻曹操派张喜领兵援救合肥，便主动撤兵，途中与张喜遭遇，太史慈战死。

曹操很不服气地北归，却也清楚地认识到，南征不是轻而易举能够做到的，认识及此，曹操也就对南征之事释然了，转而专心经营北方事宜。

四郡入手，我很欣慰

曹仁狼狈而逃，周瑜救甘宁，得夷陵，以士卒防守，便率军横渡长江，驻扎在进逼江陵的长江北岸，准备与曹仁再决雌雄。将领意气风发，士卒斗志高涨，周瑜准备乘胜追击，做好了攻打江陵的准备。

周瑜紧张地忙碌着，他的盟军刘备也没有闲着，刘备率领主力在荆州游荡，得荆州四郡，轻而易举占领了胜利果实，可以说，刘备在赤壁之战中大获其利，"河蚌相争，渔翁得利"虽不恰当，却是刘备的真实写照。

从被曹操打得毫无还手之力，狼狈如丧家之犬，到成为占有一席之地的荆州牧，刘备几起几落，却最终在赤壁之战中成了最大的赢家。自此，刘备走入风水宝地，踏上发家致富之道。江东士卒的尸体，为刘备铺好了前进的道路，刘备不得不感谢周瑜的恩赐。

周瑜意气风发，连战连捷，与曹仁作最后的较量，刘备则步步为营，为铺后路而奔波。刘备先是上表朝廷推荐刘琦为荆州牧，刘琦作为刘表的长子，在荆州的影响与势力是无人能够取代的，这一步棋，刘备走得恰到好处。

　　刘备派遣诸葛亮与关羽、赵云领兵，打着刘琦的名号四处游说。在其说服之下，长沙太守韩玄、桂阳太守赵范、零陵太守刘度归降，不够识时务的武陵太守金旋则宁死不降，最后命丧黄泉，四郡均归于刘琦的名下。令刘备欣喜的是，这时刘琦病死了，这真是死得恰到好处。刘琦死后，在刘备与诸葛亮的共同操纵下，荆州将士推举刘备为荆州牧，刘备顺理成章地接管了四郡。

　　刘备地位坐稳以后，就领张飞入江陵协助周瑜，周瑜得夷陵，与曹仁对峙，虽然有先前取得的胜利可以鼓气，但是，要拿下江陵也不是轻而易举。刘备到了以后，便献上计谋。江陵城内粮草众多，曹仁防守江陵可旷日持久，长此下去对孙刘联军有弊无利，不若横渡夏水，从曹仁的背后骚扰，以分散他的注意力。

　　周瑜采纳了刘备的建议，分兵两千于他，让刘备按计划行事。刘备这一计谋确实高明，曹仁背后受敌，必然会领兵防御，周瑜趁此袭击，必然大获全胜。但是，天有不测风云，理想总是美好的，现实却是残酷的，就在刘备领兵北去的时候，遭到了汝南太守李通的阻拦，刘备兵力不足，难以与之对抗，刘备北上的计划被迫流产了。

　　曹仁一败再败，优势丧失殆尽，恼羞成怒的他向周瑜下了战书，两军一决雌雄的激战就要开始了。

带病坚持工作

以周瑜所处境地，形势对他是十分不利的。无论兵力还是财力，曹仁均占有优势，况且，守城容易，攻城难。周瑜的优势就是将士士气饱满，个个奋勇争先，有这样一支军队，周瑜满怀信心，才会毫不犹豫接下曹仁的战书。

正当曹仁一心与周瑜激战之时，曹仁后方冷不丁冒出一支军队，受到出其不意的一击，曹仁气急，却闻手下来报，乃是刘备的千余士卒。

原来，刘备与李通一番激战，终究是过了夏水，率领剩余的千余士卒，从曹仁后方而来。刘备虽仅仅有千余士卒，但跟在屁股后面终究是隐患，曹仁背腹受敌，不得不分兵抵挡，这样一来，就给了周瑜以喘息之机，周瑜趁此猛攻，曹仁前进不得，后退不得，进退两难。

曹仁没有三头六臂，只能是顾此失彼，在与周瑜、刘备的周旋中，处于被动挨打的局面。在腹背受敌的情况下，曹军乱了阵脚，失了方寸，混乱起来，曹仁见如此，再战已经毫无优势可言，便鸣锣收兵，退到江陵城内不出来了。

周瑜率领士卒继续攻城。曹仁城门大关，在城墙之上布满弓箭手，万箭齐发，乱箭从城墙上雨点一般落下，江东士卒顿时乱了方寸，走在最前面的周瑜被乱箭射伤，伤势严重，无法领军，孙刘联军无奈撤兵。

曹仁躲入江陵城，时刻关注周瑜情形，对周瑜中箭一事，起初并不知情，闻周瑜仓促撤兵，并多日不见动静，心中诧异，便派人前去打听，探子带回的消息让曹仁精神一振，心中大喜，已经熄灭的希望之火又重新燃烧起来。

　　周瑜中箭，卧病不起，自然不能领兵打仗，江东士卒没有了周瑜的领导，就成了一盘散沙，若是趁此时机，主动出击，胜利的概率就大大增加，曹仁打着如意算盘，便立即部署起来。曹仁整军待发的消息传到周瑜的耳朵里，周瑜在床上再也躺不住了。他一身戎装，出现在士卒面前，威风凛凛如昨日，士卒哪里还看得出周瑜身负重伤，但是，周瑜身边的人却清楚，周瑜是强撑着负伤的身体。周瑜检阅士卒，鼓舞士气，看士卒斗志昂扬，周瑜一颗悬着的心，总算是重归原位。

　　周瑜做好了迎敌的准备，曹仁却畏惧了。原来，曹仁对周瑜十分忌惮，便再次派人打听周瑜近况，却闻周瑜检阅士卒，知周瑜伤势并不严重，周瑜仍能够亲领兵，又听说江东士卒在周瑜的鼓舞下雄赳赳，气昂昂，便不敢轻易开战，取消了主动出击的计划。曹仁不来攻，正合了周瑜的心意，周瑜伤势未愈，正期待能够有机会养病，曹仁为其创造了这么一个机会。周瑜安排部署好防御事宜，又重新回到病床，专心养伤，没有几日，箭伤基本痊愈。

　　一个意气风发的周瑜回来了，曹仁的安稳日子再次动荡起来。周瑜整军，有破江陵之气势，曹仁不得不做好迎战的准备，两军对峙一年之余，正当待发之时，北方的曹操却来了命令，令曹仁从江陵撤兵，退守襄樊。

　　曹仁放弃江陵，退守襄樊，周瑜顺理成章地接管了江陵，得江陵对据荆州有着至关重要的作用。周瑜拿下江陵，这正弥补了孙权围攻合肥失败的失落。孙权分外高兴，便将周瑜提拔为偏将军，兼职南郡太守，镇守江陵重地。

都是枭雄谁怕谁

周瑜攻下江陵，关羽、张飞已经将荆州四郡纳入刘备旗下。汉献帝建安十四年（公元209年），新任荆州牧刘琦很是适时地病死，刘备顺理成章坐上荆州牧的位置。眼见刘备从一个落魄武生成为当世枭雄，羽翼日益丰满，有夺荆州之势，孙权心中焦急，却也不得不正视这个既成事实。周瑜见赤壁之战的成果日益被刘备洗劫，担心刘备成为日后隐患，便向孙权谏言，借机将刘备扣留，一绝后患，但是，孙权另有他算，没有接受周瑜的劝诫。

曹操从江陵撤兵，屯兵襄樊，势力仍然不可小觑。鉴于此，孙刘联盟的存在仍然有必要，为与刘备结好，孙权表刘备领荆州牧，使刘备这个荆州牧坐得名正言顺。这年，周瑜得江陵，孙权命其在江陵划出一地给刘备，让其驻守公安，不仅如此，孙权为对付曹操，加强与刘备的联盟关系，孙权还将自己的妹妹孙夫人嫁给刘备，成为姻亲，历史上称"进妹固好"。

刘备羽翼逐渐丰满，毕竟还在孙权的控制之下，对于孙权仍然忌惮三分，孙权以其妹相许，刘备自然不敢反对，况且能够娶到年轻而有胆识的孙夫人对他来说未必不是一件好事。孙权、刘备二人一拍即合，孙夫人的命运就在二人谈笑之间瞬时转变。

孙夫人的人生瞬间天翻地覆，她的身份不同了，由吴国郡主成为一代枭雄的夫人，因此才有了"枭姬"这样的称号。当然，这个称号绝对不是因为成为刘备的夫人而得到的附加值。若是如此，刘备一生有多个夫人，为何他们不能如孙夫人一般名声显赫？孙夫人被称为枭姬，多半是个人魅力的体现。

刘备得此娇妻，心中却并不欢快，毕竟，一个整日弄刀舞剑的夫人，反倒能唤起男人心中的自卑，况且这个夫人是孙权之妹，刘备心知肚明，孙夫人不过是孙权安插在自己身边的一颗棋子，前来监视他罢了。

在孙夫人面前，刘备畏畏缩缩，将自己的野心紧紧隐瞒，就连诸葛亮也不无感慨地道："主公在公安时，北畏曹公之强盛，东惮孙权之进逼，近则惧孙夫人生变于肘腋之下；当此之时，进退狼跋……"

人在屋檐下，不得不低头，刘备忌惮孙权，对孙夫人自然不敢忤逆，所以在公安的日子，二人倒是相敬如宾。刘备嘘寒问暖，无不体贴，孙夫人安心做起了居家小女人，对孙刘两家的纷争全然不参与，毕竟，一个是娘家，一个是夫君，这其中的关系，让孙夫人左右为难。孙夫人是聪明人，索性谁也不帮，采取中立态度，冷眼看虎斗。孙夫人表面的平静，终究无法掩盖内心不平的波澜，毕竟心中进退维谷。

在此，我们不敢妄断刘备对孙夫人感情的真假，但是，刘备在返回荆州谋得一席之地，足以与孙权抗衡后，对孙夫人的态度就截然不同了，不管不问不说，更是有了新欢，把旧爱抛之云外了。以此来推断，我们似乎可以有隐约的论断，刘备正如孙权一样，不过是在利用这颗棋子罢了，这样虚伪的爱情麻痹了孙夫人的戒备心，一步一步落入刘备设好的陷阱之中。

用婚姻巩固和发展两个政治集团暂时的友好关系，这在历史上一向是一个屡试不断的手段，因此女人就成了政治婚姻的牺牲品。对于女人来说，能够在这样的政治婚姻中得到幸福者凤毛麟角，因为姻亲关系仍然不能阻挡日益膨胀的野心，当条件成熟，有谁还在乎这只有一层薄纸一样的姻亲关系，女人理所当然就被抛弃了。

　　曹操占据北方，势力强大，孙权虽然屡胜于他，但仍然畏惧，江东以一己之力抵抗曹操，不在力所能及的范围，需要刘备对曹操的牵制，所以，一次一次向刘备伸出友好之手，但是随着两个势力集团的发展，这层关系终究是会被打破的。

荆州先借用一下

　　刘备娶孙夫人之后，孙刘集团在一段时间内相安无事。刘备以荆州四郡为发展基地，因为江陵的阻挡，却难以向外扩张。荆州有七郡，南阳（今河南西南）、南郡（今湖北西部）、江夏（今湖北东部）、长沙（今湖南东北）、桂阳（今湖南东南）、武陵（今湖南西北）、零陵（今湖南西南）。

　　当时的形势是，曹操占据南阳，以及南郡北部的襄阳；孙权占据南郡大部分与江夏，荆州重地南郡首府江陵也在孙权手中，由周瑜坐镇。刘备则占领荆州四郡，零陵、武陵、桂阳、长沙。刘备被推举为荆州牧，并且占领荆州大部分地区，荆州之地可谓是刘备的天下，但是，江陵被周瑜镇守，这就阻挡了刘备的扩张。刘备向北不能进，向西则不能占益州，因此夺取江陵至关重要。

　　汉献帝建安十五年（公元210年），大婚之后的第二年，刘备以省亲为名，离开荆州前往江东，面见孙权，请求借荆州，这里说的借荆州其实是借周瑜镇守的江陵。然而，雄才大略如周瑜，刘备野心勃勃，满心扩张，周瑜又何尝不想？刘备的这一请求，立即得到周瑜的反对。周瑜置孙刘姻亲这层关系于不顾，高瞻远瞩，提出将刘备拘留，以免放虎归山，留有后患。然而孙权出于种种考虑，没有采纳周瑜的建议。孙权步了曹操的后尘，犯了与曹操同样的错误，也许不久以后的某一个时刻，孙权想起此事，不得不为这一决定而后悔莫及。

正当江东将领为刘备借荆州一事众说纷纭之时，曹操又有了新的动向。赤壁之战以后，曹操虽然有所收敛，然而毕竟饿死的骆驼比马大。贼心不死的曹操仍在四处张望，看准了四川这块宝地。然而，周瑜已经有了取四川并张鲁，然后占据曹操防御前线襄阳的计划，襄阳一破，中原的门户就大开，这样一来，破曹操就指日可待了。

周瑜计划周密，如意算盘打得也很妙，此计划一出，孙权不得不为周瑜的气魄所折服，满口支持周瑜的计谋，并委任周瑜全权处理此事，然而，天有不测风云，人有旦夕祸福，就在周瑜意气风发，去往夺取四川的路上，周瑜箭伤复发，不幸身亡。

孙权以鲁肃接管周瑜事务，领江陵事务，又任命程普为南郡太守，局势暂且得到稳定。刘备借荆州之事再次提上日程，周瑜是坚固的强硬派，对此事坚决反对，他这块绊脚石消失以后，事情的发展有了转机。

接任周瑜事务的鲁肃，在赤壁之战前夕，曾亲手促成孙刘联盟，此刻他仍旧是孙刘联盟的强力支持者。"备诣荆州见权求都督荆州，惟肃劝权暂借之共拒曹公。"（《三国志·吴书·鲁肃传》）周瑜去世以后，鲁肃的意见就格外受到重视。鲁肃进谏孙权道："将军虽神武命世，然曹公威力实重。初临荆州，恩信未洽，宜以借备使抚安之。"

孙权接受了鲁肃的意见，把江陵借给刘备。

按照常理推论，刘备去孙权处，无异于羊入虎口，有去无回。曹氏集团中多数人抱着这样的心态，这其中包括曹操，他们只等看好戏上演，然而，孙权的决定，让曹操大吃一惊，事态的发展太突然，结局太出人意料。这日，曹操正在书房练笔，忽闻孙权将荆州借给刘备，曹操不禁失态"笔落于地"。其实，在此之前，曹操的谋臣程昱就已预料到这样的结果，他曾对曹操道："权所惮者曹公无敌于天下……权虽有谋，不能独当也。刘备有英名，关羽、张飞皆万人敌也，权必资之以御我。"曹操对此不屑一顾，并没有放在心上。

孙权"以土地业备"，这对曹操来说，倍感压力。一个劲敌的出现，使得曹操在以后的策略中不得不在思想上有所顾虑，行动上有所收敛。刘备悄然崛起，加入称雄争霸的行列中，三国鼎立的局面，正一步一步走向成熟。

收获一个魏公的封号

曹操自南征失利后，决定向西拓展。汉献帝建安十六年（公元211年）三月，作为丞相的曹操派遣司隶校尉钟繇，进攻盘踞在汉中的张鲁，同时，曹操又派出大将夏侯渊等人率军取道河东郡与钟繇会合。曹操想取汉中的如意算盘打得很好，但是他忽略了一点，在战乱纷纭，群雄逐鹿的时代，弱肉强食，各地割据诸侯时刻盯着其他诸侯的举动，生怕自身被吞并。曹操如此大规模的军队调动，自然难逃关中诸将的眼睛。关中诸将都怀疑钟繇要害自己。"是时关中诸将疑繇欲自袭，马超遂与韩遂、杨秋、李堪、成宜等叛"（《三国志·魏书·武帝纪》）。

所谓先下手为强，后下手遭殃，马超、韩遂、杨秋、李堪、成宜领兵反抗，集结了十万羌、胡、汉人混杂的军队，屯于潼关，准备进攻，弘农、冯翊多个县邑起兵响应，百姓都逃入汉中。

　　建安十七年（公元212年）五月，曹操诛杀马腾全家，灭其三族。该年七月，马超驻守蓝田的残部也被夏侯渊讨平。至此，曹操基本消除关西叛军威胁中原的忧虑。经过短暂休整，其年十月，曹操又欲率军南征孙权。

　　曹操戎马征战，鞍马劳顿，的确凸显英雄风范，但曹操为的不是汉室，他为的是自己，一尽平生之志。曹操欲南征孙权之时，已是丞相职位，位极人臣，备极荣耀。因此，曹操功劳虽大，却无法在职位上再行晋升，但是在名位上，曹操却还有向上的空间，只是，曹操本人不好表示，而曹操的下属董昭，已将此点想到了。

　　曹操在进军濡须口的过程中，战事历时良久却没有取得突破性的进展，于建安十八年（公元213年）夏四月回到邺城。其后，朝中群臣上书献帝要求曹操晋爵魏公的奏章如雪花般飞来，迫于压力，五月初十日，汉献帝宣布封曹操为魏公。

　　曹操得封魏公，可以在自己的属国设置百官，其狼子野心，昭然若揭。此后，曹操可以名正言顺地任命贤能担当属国之职，拥有归属于自己的忠诚党翼。

益州是个好地方

　　益州险塞，沃野千里，天府之土，高祖因之以成帝业。刘璋暗弱，张鲁在北，民殷国富而不知存恤，智能之士思得明君。

——诸葛亮《隆中对》

　　益州，是西汉时期开始设置的行政规划，其范围包括今天的四川盆地和汉中盆地一带。秦朝时，郡守李冰在此修建都江堰，所以益州属地又有天府之国之称。汉高祖刘邦据益州取得天下，三国时，诸葛亮作《隆中对》提及占益州而三分天下。刘备就在此建立蜀国，成就帝王之业。

元封五年（公元前 106 年），汉武帝在全国设 13 刺史部，云南地区为益州部。东汉时，中央对全国的行政区划做了一点改动，把四川也纳入了益州的范围。因此，在东汉后期，益州的管辖范围是非常大的，益州是当时天下十三州中最大的三个州之一。

刘璋任益州牧时，赤壁之战刚发生不久。周瑜见刘璋受到张鲁侵扰，就去拜见孙权，向孙权建议夺取益州。孙权考虑，益州险要富饶，自己不取，别人就取了，要是曹操修整好，攻取下汉中、益州，那么自己恐非其敌，迟早会被吞并，于是就同意了周瑜的建议。孙权同意出兵益州后，为了保险起见，邀请刘备共同出兵。

诸葛亮曾在其著名的《隆中对》中帮刘备分析天下形势，里面有这样一句"益州险塞，沃野千里，天府之土，高祖因之以成帝业。刘璋暗弱，张鲁在北，民殷国富而不知存恤，智能之士思得明君"，意思是，益州地理位置险要，肥沃的土地绵延千里，汉高祖刘邦依据它成就帝王之业，如今，刘璋实力薄弱，张鲁又在北面侵扰，百姓殷实国库富足却不知道体恤珍惜，有才能的人都希望有明君过去统治。刘备听过诸葛亮的分析，当然知道益州的价值，如今，孙权邀他共同攻打益州，理应同意才是。但是，刘备却拒绝了，他心里有着自己的打算。

荆州主簿殷观在孙权遣使邀刘备共取益州的时候，向刘备进言，帮刘备分析和孙权出兵共取益州的不利之处：现在益州刘璋虽然无能，但两代经营多年，还是有着雄厚的基础。如果接受孙权的邀请，作为前驱攻打益州，益州未必能攻打下来。这时孙权出兵在后，如果被刘璋的军队和孙权的军队乘机夹击，那就太不划算了。现在的办法是假意同意与孙权攻打益州，但我们不出兵，只说刚占领许多州县，社会不稳，还需要时间调整，不能轻易出动。孙权离益州比较远，他一定不敢独自攻打益州，如果这样行事，就算孙权攻打益州，我们也能坐收渔翁之利。刘备一想，殷观说得很对，孙权和益州之间夹了一个荆州，他如果攻打益州，一定要先越过这道防线，就算他打下益州，自己可以近水楼台先得月。利害关系一想明白，刘备就有了主意了。

刘备给孙权回了一封信，"备与璋托为宗室，冀凭英灵，以匡汉朝。今璋得罪左右，备独竦惧，非所敢闻，愿加宽贷。若不获请，备当放发归于山林"。刘备实在是说得很动听，自己与刘璋都是汉朝宗室，希望凭借先辈英灵，努力使汉朝复兴。现在刘璋得罪了您，我只有感到惊惶恐惧，不愿听到这种事，希望您能宽恕他。如果我的请求得不到您的允许，我只好逃到山里当隐士。刘备拒绝孙权共同取益州的邀请后，原来到江陵准备出征装备的周瑜也病逝了，孙权十分伤痛，便取消了攻取益州的计划。

此时的刘璋，正在成都城内怡然自乐，却不曾想到自己的地盘已经被孙权和刘备惦记了一回了。一个小孩子拿着珍宝在闹市上晃悠，是要被他人觊觎的；才能普通的人拥有不符合自己身份的地位，是要被他人惦记的。而才智平庸的刘璋，手握着益州这块美玉，周围列强环伺，他当益州牧的日子也快到头了。

自从听到曹操派钟繇等人前往汉中讨伐张鲁的消息，刘璋就一直心事重重，饮食无味。刘璋的表现被张松看在眼里，张松是个聪明人，他猜测到刘璋是为了曹操而心怀恐惧，心里一盘算，便打起了歪主意。张松此人被曹操羞辱过一回，甚恨曹操，而刘备和曹操作对，是天下皆知的。张松想要报复曹操，又见刘璋懦弱无能，心想自己满腔才干在刘璋手下是得不到施展的，便打起了卖主的心思。张松想干什么呢？他想把刘备请进益州。

刘璋急得一筹莫展之时，听了张松给他出的主意，紧缩的眉头也舒展了不少。请刘备进益州，有三利。一利是，汉中张鲁早已不服刘璋指挥，与刘璋已成为仇敌，让刘备打下汉中，既可作顺手人情，将汉中给刘备，让刘备感激刘璋恩德，又可以消灭张鲁，消除张鲁对益州北部的威胁；二利是，刘备与刘璋同为一脉，且刘备与曹操是有目共睹的仇敌，刘备据守汉中，可以帮刘璋挡住曹操，延缓曹操攻击益州的时间；三利是，益州集团虽然存在不稳定元素，反对东州集团的统治，可刘璋还是名义上的益州牧，益州集团虽欲造反，也要思考齐全，如果刘备占领汉中，则可与刘璋互为支援，蜀中诸将看在刘备威名的面子上，必然会消去造反之欲。刘璋想得很美，于是，他同意了张松的建议。

刘备准备进军益州了，可才取得不久的荆州还得防守，于是，刘备留下诸葛亮、关羽等守卫荆州，任命赵云兼任留营司马。荆州的防卫布施工作结束，刘备放心地率领几万步军向益州出发。刘备向益州进军的路走得很是舒坦，每到一地，都有酒食招待，因为刘璋命令沿途各郡县为刘备提供所需物资。就这样，刘备进入益州境内，好像回到自己家中，刘璋前后赠送的各种物资数以亿计。刘备到达巴郡的时候，巴郡太守严颜拊心长叹："此所谓'独坐穷山，放虎自卫'者也。"

严颜认为，刘璋请刘备进益州，还沿途供给物资，这就好比在放出老虎来保护自己，却不知老虎是会伤害主人的。

一路走走停停，最后，刘备自江州向北从垫江水到达涪县，距成都只有三百六十里。刘璋原来就没打算让刘备进成都，因此，他率领步兵、骑兵共三万多人，声势浩大地前往涪县与刘备相会。双方一见免不了互相寒暄，述说情谊，而刘备手下的将士也与刘璋手下互相拜访，设宴欢饮一共持续了一百多天。

刘璋前往涪县与刘备相见期间，还有段小插曲。张松让法正告诉刘备，在与刘璋相会的地方袭击刘璋。张松与法正出卖刘璋到这种地步，实在令人感叹刘璋缺乏识人之能，没有用人之才。庞统也向刘备献策，趁着与刘璋见面的机会把刘璋抓起来，这样就可免动干戈，轻易取得整个益州。刘备以为"此大事也，不可仓卒"，没有采纳张松和庞统的意见。如此看来，刘备还是有远见的。毕竟，刘璋此时对刘备万分礼待，如果贸然下手，则容易背负不仁不义的罪名。此外，刘璋带了三万多人马，要是刘璋部下不以刘璋为念，就算把刘璋擒拿到手，也免不了一场战事，身在益州险地，毫无外援，是很危险的一件事。

在益州期间，刘璋上书推举刘备代理大司马，兼任司隶校尉；刘备也推举刘璋代理镇西将军，兼任益州牧。刘璋增加了刘备的兵力，让他进击张鲁，又让刘备督统白水关军队。刘备将军队合起来共有三万多人，车辆、铠甲、器械、物资、钱财尽皆充足。

刘璋软弱无能，不能择贤任能，无力守土，却将希望放在刘备身上，派法正迎刘备进入益州，期盼刘备消灭张鲁，抵御曹操，镇服蜀中诸将。这无疑是引狼入室，放虎自卫。刘备接受刘璋的物资和军队补助后，实力大增，但他却没有去与张鲁实际作战，很快，刘璋将因迎刘备入益州的错误，付出巨大的代价。

两个死对头

汉献帝建安十八年（公元213年），江东濡须口，河中江帆如云，岸上战甲生辉，帐连百里，曹操正在展开第二次大规模的南方攻势。夜深时分，一百壮士在一位勇将的带领下悄无声息地向曹营靠近，寒刀一闪，曹兵人头纷纷落地，勇将一声冷笑，右手一挥，数十支火把划过夜色，飘落到曹营帐篷，顿时，呼救声连天。

这年正月，曹操经过充分的准备和赤壁之战后四年多的休整，再次率领大军进犯江东，攻打孙权，欲一雪前耻。而这时的孙权也已做好准备，没有赤壁之战时应敌的仓促与惶恐。

建安十六年（公元211年），孙权看重秣陵地势险要，将都城迁到秣陵，并于第二年在秣陵修筑石头城，改秣陵名为建业。孙权部将吕蒙事先就听到曹操将再度东征的消息，建议孙权在濡须水口两岸建立城寨。孙权觉得很有道理，于是下令修筑营寨，就叫作濡须坞。应该说曹操来得很不巧，隐秘工作做得不到位，在孙权迁都并加固秣陵，于濡须口修建好城寨之时前来攻打他。兵法上讲究乘敌不备，出其不意，曹操没有将军事情报保密工作做好，以至于江东提前数月就得知他将领兵来袭的信息，不能说不是一次失误。

濡须口是濡须山和七宝山之间的水口，地势奇险，是曹操率兵东征的必经之处，孙权选在此处修筑营寨，十分恰当。

曹操率领步兵、骑兵人数甚众，号称四十万，进攻濡须坞，孙权率领七万人抵抗曹操，双方在濡须口对峙。曹操兵力是孙权的三倍有余，孙权在兵力上处于劣势。但是曹操乃远道来征，粮草供应麻烦，且北方军队不熟水战，而孙权父子三代经营江东，得民心拥护，又是本土作战，早有准备，粮草供应方便，兵力补充快速。这样一对比，双方胜负，尚未可知。

曹操四十万大军在濡须口与孙权七万军队相持一个多月，始终不能取得决定性的胜利。劳师远征，开销巨大，曹操逐渐萌生退意。此后，曹操日常巡视时，观望孙权水路诸军阵容，只见孙权的战船、武器精良，军队严整，叹息道："生子当如孙仲谋；如刘景升儿子，豚犬耳！"曹操是三国末期的奸雄，如今，他却将孙权大大称赞了一番，认为有儿子应该像孙权一样，足见孙权的才能的确出众。

曹操看到孙权军队齐整，武器精良，进攻一月未果，江东士气益发兴旺，逐渐气馁，属下部队攻击孙权部队的次数也减少。孙权观察到曹操的变化，他也不想和曹操继续对峙下去，就写了一封信给曹操，说："春水方生，公宜速去。"孙权告诉曹操，春天到了，冰水消融，江水就要上涨，您应当赶快撤兵。孙权的言外之意是，江东精悍的水军很快将能大展所长，您啊，还是从哪儿来回哪儿去的好。

孙权一方面警告曹操，另一方面，也表达出他对曹操军事、政治实力的敬佩，他另附了一张纸和信一同送给曹操，上面写着："足下不死，孤不得安。"孙权认为，只要曹操不死，他就不能得到安宁，可见孙权将曹操视为头号劲敌。曹操见了孙权的信，对部将们说："仲谋不欺我。"曹操的话也有两层含义，一层是他意识到了春水上涨对己方不利，的确是退去的好，另一层是认可孙权"足下不死，孤不得安"这句话，自觉自己是孙权的强劲对手。曹操既自负，也有自知之明，率领军队撤回北方。

怪我眼瞎看错了人

建安十八年（公元213年），曹操率领步、骑军队号称四十万，第二次大规模地征讨江东，这件事间接加速了刘备和刘璋的交恶。

曹操再次征讨孙权，孙权派遣使者向刘备求援。此时，刘备还是孙权名义上的妹夫，碍于面子关系，刘备本想形式上表示一下。可是，刘备转念一想，曹操大军征吴，往返途径荆州，若是孙权被打败，荆州就危险了。退一步说，曹操若是以攻打孙权为幌子，突然改为攻打荆州，荆州就更危险。通过赤壁之战后的经验，刘备已清楚孙权和自己是唇齿相依的关系，孙权不保，荆州这块肥肉也将很快会被曹操吞入腹中。刘备虽然不关心孙权的死活，却在乎他自己目前唯一的一块地盘，荆州。

刘备想向东进军，回援江东，守住荆州，但是，军队补给尽靠刘璋，刘璋交代的任务却尚未完成，刘备还得拿出一套好说辞。刘备派人告诉刘璋说："曹公征吴，吴忧危急。孙氏与孤本为唇齿，又乐进在青泥与关羽相拒，今不往救羽，进必大克，转侵州界，其忧有甚于鲁。鲁自守之贼，不足虑也。"这段话的意思是说曹操征讨东吴，孙吴忧患危急，孙氏和我刘备是唇齿相依的关系，再加上乐进在青泥与关羽相持，如今不前去救援关羽，乐进一定大胜，得胜后转而侵扰益州边界，这种忧患超过了张鲁。而张鲁是个自保自守的贼寇，不值得忧虑。

明明是放心不下荆州，却偏偏要表现得处处为刘璋着想，说什么之所以回去救援关羽是为了乐进不得胜从而无法侵扰益州。刘备一方面将刘璋恐吓了一番，您要是不允许我回去救关羽，关羽被乐进打败了，曹操军队就会借机侵扰益州，曹操的实力您是知道的，您对他的忧患想必超过张鲁吧。另一方面，刘备又宽慰刘璋，张鲁是个只知自保的贼寇，我就是回军向东，他也侵扰不了您，您不必为此忧虑。

刘璋又被刘备的满篇谎话骗住，同意了刘备回军东拒曹操的请求。但是，刘备不满足于此，他还向刘璋要求一万兵众及若干军用物资。刘璋虽然觉得刘备未曾给他扫平张鲁，如今又向他要兵要钱要粮，有所不妥，可是鉴于刘备是打着为益州安危着想的旗号，也不好意思拒绝，就仅将兵众数量打了折扣，物资减半，交给刘备。刘备未替刘璋办实事，却又凭白获得四千兵众，众多物资，十分满意。

刘备遣使向刘璋要求回军东拒曹操的事情被张松知道了，张松就给刘备和法正写信，劝说刘备："今大事垂可立，如何释此去乎！"刘备要回军荆州，张松立刻劝谏，可以看出，张松已完全将一片忠心托付给刘备。张松的哥哥是广汉太守张肃，张肃知道了张松给刘备写信的事，他害怕祸患殃及自己，就向刘璋告发张松的阴谋。

刘璋得悉张松与刘备密谋，心中很是痛苦。刘璋自知才干不足以守土，因此将仁德著于天下的刘备请进益州，指望刘备帮他攻打张鲁，抵御曹操，镇服蜀中诸将。刘备进入益州后，要兵给兵，要粮给粮，补养特别丰厚，可是刘备却屯兵不前，暗地收服人心，还与张松秘密联系，原来图的是益州！

刘璋下令戍守在白水关的诸将，不要给刘备发送文书与他联络通信，白水关的将领依照刘璋的旨意行事。刘备借口此事，大发脾气，召见白水关军督杨怀，责备他对自己无礼，将杨怀斩杀。然后，刘备派遣黄忠、卓膺统兵杀向刘璋，刘备自己直接进入白水关内，以守卫白水关的刘璋将士的妻子为人质，领兵与黄忠、卓膺等人进军至涪城，占领了该城。"乃使黄忠、卓膺勒兵向璋。先主径至关中，质诸将并士卒妻子，引兵与忠、膺等进到涪，据其城。"

谋士庞统在刘备驻守葭萌的时候，向刘备献策取益州，计分上、中、下三种。上策是，暗中挑选精兵，偷袭成都。刘璋缺乏军事才干，对刘备又没防备，如果大军突袭成都，就可以一举拿下益州；中策是，利用白水关守将杨怀、高沛对刘备英名的景仰，智擒二人，进而兼并白水关守军，回军攻取成都；下策是退守白帝城，联合荆州再慢慢为夺取益州做准备。刘备觉得中策更具可行性，也较为稳妥，他胜利占领涪城，正是靠的庞统提供的中策。

刘备既有张松做内应，又有庞统出谋划策，从而在益州站稳跟脚，最后因为张松被斩杀，阴谋败露而与刘璋彻底决裂，并凭借刘璋提供的补给和授予的身份，顺利占领白水关，最终攻下涪城。可叹刘璋没有识人之明，才会被张松、法正蒙蔽，相信刘备。刘璋得悉刘备欲图取益州的阴谋，却不能沉住气，直接斩杀张松，使得刘备警惕，加速决裂的进程。刘璋既缺少才干，又少涵养，更有手下谋士的背叛，这大概是天意要让刘备取得益州。

成都是我家

雒城外的一条小路，数千军队缓缓行进，当前一匹白色骏马，坐着一位神情倨傲之士。军队前行至一处坡前，突然路旁的杂草堆和乱树丛中万箭齐发，如雨而至，战马受伤，嘶鸣不已，就在一片惊呼声中，白色骏马上的倨傲之士身中数箭，跌下马去。汉献帝建安十九年（公元214年），刘备围雒城，谋士庞统死于流矢，时年三十六岁。

庞统雒城中箭身卒后，刘备气愤，攻雒城益急，雒城守军疲于防御。此后，雁桥一役，雒城守军两次战败，勇将张任被擒。"任勒兵出于雁桥，战复败。擒任。"刘备早闻张任忠诚勇猛之名，派人劝降张任，张任高呼不事二主，宁死不降，刘备不得不斩杀张任。张任一死，雒城士气衰退，很快被攻破。经过将近一年的围攻，刘备终于扫除攻占成都的最后一道屏障。刘备攻破雒城，经短暂调养，率军复向成都进发，诸葛亮、张飞、赵云也先后领兵与刘备在成都相会。此时，刘备已占领益州大部分区域，又得诸葛亮此等谋士相助，更有张飞、赵云此等有万夫不当之勇的猛将相助，可谓志得意满。对于刘备而言，攻破成都只是时间早晚的问题。

刘备抵达成都外，诸葛亮等率军会合后，便增兵驻守进入益州的通道，防止张鲁等人进入益州抢夺地盘。一切工作就绪，刘备开始一心一意围城。此时，刘璋在成都城内的益州牧府，内心焦急如焚，他犹豫着是战是降。城外的刘备却保持着表面的镇静，即使他几乎抑制不住激动。而今，只剩下城墙的阻隔，刘备麾下铁骑就能踏入成都城内，很快就要得偿夙愿夺得益州，刘备却不那么急躁了。刘备没有下令尽快攻城，而只是将成都城围得密不透风。胜券在握，刘备不愿再徒添伤亡，他在等，等着刘璋投降。

围城却不急攻，大兵压境，人心惶惶，此时正值夏季，闷热和焦灼一起压在刘璋的心头。只是，刘璋还是愿意再熬下去的，但一个人的到来彻底压垮了刘璋的心理防线。他就是马超。

曹操在潼关将马超打败后，只追至安定便行撤军。马超深得羌人和胡人的支持，卷土重来，陇右郡县纷纷归附，只有凉州刺史韦康在冀城坚守不降。马超收拢陇西部队，又得到张鲁部将杨昂的帮助，集中一万余人进攻冀城，从正月直攻到八月，朝廷救兵也没有到。

凉州刺史韦康派别驾阎温出城，到夏侯渊处搬救兵。由于马超在城外守卫森严，阎温只得从水里游出去。马超士兵循着足迹抓住阎温，令阎温告诉里面的人，不会有救兵。阎温却喊道："你们一定要坚持，救兵三天内必来。"城中士兵都十分感动，而阎温因为拒不投降，被马超杀害。冀城守军待援无望，于是，刺史韦康及太守不顾杨阜的劝阻，向马超献城投降。马超入城后，杀死韦康及太守，自称征西将军、凉州牧，掌管凉州地区的军政大权。

韦康投降后，夏侯渊率救兵方至，马超在距冀城两百余里的地方击败夏侯渊，此时，兴国的氐人首领起兵响应马超，夏侯渊惧怕，领兵撤退。原冀城属吏杨阜不满马超的残暴、逃出城投奔驻军历城（今甘肃西和北）的表兄抚夷将军姜叙，他们联络赵昂、尹奉、李俊等人，商量着合力消灭马超，为韦康等报仇雪耻。他们联系梁宽、赵衢做他们的内应。九月，杨阜与姜叙率兵袭击卤城，赵昂、尹奉进兵占据祁山城。在赵衢的怂恿下，马超亲自带兵还击。等他一出城，赵衢和梁宽立刻紧闭城门。马超无路可退，杀到历城，并杀害了姜叙的母亲和赵昂之子赵月。杨阜虽然受重伤，但终将马超击败。马超向南投奔汉中张鲁。

张鲁任命马超为祭酒，并有意收他为女婿。经人劝说才打消嫁女的念头。马超一直未被张鲁重用，又遭到张鲁部将杨昂等的嫉妒，一直试图谋害他，心中很是抑郁。此时刘备对成都久攻不下，得知马超被张鲁冷落，派李恢前去劝说。李恢对马超说："张鲁非明主，其臣亦不贤，且偏安苟且，不图进取，不值得与之谋，尔仇终不能报。而我主素有大志，且内心十分渴望招引将军这样的英才。若将军肯屈身侍奉我主，必将得以重用。"马超心中自有思量，权衡再三，觉得张鲁难成大事，不若早作打算，另觅贤主。于是逃到氐中，密信刘备，向其请降。

马超请降，刘备心中暗喜，刘备清楚，他的机会来了，刘备暗中派出许多士兵给马超，让这些士兵换成胡人服装。一切准备妥当，马超择日带领数千军队浩浩荡荡地开往成都城外。"超有信、布之勇"，马超有韩信、英布那样的勇猛，而胡军善于野战也是天下闻名的。马超归降刘备，成都城内为之震动惶惧，刘璋当即投降。

刘备进围成都数十日，当时城中还有精锐部队三万人，积蓄的粮食衣物也可支撑一年，成都城内官民还都想与刘备军死战。刘璋却拒绝了，他说，我们父子在益州二十多年，没有什么恩德施给百姓，如今百姓与敌人攻战三年，尸体养肥了长满青草的原野，这都是为了我的缘故啊，我于心何安呢！于是，刘璋打开城门出来投降，群下都流下眼泪。刘备把刘璋迁到南郡公安县，归还他的全部财物，依旧让刘璋持有振威将军印绶。

刘备进入成都，设酒宴犒劳将士，把蜀城中的金银分赐给他们，接着给功臣加官晋爵，同时授予有才能的降将职位。刘备兼任益州牧，任命军师中郎将诸葛亮为军师将军，益州太守、南郡人董和为掌军中郎将，并且代理左将军府事，偏将军马超为平西将军，军议校尉法正为蜀郡太守、扬武将军，裨将军、南阳人黄忠为讨虏将军，从事中郎麋竺为安汉将军，简雍为昭德将军，北海人孙乾为秉忠将军，广汉长黄权为偏将军，汝南人许靖为左将军长史，庞羲为司马，李严为犍为太守，费观为巴郡太守，山阳人伊籍为从事中郎，零陵人刘巴为西曹掾。连刘巴这种刘备当初嫉恨的人，都被安排在显要的位置，于是有志之人，无不竞相努力，发挥自己的才干。

在犒劳将士之时，有人建议刘备把成都有名的肥田沃土和住宅分给将领们。赵云劝告说："霍去病曾认为匈奴尚未消灭，不应考虑自己的家业。现在的国贼远非匈奴可比，我们不能贪图安乐。只有等到天下都安定以后，将士们重归故里，在自己的田地上耕作，才会各得其所。益州的百姓，方遭兵灾战祸，土地、田宅俱应归还原来的主人，使百姓平安定居，恢复生产，然后才可以向他们征发兵役，收取租税，以获得他们的好感；不应该夺取他们财物，以私宠自己所爱的将领。"刘备觉得赵云说得很有道理，接受了赵云的意见。

刘备在成都选贤任能，又有诸葛亮帮助治理益州，局势逐渐稳定。

刘璋投降，刘备占领成都，控制益州全境，实现了《隆中对》"跨有荆、益"的描述，刘备从此依据益州险塞，彻底摆脱东窜西逃，没有固定地盘的状况，并在这里开创了三分天下的局面。

鲁肃的单刀会

民间有句谚语，"刘备借荆州——有借无还"，以此形容不讲信义的行为。民间谚语中的荆州，是荆州全境，然而，实际上，荆州有八郡，孙权借给刘备的只是南郡首府江陵。因此刘备借荆州指的就是借江陵。孙权将江陵借给刘备，目的是借刘备之力抵御曹操，一旦形势稍为稳定，孙权是要索回江陵统辖权的。但是，孙权没有想到，他要索回江陵统辖权的时候，刘备却言而无信，抵赖推脱。

"权以备已得益州，令诸葛瑾从求荆州诸郡"，孙权派诸葛瑾要回江陵，刘备的回答是"吾方图凉州，凉州定，乃尽以荆州与吴耳"。刘备没有直接拒绝诸葛瑾，而是借口拖延，谎称正在谋取凉州，等到凉州平定，再把荆州还给孙权。

从刘备的角度分析，他认为荆州是刘表的地盘，其后，虽然被曹操攻取数郡，但又收复不少。此后，刘备上表朝廷，任命刘表的儿子刘琦继任荆州牧，刘琦死后，又将荆州牧的头衔让给刘备，对此，孙权当时也是认可的。刘备因此认为，他作为荆州牧，都督荆州各郡是合理合法的。当然，从孙权的角度来看，在皇帝被曹操控制的东汉末年，谁有实力，谁就是天下领土的主人，江陵是周瑜带领东吴军队浴血奋战一年从曹操手上夺下来的，因此是属于孙权的。

从孙权的角度分析，孙权向刘备索还江陵不无道理，况且孙权当年将江陵借与刘备是应了刘备"请督荆州"的请求。可是，刘备是个凡事先考虑自身利益的人，他觉得他当年用"请督荆州"的措辞，是迫于形势，实际上是想夺取益州荆州。如今事遂心愿，进可出江陵上取襄阳威胁中原地区、下震慑长江下游；退可经江陵固守益州天险。如此好的地盘，刘备岂舍得轻易让人。

刘备婉言拒绝孙权索还江陵的要求，孙权听了很生气。孙权很清楚，刘备这是用虚词拖延时间，不愿归还江陵。刘备虽然不愿意归还江陵，孙权却没有选择彻底决裂与刘备兵戎相见。孙权只是任命荆州南部三郡（长沙、零陵、桂阳）的郡县行政长官，让他们拿着委任令前去荆州上任。此时，刘备还在益州处理战后政务，驻扎荆州的是勇将关羽，关羽将孙权任命的官吏全部驱逐出境。孙权觉得，这是对他最大的侮辱。于是，孙权派遣吕蒙统领鲜于丹、徐忠、孙规率领的二万军队攻取长沙、零陵、桂阳三郡。

孙权派大军攻取荆州，刘备从益州返回公安，派出关羽率三万大军屯扎益阳，与孙权对抗。双方大战一触即发，这种战争，无论谁胜谁败，都将大损实力，此种结果无疑是曹操喜闻乐见的。一向主张联刘抗曹的鲁肃，建议孙权将江陵借给刘备的鲁肃，却被孙权委以重任，与关羽在益阳对峙。此时的鲁肃，却也不知道如何对待孙刘的决裂。益阳，正细雨如丝，却仿佛连绵的愁绪压在鲁肃心头。

他仍然秉承一贯的联刘主张，想办法阻止孙、刘两家彻底决裂，故而用温和的态度对待关羽，邀关羽会面缓和紧张的气氛。

兵家作战，最忌主将先行折羽。鲁肃欲邀关羽会见，他手下将领纷纷反对，担心鲁肃会被关羽伤害。诸将的理由是孙、刘两家如今交恶，战争一触即发，关羽有万夫莫当之勇，曾于万军丛中取颜良首级，要是他趁机伤害，这不仅对将军不利，而且会损害我军士气。鲁肃回答说："今日之事，宜相开譬。刘备负国，是非未决，羽亦何敢重欲干命！"

鲁肃遣使邀请关羽相会，双方协议各自把兵马停在一百步以外，只有双方将军带随身单刀相会。

鲁肃始终愿意保持孙权与刘备的联合关系，不愿意加速决裂，而关羽自知理亏，对方不先出手，也坚守不战。双方虽然暂未交战，但只要刘备不愿意让出既得利益，双方早晚会大战。但是，曹操的行动却打破了双方将战未战的僵局，孙权和刘备的这场荆州争夺战没能打起来。

汉献帝建安二十年（公元 215 年）三月，曹操亲自率兵攻打张鲁，途中受到了氐人的阻拦，曹操派朱灵将其打败。四月，曹操在河池受阻，氐王窦茂拒不投降，五月，曹操打败了氐人并大开杀戒。西平、金城的将领共同杀死韩遂，把他的头颅献给曹操。

曹操的军队离汉中越来越近，在成都镇守的诸葛亮派人将消息传递给刘备。刘备得悉曹操大军来攻汉中，顿时坐不住了。汉中是益州的屏障，曹操如果夺取了汉中，则扼断了蜀地出关的唯一陆路，刘备从今往后只能偏居在益州一隅，再也无法进取天下。如果刘备继续与孙权交战，万一曹操隔断进益州的道路，刘备则无法返回成都。曹操若在汉中屯驻数月，部署完毕，以其作为攻取益州的前哨，那么益州将会十分危险。

战场上没有永远的敌人，只有永远的利益。刘备心知，荆州虽然可贵，但如果不让出点儿土地给孙权，孙权是不会罢休的，那么他自己就会陷入两线作战的危局，最坏的结果是，荆州没有保住，连刚取得的益州都被曹操攻占。刘备权衡利弊，决定与孙权议和。议和是要讲条件的，刘备派出使者送信与孙权时，首先讲好利益均分之事。

孙权经过慎重考虑，决定同意刘备请求，双方息兵，掉转矛头指向曹操。

刘备请和，孙权愿和，两方夺取荆州之战终究没打起来。孙权派出诸葛瑾回报刘备，双方再次结为盟友。经过协商，孙权、刘备两方分割荆州，长沙、江夏、桂阳三郡以东地区归孙权所有，南郡、零陵、武陵三郡以西地区则在刘备的掌控之下。荆州分割完毕，刘备率领军队迅速开赴益州，抵挡曹操。

孙权与刘备的第一次荆州争夺战，鲁肃欲保持孙、刘联盟，邀关羽相见，双方单刀赴会，谈判未果，而曹操进攻汉中却使得孙、刘两方再次由敌对重归于好，又一次缔结联盟关系。刘备分出荆州数郡与孙权，以利益的割舍换得巩固益州后方、双方重新结盟抵御曹操的机会。孙权与刘备第二次联盟，阻碍了曹操的强劲攻势，延缓了曹操取得天下的进程。曹操、孙权、刘备三分天下，孙权、刘备时盟时敌的局面越趋明显。

汉中是块宝地

建安二十二年（公元217年），刘备派出吴兰、张飞、马超等将进攻下辨，以便切断曹军从陇右地区向汉中增援兵力和粮草的通道，同时保障刘备攻取汉中主力部队的侧翼安全。刘备本人则筹集主力部队，带领法正、黄忠、魏延等将领准备进攻夏侯渊军据守的汉中要隘阳平关。阳平关是进入汉中的重要通道，刘备想要先期夺取阳平关从而将曹军驱逐出汉中地区。

刘备派去占领下辨的军队先期很顺利，很快就夺取了下辨地区。而该年十月，下辨被刘备占领的消息传到邺城。曹操对此迅速作出反应，他派遣都护将军曹洪率领大军前去收复下辨。曹洪家境优越，自曹操晋升魏王后，位居显职，身为魏王曹操至亲，权势熏天。随着曹洪职位的不断升迁，曹洪已习惯在温柔乡里过日子，而早年冲杀的锐气已被磨灭。对此，曹操亦有所知，因此，在出行前，曹操又任命曹休以骑都尉的身份，出任曹洪参军。曹操甚至特意叮嘱曹休"汝虽参军，其实帅也"。

建安二十三年（公元218年），曹洪兵至下辨城外后，张飞分兵，假装要率兵向固山前进，包抄曹军后路的样子。曹洪手下诸将对此议论纷纷，曹洪亦担心后路被断，因此，不敢一心攻击下辨守将吴兰的军队。而曹休却明智地识破了张飞的诡计，他分析说："贼实断道者，当伏兵潜行。今乃先张声势，此其不能也。宜及其未集，促击兰，兰破，则飞自走矣。"曹休看出张飞不过是虚张声势。于是，曹洪听取曹休的判断，决定讨伐下辨守将吴兰，吴兰部大败，雷铜、任夔两个将领被斩杀。吴兰在逃亡途中被当地的氐人杀死，他的头被献给曹操。三月，张飞与马超撤走。

张飞与马超率领大军向汉中撤退，这本是个危险的信号，然而，曹洪占领下辨后，却再无进一步的军事举动，他没有派兵追击张飞、马超部，却开起庆功酒会。酒席中，难以忍受军营枯燥生活的曹洪，竟然让一班女艺人只穿极薄的纱衣，近乎裸体地跳舞助兴，其好色下流的丑态令在席之人都看不下去，而任武都太守的杨阜即席斥责曹洪，并拂袖而去。

曹洪在下辨饮酒作乐之时，刘备正与夏侯渊、张郃军在阳平关一带对峙。曹操当年攻打阳平关损失惨重的局面在刘备身上重演。刘备虽驱动主力部队向阳平关发起猛烈攻击，但屡攻不下，伤亡颇大。

汉中是刘备拼了命也要得到的地方，伤亡再大还得继续打。汉中此时只有夏侯渊等少数将领驻扎，而曹操正忙于处理内部事务和平息许都叛乱的善后事宜，如果曹操带领大军亲征，那么再取汉中就十分不易了，刘备决不能错过这次机会。因此，建安二十三年（公元218年）七月，刘备派遣陈式带领十余营军队攻击马鸣阁道，试图切断阳平关的北面道路，从侧后方威胁阳平。

马鸣阁是连接武都和汉中的一条重要通道，地势十分险要。它并不是一条真正的路，而是人工修建的盘踞在崇山峻岭间的阁栈。当时，人们在山壁上铺好木板供人马通行。马匹经过时，由于恐惧下面的万丈深渊，会发出嘶鸣，所以这桥又名"马鸣阁"。刘备派陈式攻取马鸣阁道，为的就是切断汉中与曹洪军队的联系，同时防止主力部队被曹军两面夹击。陈式自信满满地接受刘备分配的任务，他以为带着近万大军攻取一条小小阁栈，唾手可得。然而，陈式没有想到，他将会在马鸣阁铩羽而归，因为，驻守马鸣阁的是大名鼎鼎的猛将徐晃。

徐晃带领的军队是一支机动部队，他根据实际需要采取适当手段，防御马鸣阁至阳平一带不被刘备军攻取，以保障阳平关侧后的安全。陈式带领大军来侵袭，徐晃迅速地将部队拉到马鸣阁防守。陈式写下挑战信，约徐晃离开马鸣阁决战，徐晃冷笑，放弃有利地形和你陈式决战，这是匹夫之勇。徐晃默默地等待陈式出击，而陈式终于忍耐不住，指挥大军掩杀，可是在地势险要的栈道，兵马虽多也不能发挥作用，徐晃沉着地应付，有力阻击，大破陈式，而陈式属下的十余营部队大败后，竞相逃亡，不少人在逃跑的过程中因为道路狭窄，掉进山谷而死。《三国志》中对于陈式攻取马鸣阁的记载是"备遣陈式等十余营绝马鸣阁道，晃别征破之，贼自投山谷，多死者"。

徐晃在马鸣阁大败陈式军队，捷报传到曹操手中，曹操十分高兴，他特意授徐晃假节，并在给徐晃的嘉奖令中写道："此阁道，汉中之险要咽喉也。刘备欲断绝外内，以取汉中，将军一举克夺贼计，善之善者也。"

刘备派遣陈式攻取马鸣阁失败，与此同时，他率领的十部精兵也不能攻克屯兵广石的张郃。大军出征，粮草、军饷开销巨大，而战死的士兵众多，又需要新的兵员补充。刘备的后勤补给全靠留守成都的诸葛亮供应。此时，刘备已与夏侯渊在阳平关对峙将近一年。刘备正处于比较危险的境地，下辨的曹洪军队已威胁到其主力的侧翼安全，而军队损失惨重，再度用残余的部队攻取阳平关已无可能，甚至会遭受到夏侯渊等人的反击。因此，刘备急忙发出调动令，将成都的部队调到汉中。刘备不断地催讨粮草和兵员，远在成都的诸葛亮都感到有点儿吃不消。诸葛亮难以排解后勤补给的巨大压力，他心中觉得夺取汉中有点儿不太必要，劳民伤财，便向部下发牢骚，征询蜀郡从事杨洪的意见。杨洪鼓励诸葛亮道："汉中则益州咽喉，存亡之机会，若无汉中则无蜀矣，此家门之祸也。方今之事，男子当战，女子当运，发兵何疑！"杨洪认为汉中是益州咽喉，直接关系到益州的生死存亡，如今夺取汉中，应当男子出战，女子运输，尽出益州之兵，还能有什么迟疑。诸葛亮听取了杨洪的意见，顶着巨大的压力，再次向刘备输出益州的几近全部留守兵力。

夏侯渊能够抵御刘备近一年之久，与他占据阳平关有利地形有着莫大关系。然而，刘备倾尽益州兵力、物力，不顾巨大伤亡，誓取汉中。与刘备属下几近所有武将、谋臣为敌，夏侯渊面临着战斗生涯中最大的挑战，此时的曹操却被叛乱等事情羁绊，汉中失守仅仅是时间问题。

刘备军团强，夏侯渊兵团弱。刘备一方打破对峙局面，取得战争胜利仅仅是时间问题。

徐晃大败陈式于马鸣阁后，曹操感觉汉中势态严重，自己远在邺城不便指挥，因此决定带兵进驻长安，以便就近处理军机事宜。他于建安二十三年（公元218年）七月领兵从邺城出发，当年九月抵达长安。

曹操亲率大军来助，这对于夏侯渊无疑是天大的喜讯。刘备久战夏侯渊不下，全军疲惫，而夏侯渊军也是劳累不堪。此时，如果曹操领军迅速赶赴汉中，则可给予刘备军团致命一击。然而，一次意外的叛乱拖住曹操数月之久。曹操进军汉中，军队的粮草需要补给运输，而南阳郡就承担了繁重的后勤保障工作。数万大军的后勤供应不是件易事，需要抽调大批壮丁来服徭役，壮丁不足则拉老弱妇孺补数，一时间民怨沸腾。建安二十三年（公元218年）十月，宛城守将侯音率众造反，他"执南阳太守，劫略吏民"，据守宛城等待关羽派人来接收。

面对这一突发事件，曹操不得不派遣刚刚进驻樊城的曹仁平定宛城叛乱。而此时驻守荆州的关羽，势力强劲，虎视眈眈，孙权则在濡须口对合肥构成威胁。曹操要分心面对叛乱事件，同时防备关羽、孙权等人乘机攻打中原。曹操认为，夏侯渊能够抵御刘备一年之久，说明夏侯渊的军队还有战斗力，刘备短期内无法取得汉中，因此，曹操便在长安观望事态变化，同时震慑中原。曹操没有想到，他在长安的耽搁，却断送了一代名将夏侯渊的性命。

夏侯渊勇猛善战，长于奔袭机动作战。但他也有缺点，就是片面依仗勇力。为此曹操曾多次告诫他"为将当有怯弱时，不可但恃勇也。将本当以勇为本，行之以智计；但知任勇，一匹夫敌耳"。曹操认为，作为将领应当有怯弱的时候，不能够只是依仗勇力。夏侯渊为将虽然应当以勇为本，具体用兵时却也要用智谋、计策，如果仅知道依仗勇力，不讲智谋，那只是匹夫的对手而已。然而，夏侯渊显然未完全吸取曹操的告诫，定军山一战，夏侯渊以半数兵力支援张郃，却还敢不顾被偷袭的危险，亲自带领四百士兵巡视周边，实在是过于依仗勇力。

对于夏侯渊在定军山一战中的表现，曹操在一则军策令中批评道"为督帅尚不当亲战，况补鹿角乎"。夏侯渊战死，使得汉中军心不稳，汉中即将失守。

汉中经两番易手，最后成为刘备囊中之物，刘备多年夙愿得偿，高兴异常。今后，他终于可以凭借汉中险要的地势，进攻中原，退守益州。

刘备成功阻击曹操，夺取汉中全境，真正实现兼跨荆益的宏伟目标。然而汉中险要，刘备回师成都前，首先得找到合适的驻守将领。就在所有人都以为督汉中的重任非张飞莫属之际，却曝出极大冷门，名不见经传的魏延以牙门将军之职连升数级，被刘备钦定为督汉中的不二人选，群臣俱惊。

刘备属下有关羽、张飞、马超、黄忠、赵云等名将，关羽驻守荆州重地，自可排除在外。但刘备既然不选择张飞坐镇汉中，为何不考虑远比魏延知名且经验丰富的马超、黄忠、赵云呢？汉中直接关系着成都安危，更是刘备今后北伐的前线基地。对于这样的战略要地，刘备自然要精心挑选一名忠心耿耿、智勇兼备、沉着稳重的将领镇守。张飞，虽然雄壮威猛仅次于关羽，而且爱护尊敬君子，注意选拔人才，但有个坏毛病，不关心、呵护下级。"飞爱敬君子而不恤小人"，为此刘备常常告诫他：刑罚杀戮既过分，又天天鞭打勇健的随从，却还让他们跟随在左右，这是招致灾祸的做法。刘备的告诫很有道理，可张飞却没听进去，仍有不体恤下属的毛病。

汉中是抵御曹军的前哨，将领及士兵保持融洽和睦的关系方能一致对敌，而张飞却恰恰在这方面有缺陷，刘备当然不放心让张飞镇守汉中。而赵云，刘备任命他主管宫中之事，自然也可排除在外。黄忠虽然勇猛，老而弥坚，但毕竟年事已高，可能会发生意外情况，不利于汉中的稳定。而马超尽管威名显赫，且身居高位，但因其是"羁旅归国"的降将，刘备对他难以信任，只会把他摆在爵位高，无实权的位置，不会让马超坐镇汉中要塞。

关羽等五员猛将因种种原因被排斥在外，刘备便只能寻找后备人才。此时的刘备，年近六十，垂垂老矣，急于为儿子刘禅储备新的将才，遇到才俊，便不拘一格任用。魏延远比张飞等人年轻，一贯忠心，且在益州争夺战中展现出优秀的指挥能力及判断能力，这些都被刘备看在眼里。于是，在选择汉中主帅的重大问题上，刘备置张飞和全军的议论而不顾，破格任用魏延。

刘备封坛拜魏延督汉中军事后，又耐心对张飞作出解释，并授予张飞另外的职位予以补偿。等到汉中人心安定，魏延显示出驾驭有度的气象，刘备便安心地返回成都。

在镇守汉中的将领人选方面，刘备大胆地启用魏延，而魏延此后拒敌于外，守土有方的卓越表现显示出刘备知人善任的优秀品质。继关羽、张飞等人之后的蜀国又一名将，魏延，将在汉中展现他的赫赫功业。

自负的关羽

建安二十四年（公元219年）七月，刘备称汉中王。为了配合刘备在汉中的胜利，关羽于该月发兵攻打襄阳、樊城，意图给刘备称王送上一份厚礼。此次战役史称"襄樊战役"，关羽水淹七军，降于禁，斩庞德，达到一生功业的高峰。

然而，庞德虽然以骁勇闻名，却受樊城众将的怀疑。原因在于庞德有复杂的社会关系。

关羽是三国时期的熊虎之将，英雄人物。他勇猛善战，谋略过人，可惜却有个最大的毛病——自负。关羽在士大夫等人面前，倨傲无比，同时自恃功业显赫，迷失于盛名之中。樊城之战，关羽水淹于禁七军，斩庞德，威震华夏，他的盛名到达一生中的顶峰，而关羽的自傲也随之到达顶峰。关羽没有想到，他因自傲开罪孙权，毁坏了孙刘联盟，更导致樊城一战，铩羽而归。

建安二十四年（公元219年），关羽在樊城降于禁，斩庞德，伏曹操属下七军，朝野震动。许都以南，处处有人与关羽遥相呼应，改旗易帜起事，而关羽则授予这些人官职。樊城、襄阳一带的情况十分危急，曹操不得不拖着老病之躯，亲往前线指挥作战。该年十月，曹操抵达洛阳，终因老迈，暂停于此。

关羽其时声威过大，威震华夏，为此，曹操甚至做好樊城等地失守的最坏打算，他召集群臣商议离开许都，以躲避关羽的威风、锐气。丞相军司马司马懿、西曹属蒋济为此提出不同意见，他们劝告曹操，于禁等人战败，是因为被大水淹没，并非因为攻占失利，对国家大计没有构成大的损害。刘备和孙权，表面看来关系密切，其实内心很疏远。关羽得志，耀武扬威，孙权必然不乐意。魏王可以派人劝说孙权威胁关羽的后方，答应孙权把江南之地封与他，樊城之围必解。曹操权衡良久，同意了司马懿和蒋济的建议。

正如司马懿所言，孙权和刘备，表面上维持着同盟的关系，其实各怀鬼胎，都想壮大自身的实力。只是由于曹操势力雄厚，为了对付曹操这个共同的敌人，他们本着政治利益而结合在一起。刘备在夺得益州、汉中以前，势力孤弱，孙权自觉曹操才是最大的威胁，因此，始终与刘备交好。但刘备取得益州、汉中以后，渐渐坐大，孙权顿时感觉关羽镇守的荆州威胁到了江东的安全。

周瑜死后，接替他辅佐孙权的是重臣鲁肃，鲁肃其人，甚得孙权信赖。而鲁肃是江东内部坚定的联刘派，他一直劝告孙权，由于曹操势力仍然存在，应该暂且安抚结交关羽，和他共同对敌，不能失去和睦。鲁肃在世之时，孙权虽然心中对刘备君臣的行为有不满之处，却一直不愿破坏双方间表面的友好关系。

关羽在荆州勤练军队，任用贤能，管理有方，名声显赫。孙权为此想要和关羽联姻，巩固双方间的和睦关系。同时，孙权还有一个隐藏在内心深处的目的，稳住关羽，想以亲家之名拴住关羽的心，不让关羽生出图谋江东的主意。孙权派出使者为自己的儿子求娶关羽的女儿，但他没有想到，却被关羽狠狠羞辱了一把。

关羽在骂孙权派来的使者时，骂得十分痛快，他估计不把孙权看在眼里，丝毫没有感觉到这种行为会损及孙权与刘备的联盟，更没有想到孙权会因为这事反目成仇，欲取荆州。

孙权向关羽提亲之时，鲁肃已死，接替鲁肃职位的是吕蒙。吕蒙与鲁肃不同，吕蒙是个异常强硬的倒刘派，他视刘备、关羽为江东最大的威胁。吕蒙认为关羽野心很大，营地又在孙权附近，孙、刘两方保持表面上的友好关系的形势难以持久。于是吕蒙趁着机会，建议孙权派孙皎守南郡，潘璋守白帝，蒋钦的军队在长江一带灵活机动，打游击战，自己据守襄阳，这样就可以牵制曹操，也不需要关羽的支持。

吕蒙在心理上打消孙权对于曹操的顾虑后，再进一步鼓舞孙权取荆州的决心。孙权听了吕蒙的话，细思刘备此前借江陵不还、关羽倨傲羞辱他的行为，觉得很有道理。就在孙权有了与刘备决裂的心思的时候，曹操的使者到了。孙权不满关羽的傲慢，又见关羽降于禁七军，觉得受到严重的威胁，想要攻打关羽。而曹操为了解樊城之围，需要拉拢孙权。于是，双方一拍即合。孙权向曹操写信表示，坚决拥护曹操，愿意率领一支军队，讨伐关羽，为朝廷效力。

孙权表态将要攻打关羽，又提防刘备、关羽得知后会布置重兵驻守南郡，因此在各项准备工作做充足前不愿泄露出来。所以，这件事只有吕蒙等少数高级将领知道。吕蒙当时驻扎在陆口，他特意向孙权上书一封，告知孙权对付关羽的初步战略。吕蒙看透了关羽的心思，他的计策就是以诈病之名返回建业，降低关羽的警惕心。上书后，吕蒙称病在家。孙权看了上书便召吕蒙回来，让吕蒙到建业治病，暗中却准备与他策划大事。

吕蒙在回建业的路上经过芜湖。江东的另一个杰出将领陆逊驻扎于此。陆逊此前并不知晓吕蒙的计划，见到吕蒙离开陆口重地，便向吕蒙表示他的担心。

陆逊也是个倒刘派，将关羽视为孙吴的头号敌人。所以，陆逊平常没少做搜集情报、分析关羽缺点的工作。此刻，他见到吕蒙因病返回建业，头脑中迅速地明确了一个信息，这是除掉关羽的大好时机。

吕蒙经过与陆逊的一番交谈，明晰了陆逊的政治态度与立场。吕蒙感到，陆逊这个将领，虽然年轻，但是见识不凡，实在是不可多得的帅才。原本，吕蒙想用病字诀来麻痹关羽，但是通过陆逊对关羽骄傲自大的性格缺陷的分析，吕蒙又有了新的想法。自傲之人，用骄兵之计来对付他，最合适不过。一个宏伟的计划在吕蒙的心中逐渐酝酿开来，吕蒙思索着，在自己离开陆口的日子里，必然要找一名新统帅代替职位，如果让一名名不见经传的将领接替他，向关羽表示臣服的态度，更能勾起关羽的自大心，彻底麻醉他。

孙权在王宫设宴接待远途归来的吕蒙。席中，两人把酒言欢，十分欢畅。酒到兴头，孙权带着欣赏的眼光看着他的爱将，温和地询问谁可接替吕蒙驻防陆口。听到孙权的问询，吕蒙沉思片刻，一下想起了一个人。对，就是陆逊！陆逊不凡的谈吐与才干在吕蒙心中留下深刻的印象，让陆逊行使骄兵之计，无疑最为合适。吕蒙毫不犹豫地回答说："陆逊可替！"

陆逊接受孙权的任命，迅速抵达陆口，接替吕蒙作麻痹关羽的后续工作。关羽作为久经沙场的名将，虽然忙于樊城战事，却并没有忽视江东的动向。陆逊接替吕蒙驻防陆口的消息很快便传到关羽手中。陆逊，仅仅是一名青年将领，未曾听闻有过任何杰出战绩，却代替声名显著的吕蒙把守陆口如此紧要之处，关羽一时搞不清孙权的用意。

其时，徐晃等曹军来援，关羽进攻樊城进入僵持状态，为了应对多出的敌人，关羽急需更多的兵力补充。然而，吕蒙以养病之名回建业，关羽仍不敢掉以轻心。他虽然有着调动荆州后方守军围攻樊城、襄阳的心思，却还是害怕孙权陡然间发动攻击，占领江陵，因此，迟迟不发布调用南郡一带守军赴前线支援的命令。

关羽不动用荆州的后备守军，却急坏了刚任新职的陆逊。陆逊在被孙权召回建业的时候，亲耳聆听了孙权和吕蒙的计谋，他十分明了自己赴陆口就任的目的。荆州经过关羽多年经营，防备设施十分完善，此外，关羽又留下众多兵力守护，孙权如果派军强行攻取，势必伤亡过大。要想不费吹灰之力地占领江陵，唯有让关羽放心地将守军调往樊城。陆逊的工作就是，进一步松懈关羽的防备心理，使得关羽安心地调出大部分守军。

为了实现孙权顺利夺取江陵的目的，陆逊决定立刻开展行动。事实证明，陆逊虽然年轻，却确实是见识高明，谋略深远。因为，他仅仅用一封信就搞定了关羽。

陆逊在陆口，没有展现丝毫新将领上任的魄力，既不整顿军务，也不安抚吏民。陆逊做的第一件事就是给关羽写信。陆逊的这封信文采斐然，显得很像书生。信中主要有四部分内容：第一部分就是吹捧关羽，赞颂关羽的赫赫功绩。这部分主要是说关将军观察细致，治军有方，在樊城之战中以小规模的行动获得重大胜利，实在是太了不起了，您的功绩简直连白起、韩信都无法比拟。第二部分则是向关羽表示祝贺。陆逊表示，关将军您取得樊城大捷，威震华夏，江东这边听了您的喜讯无不欢呼雀跃，拍手称快。第三部分，陆逊故意贬低自己，借以抬高关羽。陆逊指出，我陆逊是个不智之人，十分愚钝，只会看点儿书，说两句空话，却不知道为什么被主公派到陆口重镇驻防。接着陆逊话锋一转，陆口与关将军您的驻地毗邻，我向来仰慕关将军的风采，正好可以趁着这个机会向您好好学习，还请您多多指教，希望能够领受您高明的谋略。第四部分，陆逊对关羽表示关切，假装提醒。陆逊提出，曹操是个狡猾的敌人，一定会因失败愤恨而增兵，虽然曹军刚打了败仗，但毕竟还有些优秀的将领。人们在获胜后，容易产生轻敌思想，希望将军您能够克服，更加小心谨慎，以便取得更为辉煌的胜利。

陆逊的行动讯息早由关羽派驻荆州的耳目报送过来，关羽对陆逊无所作为很是轻视。如今，关羽又接到陆逊的书信，顿时觉得十分安心。信中，陆逊的言辞十分谦恭，关羽戴着陆逊扣的高帽子感觉很是舒坦，他感觉陆逊在信中一片好意，还提醒我小心曹操，完全是我们自己人的模样嘛。对于向我表示依附的人来说，还有什么值得提防的呢？关羽飘飘然地想着。

吕蒙示好，陆逊示弱，逐渐骄纵的关羽警惕性慢慢消失。他就像一只被投入温水中的青蛙，觉得全身无一个毛孔不畅快，却浑然不觉水温正在慢慢升高。终于，迷失自我的关羽对孙权不再有所戒备，将防守荆州的军队一批批地调入樊城支援。

关羽的言行被陆逊一一记录，尽数报告给孙权。同时，陆逊还指出能够擒获关羽的要诀。温水就快变沸，关羽的死期将至。到时，呈现在关羽面前的，不会再是孙权君臣谦恭的面容，而将是闪闪发光、高举待发的屠刀。

关羽对比双方实力，见自身势孤力穷，就逃往麦城。逃到麦城后，孙权派人诱降他。关羽伪装投降，把幡旗做成人像立在城墙上，然后逃遁。此时的关羽，英雄日暮，仓皇窜逃，士兵在逃跑的过程中都跑散了，留在他身边的只有十余名骑兵。

孙权早已料到关羽会逃走，事先命令朱然、潘璋切断关羽的去路，建安二十四年（公元219年），潘璋手下的司马马忠在章乡擒获关羽及其儿子关平。孙权气愤关羽傲慢无礼，江东众将皆知，潘璋等人邀功心切，斩杀关羽。一代名将，就此画下生命的句号。

关羽被杀，孙权全得荆州，心情舒畅，大封功臣。论及功劳，吕蒙厥功至伟，该年，孙权任命吕蒙为南郡太守，封孱陵侯，赐钱一亿，黄金五百金，可谓恩宠有加。然而，孙权的封爵还没有颁下，就碰上吕蒙疾病发作。

此时的吕蒙，已成为孙权的栋梁之臣。孙权心中清楚，吕蒙多病，却不顾残弱之躯，亲讨关羽，再次为他孙氏江山立下不朽功业。如此忠臣，孙权绝对不愿让他死！孙权当时住在公安，特意把吕蒙安置在他处内殿中，千方百计为吕蒙治病。

吕蒙病情严重，治病中不时需要用到针灸。孙权为吕蒙遭受病痛的折磨而感到伤心难过，既想经常观察吕蒙的状况，又担心会劳动吕蒙起身迎接累着他。为此，孙权特意在墙壁上开一小孔，以便看到吕蒙的情况。吕蒙若能吃下饭食，孙权就感到很高兴，有说有笑；吕蒙若难以进食，孙权便会唉声叹气，不能入睡。

尽管孙权是如此疼惜他的爱臣，吕蒙终究还是因病情逐渐加重去世。吕蒙死时，年仅四十二岁。孙权哀伤上天过早夺取吕蒙的生命，未能让吕蒙继续发挥才干辅佐他，悲痛得都瘦了。

关羽一生战功显赫，名扬天下，却因为骄傲自负，好大喜功而失去性命。吕蒙以病弱之躯，实现终身的愿望，为孙权扫清关羽的威胁，达到个人名望的顶峰，却因为病重去世。刘备和孙权同年失去大将，各自的遗憾可想而知。

子承父业

汉献帝建安二十五年（公元 220 年），一代枭雄曹操的生命走到尽头，于正月在洛阳驾崩。曹操的文治武功均极其出色，他的逝世对于魏国夺取天下的未竟事业无疑是巨大损失。一时间，军队骚动，人心不稳。能否顺利继承曹操之位，安定天下，曹丕面临巨大的考验。

曹操的死震动了整个洛阳。其时，曹丕还在外驻守，洛阳方面已经躁动不已，决定不公布曹操去世的消息。以免人心不稳，危及社稷。谏议大夫贾逵提出反对意见，他认为不应该保守秘密，事情早晚要公布，不如早告知天下，以便曹丕从容处理。洛阳众臣这才把曹操驾崩的消息公布出去。

噩耗传出，鄢陵侯曹彰特意从长安赶来表达他的哀痛。当时，曹彰询问贾逵魏王的印玺放在何处。贾逵心知曹彰手握重兵，又是曹植的支持者，害怕引起争端，便义正词严地告诉曹彰说继位人早已选定，其他人不应当越权过问。曹彰面对强硬的贾逵，自觉理亏，便不再发问。

当曹操在洛阳驾崩的消息传到邺城的时候，太子曹丕恸哭不已。曹丕面对父亲的死，难以接受。为此，中庶子司马孚劝谏他要以国事为重。司马孚的一番话彻底点醒了曹丕。孙权和刘备久有野心，很有可能趁父亲死去之机出兵伐取中原，而魏国失去君主，正处于一片混乱之中，身为世子还不立刻站出来主持大局，那么很有可能天下易主。

曹丕决定暂忍哀伤，召集百官商议大事。可是，摆在曹丕眼前的是一副烂摊子，群臣刚刚听到曹操去世的消息，相聚痛哭，场面十分混乱。此时，司马孚再次挺身而出，司马孚的喊叫并未起到多大作用，曹丕只好命令群臣退出朝堂，安排好宫廷警卫，处理曹操的丧事。

在朝野内外混乱不堪的情况下，一个权威的女人站了出来，给予曹丕有力的支持，她就是曹丕的母亲，魏王后卞夫人。

卞氏深受曹操喜爱，又身为魏王后，在支持曹丕迅速继位魏王方面无疑最有发言权。而卞氏在时局不稳的关键时刻，恰恰有力地支持了曹丕一把。

曹操去世后不久，得到卞氏支持的曹丕，为免人心不稳，危及社稷，决定立刻继位魏王。于是，曹丕在一天之内，召集百官，安排礼仪，准备妥当。次日，卞氏以魏王后的身份，拜曹丕为魏王，继承曹操之位。曹丕继承魏王之职，天下很快安定下来。而汉献帝也下达诏书，承认了曹丕的合法身份。

曹操生性多疑，看人准确，并且懂得知人善任，不会埋没人才。军事上谋略周全，应战沉着。赏罚上，曹操对有功之臣，不吝千金，而对违背法规之人则依法惩处。正因为曹操拥有种种优秀才干，他才能够消灭同样有野心的诸侯。

至于曹丕，据史书记载，少有逸才，阅读广泛，年仅八岁便能为文。在文学上，他是三国时期著名的文学家及诗人。在历练上，他在建安十六年（公元 217 年）时便担任副丞相，协助曹操处理政务，也算经验丰富。在政治谋略方面，曹丕依托司马懿等优秀谋臣的帮助，战胜曹植取得继承权，显现出政治家的成熟风度。于武艺一途，曹丕鞍马娴熟，习于骑射，曾用甘蔗代剑战胜将军邓展，可见一斑。

总体而言，曹丕能文能武，拥有政治家的杰出素养，他代替曹操执政，可谓子承父业。初登魏王之位的曹丕，暂时摒弃失父的哀伤，逐步放手施展胸中抱负。如何扫清异己，稳固王位，便是曹丕眼前的第一件大事。

在很短的时间，曹丕接连展开更改年号、提拔亲信、封赏有功者三项大事。曹丕改建安二十五年（公元 220 年）为延康元年，任命太中大夫贾诩为太尉，御史大夫华歆为相国，王朗为御史大夫。此后，曹丕又设置散骑常侍、侍郎各四人，提升前将军夏侯惇为大将军，有功之臣兼得到封赏。

分析曹丕采取的三项措施：新王继位，为显新气象，更改年号，自无可厚非；而提拔亲信的做法，却使得曹丕将文武大权尽皆操于手中；至于广为封赏有功之臣，则是收买人心。曹丕的这三项举措，对于巩固其地位，稳定人心具有巨大的作用。

只有皇叔是正牌

刘备一直自称中山靖王刘胜之后，以汉宗室成员自居，历年来，刘备南征北战打的旗号都是振兴汉室。曹丕代汉自立的消息传到蜀地，坊间纷传汉献帝被害。此时，年过六旬的刘备又该如何面对呢？他的臣子们替刘备选择了一条道路，称帝，延续汉朝正统。

汉献帝禅让帝位，曹丕称帝后，并没有毒害他。相反曹丕用河内郡山阳县一万民户奉养汉献帝，尊其为山阳公，允许他依旧使用汉朝立法，用天子礼仪进行郊祀，汉献帝的四个儿子也被封诸侯。

然而，曹丕代汉的消息辗转传到成都却完全改变了性质。民间到处传言汉献帝已经被杀害，这条消息对于一向拥护汉献帝的刘备而言恰如五雷轰顶。刘备能够到达汉中王的地位与他是汉献帝皇叔不无关系。因此，悲痛的刘备发布讣告，制作丧服，要求成都满城缟素，并追加汉献帝谥号为孝愍皇帝。

面对曹丕的倒行逆施行为，刘备一时间不知道如何应对。是立即起兵，批判曹丕篡汉的不臣行为，还是秉持观望的态度，暂行研商，再图大计？虽然刘备还不知道该做些什么，但有一点他是明确的，那就是绝不向曹丕称臣。

刘备已经年过六旬，垂垂老矣。听闻坊间汉献帝被杀的传言，刘备心中的确怀着悲痛，然而，刘备心中却还夹杂着一丝欣喜。悲痛夹杂欣喜，这是十分复杂的一种情绪，可在刘备身上却并不矛盾。自起事起刘备便一直宣传自己是中山靖王的后代，他凭借汉宗室的合法身份，收拢了一班文臣武将，逐渐建立起自己的根据地。在群雄割据、逐鹿中原的混乱年代里，谁不想称天子？然而汉朝尚在，献帝犹存，大家都不敢公然违背道义，怕招致天下围攻。袁术称帝不得善终就是明证。即使曹操这般英雄的人物，虽将汉献帝作为傀儡玩弄二十余年，却仍不敢代汉自立。

然而如今，曹丕以不正当的手段逼迫汉献帝禅让，并毒害汉献帝的流言遍起，这对于刘备来说恰是个好机会。刘备的地位日趋稳固，又晋爵汉中王，他未曾不想称帝。可是，刘备如同曹操一样，不敢。

但是，传闻汉献帝已经被毒害，情况就大不相同了。刘备打的旗号是拥护汉室，并不是拥护某一个皇帝，汉献帝之所以得到刘备的支持，只是因为他是汉室的代表罢了。现在既然汉献帝被曹丕杀害，刘备正可以借机引申拥护汉室的含义，再举出一名新代表，继承汉朝正统。

刘备隐约觉得，他自己征战多年，天下闻名，又是中山靖王之后，似乎也可以成为汉室的新代表，荣登帝位。只是，这话，刘备不好说出口。聪明的臣子总是善于分析形势，揣测主公的心思。于是，刘备虽然没说出他要称帝，底下的百官却忙活开了。刘备手下的臣子们清楚，刘备如果在曹丕代汉的时刻称帝，最合适不过，而他们也将随着刘备身份的变化，加官晋爵。如此划算之事，何乐而不为呢？于是，在诸葛亮等人的操持下，安排刘备称帝的部署逐渐展开。

刘备以汉室忠臣自居，故曹丕代汉后，刘备仍沿用建安年号。建安二十六年（公元221年）四月，刘备在成都武担山南举行称帝仪式。称帝仪式结束后，刘备定国号为蜀，改建安二十六年为章武元年，以诸葛亮为丞相，许靖为司徒，设置百官，建立宗庙，祭祀自汉高祖以下的历代祖先。

从曹丕代汉自立到刘备得到消息，几个月的时间，刘备却没有验证汉献帝是否真的被曹丕毒害，却忙着制造祥瑞，继承所谓汉朝正统。从这点便可以看出，刘备是何居心。

刘备以汉朝正统自居，延续汉室事业，却未能得到天下的认同。就连司马光都发表评论，认为刘备自称的中山靖王之后的身份，历时过久，难以认证，对他继承汉朝正统不敢苟同。然而，三国乱世，有能者居上，比起怯懦无能的汉献帝，也许刘备更称得上是英雄。因此，刘备建立蜀国的行为，见仁见智，却也难以得到统一的观点。

第一次北伐

诸葛亮在刘备逝世后，受托辅助后主刘禅，无论内政，无论外交，凡事均躬身力行，使得夷陵之战大败后的蜀国国力渐渐恢复。后南征孟获，平定了南方乱事，至此，蜀国内部和外部环境已平静许多，诸葛亮观北伐时机已然成熟，遂上书《出师表》，驻扎汉中，准备北伐。然而一直到魏太和二年（公元228年），诸葛亮的准备工作才做好。开始五次北伐的第一幕。

此时诸葛亮领兵驻扎汉中，与众将商讨如何用兵。站立一旁的魏延向诸葛亮提出了一个建议："欲请兵万人，与亮异道会于潼关，如韩信故事。"（《三国志·蜀书·魏延传》）也就是说，魏延向诸葛亮请兵，准许自己以轻装兵快速出子午谷达长安，然后迅速东进夺取潼关等险要，与出兵斜谷的诸葛大军会合，凭潼关、武关等险要，直接夺取关中，从而拒魏军于关外。

然而诸葛亮天性谨慎，他不喜欢魏延这种妄想一步到达的险棋。当年关羽冒险北伐，虽留下水淹七军的战绩，却也致使后方空虚，被东吴乘了个空，因此诸葛亮更喜欢慢慢地来，稳稳地来，所以他驳回了魏延的提议，向将领们提出了自己的计划：令将领赵云、邓芝率一支部队到箕谷，假装要取道斜谷道攻打郿城。将魏军的眼光吸引到其上，然后自己经由坦道攻取陇右，从而切断魏关中与河西地区的联系，为进一步攻取关中和河西打下基础。诸葛亮的战略眼光是远而稳的，其短期计划看似十拿九稳，然而汉中到陇右的运输线过长，难以支撑长期的作战，兼之陇右并非天然的防御基地，所以最后失守陇右的可能性很大，那么诸葛亮的北伐也就无功而返了。

两相比较之下，魏延的计划虽然险，然而倘若成功，那么光复汉室的计划可以说已经完成了一半。而诸葛亮的计划虽然稳，然而即便成功夺取陇西，诸葛亮都要为一条长战线而绞尽脑汁。由此看来，魏延的计划并不比诸葛亮的差，然而当时统军的是诸葛亮，他既然已想好自己认为是十全九美的计划，而魏延的提议又不合他的口味，因此蜀军的进军还是由诸葛亮说了算，因此魏延时常"谓亮为怯，叹恨己才用之不尽"。（《三国志·蜀书·魏延传》）

当时蜀国有一个地方名叫街亭，是关陇大地的咽喉之地，其所处位置是一个绝佳的战略要地。视野开阔，交通方便，地势险要。所以街亭的战略地位十分重要，是历代兵家必争之地。当时魏延领兵在前，诸葛亮领兵在后，两军的咽喉之地便是街亭。诸葛亮自也明白张郃是有勇有谋的大将，因此他当时就料想张郃必定出兵街亭，企图切断魏延和诸葛亮的联系，所以他必须派出一个将领去守住街亭这个军事重地。诸葛亮防守街亭的想法是正确的，可是将领的选择却令人不得不惋叹诸葛亮的眼光。众观部下将领，实战丰富的魏延便是最佳人选，"时有宿将魏延、吴壹等，论者皆言以为宜令为先锋"（《三国志·蜀书·马良传》)，然而诸葛亮却放弃了这个曾经被刘备以汉中托之的大将，找了一个从未上过战场的马谡。谨慎如诸葛亮，却作出如此大胆的决定，是他对马谡过于相信，还是对自己过于自信？

诸葛亮派出了马谡作为主将，领副将王平前往街亭设防。同时，诸葛亮命令高翔将军率领一支军队屯驻在临渭以北、街亭以南的列柳城，其目的是防备雍州刺史郭淮配合张郃的进攻，从临渭发起进攻。

马谡首次用兵，兴奋激动地接过诸葛亮的兵权，往街亭大踏步而去了。

街亭在祁山之北，北临渭水。渭水之北便是张郃部队来袭之处。诸葛亮的本意是安排马谡凭借渭水之险与北面越过陇山而来的张郃周旋，等待从前方北面退回的魏延，双方对张郃形成南北夹击，一举而败之，张郃若败，陇右唾手可得。可是马谡实在自大，居然异想天开，放弃诸葛亮的安排，不去坚守渭水，让出了渭水和祁山之间的大片平地，然后退至后面的祁山防守。

王平见马谡如此安排，大惊，急忙往见马谡，一再劝阻马谡依渭水而守。王平对马谡提出街亭的情况，说"街亭一无水源，二无粮道，若魏军围困街亭，切断水源，断绝粮道，蜀军则不战自溃"。然而马谡却自视丞相重视，不顾王平的劝阻，他死记教条，以为兵居高处则可对战局一览无余，从而将战争的主动权紧紧地握在手里，却不懂得具体问题具体分析。如果张郃强行渡过渭水，驻扎在渭水与祁山之间，切断马谡的兵马在祁山上的供水，这样不但自己的部队可以脱身，也可以将马谡部队困在祁山之上。

而张郃也确实这样做了，成功地将马谡的兵队困于祁山。马谡现在在祁山之上进退两难，没有水源，蜀军在山上极渴难耐，出现内乱之事也就在情理之中的了。马谡见军队因缺水而军心涣散。不战自乱，知道局势已经无法挽回，只得弃军逃亡。张郃见马谡军兵败而逃，急忙乘胜攻击，蜀军已乱，更至此冲击，几乎全军覆灭。

王平见马谡所统军队全军败逃，唯自己所领本部千余人，明显对抗不了张郃。因此王平以虚张声势之计，使得张郃疑蜀军前有伏兵，因此不敢往前追击。王平这才慢慢集合分散的军队，向诸葛亮大军处缓缓而退。

街亭就这样失守了，马谡此时在逃亡期间真当羞愧万分。不说守不住街亭一事，如若他不自作聪明，舍水上山，那么后人也只能赞叹魏国张郃毕竟是大将一名。可是他竟然不听安排，自大地按照自己的想法行事，致使后人对他的失败有话可说，非但为自己戴上了"纸上谈兵"的嘲讽帽子，还回报了看重他的诸葛亮一个重重的巴掌。

街亭失了，消息传到诸葛亮耳中，诸葛亮如受重击。面对街亭失守，"前无所据"的尴尬处境，诸葛亮深知此次北伐不能成功了。此时，又传来列柳城高翔军队被魏军郭淮击破，再回看箕谷赵云也抵抗不了曹真大军的军势。至此，蜀军已经失掉了所有有利形势，无奈之下，诸葛亮也只好引兵退回汉中。

诸葛亮退回汉中后，自知引领大军北伐却无功而返，实在有愧于蜀国上下，兼之街亭的失守虽直接归咎于马谡，实际追究起来，自己作为任命人才应该负有最大的责任。因此诸葛亮回汉中后第一件事就是上表向后主陈述自己的过错，随后自贬三级，赵云亦被贬为镇军将军，王平因有进谏而被提拔。而对于临阵逃脱、弃士兵于不顾的马谡，虽则诸葛亮仍对其器重，但为严守军令，也只得按军法将其斩杀。

最后的北伐

随后，诸葛亮又进行了三次北伐行动，都因为种种原因而退兵。在此期间，魏蜀双方有多位名臣名将相继死去，司马懿上位成功，成了诸葛亮最强劲的对手。

魏青龙二年（公元234年），诸葛亮开始了他最后一次北伐，这一次北伐为诸葛亮鞠躬尽瘁的精神画龙点睛，从而画上了一个精彩的句点。

魏国方面，司马懿一听说诸葛亮再次来犯，急忙领兵前往阻挡。此时司马懿部下的将领皆认为应该在渭水以北与诸葛亮隔水相持，然而司马懿不这么认为，他说："百姓积聚皆在渭南，此必争之地也。"因此立即率领军队渡过渭水，沿岸设点阻击。司马懿在分析了形势后，对诸将说："亮若勇者，当出武功依山而东，若西上五丈原，则诸军无事矣。"（《晋书·宣帝纪》）后来司马懿得知诸葛亮果然上五丈原时，魏将无一不感到欣喜，仿佛胜利已经在望了。

当时诸葛亮第四次北伐退军时，司马懿就判定诸葛亮再出兵时，"当求野战，必在陇东，不在西也"（《晋书·宣帝纪》）。因为司马懿明白蜀军若向东兵出武功，这对于魏军来说威胁是很大的，相反，西上五丈原则对魏军不能造成什么影响。司马懿懂得，诸葛亮也不至于不明白吧？那为什么诸葛亮又选择西进五丈原呢？

究其原因，怕也就是因为诸葛亮的谨慎吧。我们知道，渭河和秦岭山脉之间有一片狭长平坦的河谷地区，蜀军若向东，便要经过这条狭长地道。而司马懿的大军如果沿河筑垒，那蜀军沿着这条道路前进，就不得不冒着侧敌行军的危险。

司马懿也明白这个道理，因此他选择了渡河背水列阵，这一个巧妙的安排使东进路线被切断了，因此诸葛亮只好选择往西前进了。其实如果诸葛亮敢于冒一下险，司马懿还不一定敢在诸葛亮侧敌行军时出击，毕竟魏明帝的明确指令是坚守不出。不过，司马懿如若让蜀军通过这条狭长地带从而抵达武功，那便可以切断司马懿军与长安的联系，从而威胁到长安城的安全，那战局自是另一番景象了。不过历史已是既然，过多的猜测意义不大，只是在这场往东还是往西的博弈战中，诸葛亮和司马懿给我们上了精彩的一课。

就在魏军一片胸有成竹的乐观气氛下，有一个人却皱起了眉头，这个人就是郭淮。郭淮并不以为蜀军进驻五丈原，魏军就能多轻松，同时他认为诸葛亮必定会派兵到北原攻打自己，以便阻断陇道，切断陇右与关中的联系，魏军将不得不应战。因此他建议司马懿率先进驻北原。

然而诸将都认为郭淮多虑了，唯有司马懿听了郭淮所言觉得深有道理，从而意识到北原的重要性，于是便命郭淮等人率兵移屯北原，阻挡诸葛亮。郭淮立即率领军队进驻北原据守，然而堑垒尚未完成，果不出郭淮所料，诸葛亮已经派兵前来攻城。在郭淮的坚守下，诸葛亮无法攻下北原，两军遂处于对峙状态。诸葛亮攻克北原以切断陇道的计划在郭淮的顽强抵挡下无法成功，诸葛亮明白这样跟他耗着对自己无疑是不利的，只好领兵西行，作出欲攻西围的样子。然而郭淮又看出了他的计策，他认为诸葛亮进攻西围是假，东进攻取阳遂才是真。

诸葛亮果然以声东击西之计，不一会儿就领兵来到了阳遂城下，然而魏军因郭淮的提议，早在诸葛亮来时就做好了万全准备，因此得以顺利击退了蜀军的进攻。看来到目前为止，郭淮的表现都足以令人称奇。

诸葛亮到目前为止，一个城池都没有拿下，无论是之前的北原，还是现在的阳遂。或许是因为诸葛亮认为自己两次的出击都会出乎敌人意料之外，从而将对方打个措手不及，因此有些大意，所领攻城士兵也不多，却不知魏国有人却屡次看破了他的计策，从而得以提前做好反击的准备。看来诸葛亮是有点儿急躁了，为何对这些不是奇计的计策有着这样的信心呢？

诸葛亮确实是有点儿急躁了，他明白自己的身体已经撑不了多久，而在北伐之路上却还没有取得任何大成绩，出师未捷，身子却先垮了下来，这怎么可以呢？因此诸葛亮要速战速决，然而他偏偏遇到了魏明帝和司马懿。因为魏明帝指示司马懿当"坚壁拒守，以逸待劳"，而司马懿也很顺从地听魏明帝的指示，面对诸葛亮的进攻，均采取无动于衷的态度坚守不出。

诸葛亮一面逼着司马懿出战，另一面也考虑到前几次北伐都因为运粮不继的问题而导致功败垂成，于是开始在渭、滨的居民之间屯田生产粮食。他这下是明着跟司马懿讲，我这次跟你耗到底了。看来诸葛亮确实有这样的打算，或许，他也明白自己的北伐，这将是最后一次了。

诸葛亮眼见自己两鬓越加斑白，脸颊因为多年的劳累而日渐深陷，现如今，自己更是难以入咽，一天吃不了三餐，一餐吃不了几粒米，而脑袋也越来越不好使了，看来自己已经快到极限了，而魏国还有一大片土地在那里摆着，难道就要这样辜负先主的期望了吗？诸葛亮也许还在争一口气，他明白，只要他还有一口气在，他就会尽自己的力气去做自己该做的事，而这该做的事就是当年在南阳卧龙岗里和先主刘备共同谋划的《隆中对》。《隆中对》的过程和实际虽然有点儿出入，但它的最终目标，诸葛亮希望能达到。

后来诸葛亮又遣使求战，然而这次司马懿却不谈军事，反而问使者："诸葛公起居何如，食可几米？"使者回："三四升。"然后又问政事，使者说："二十罚已上皆自省览。"经过这一番谈及私人生活的情况，司马懿明白了诸葛亮一直都事事亲力亲为，食少事烦，故而大喜道："诸葛孔明其能久乎！"（《晋书·宣帝纪》）

果不其然，魏青龙二年（公元 234 年）八月，诸葛亮终因积劳成疾而病倒，病情日益恶化。司马懿得知后，趁诸葛亮病重不能统军之时，率军袭击其后方，大胜。消息传到了成都，刘禅派李福去探望诸葛亮，诸葛亮对李福讲述了自己死后的国家大计，又对各将领交代好后事。过了几天，到了八月二十八日时，时间再隔三天便将跨入下一个月份，进入那个纯净的收获季节。秋风刚拂向人间，拂向五丈原的萧索，诸葛亮的生命便在这寒意中睡下了。蜀国丞相北伐七年，连死都死在了北伐的路上，实在令人唏嘘不已。

诸葛亮也知道自己逝世的消息如若传出，势必引起蜀军恐慌，从而为魏国制造进攻的时机。因此就在他临死前，他对着几位亲信安排好了后事，做出了生命的最后一场绝唱。

蜀军按照诸葛亮的安排，秘不发丧，整军后退。有当地百姓见蜀军退走，便向司马懿报告。司马懿因此推知诸葛亮必是死于军中了，立即出兵追击。这时忽然有蜀将杨仪摇旗呐喊，好像要反击。司马懿以为中了诸葛亮的诱敌之计，急忙撤军。到了第二天后，蜀军退回，司马懿到蜀军空营巡视，赞叹诸葛亮为"天下奇才也"。

司马懿见蜀军是真的退兵，肯定诸葛亮已死，忙要率兵急追。辛毗却认为诸葛亮死讯尚不可知，不宜出兵，司马懿说："军家所重，军书密计、兵马粮谷，今皆弃之，岂有人捐其五藏而可以生乎？宜急追之。"（《晋书·宣帝纪》）于是，率兵急追。当时关中地多蒺藜，司马懿于是派人用一些软材料做成三千多双平底木屐，派三千士兵穿着在大军前行走，蒺藜因此都刺在了木屐上，从而保证了后方大军的顺利行军。司马懿率领步兵和骑兵，一直追到了赤岸，才肯定了诸葛亮确已死亡，并听闻这里有人在流传着一句谚语："死诸葛走生仲达。"司马懿听后，无奈地自嘲道："吾便料生，不便料死也。"（《三国志》，裴松之引《汉晋春秋》）遂领兵而回。

诸葛亮死了，司马懿后因功升任太尉，其在曹魏的政治地位是扶摇直上，为后来的司马代曹开了一个很好的头。

权力使人迷失

　　魏景初三年（公元239年）初，魏明帝病重，召司马懿进京。司马懿在襄平时，曾梦见明帝枕在他膝上，说："视吾面。"他俯视，见明帝面有异色。当司马懿看见诏书中也有类似的话，大惊，以为京城政变，单人乘车在一夜间疾行四百里赶到京城，司马懿忠勇的一面展露无遗。史料记载："（曹叡）执其手谓曰：'吾疾甚，以后事属君，君其与爽辅少子。吾得见君，无所恨！'宣王（司马懿）顿首流涕。指齐王（曹芳）谓宣王曰：'此是也，君视之，勿误也！'又教齐王令前抱宣王颈。王九岁，在于御侧。帝执宣王手，目太子曰：'死乃复可忍，朕忍死待君，君其与爽辅此。'宣王曰：'陛下不见先帝属臣以陛下乎？'曹叡在死前对司马懿一番殷勤付托之后，"崩于嘉福殿，时年三十六"。继位的曹芳是明帝的养子，一直"秘在宫中，无人知之"，他的身世，也存有争议。

　　新皇登基，"加曹爽侍中。改封武安侯，食邑一万二千户，赐剑履上殿，入朝不趋，赞拜不名，与司马懿各统精兵三千人，共执朝政"。曹爽与司马懿，一个是亲贵，一个是老臣，两人共同辅政的日子，也曾有过一段"蜜月期"。《三国志》中记载："初，爽以宣王年德并高，但父事之，不敢专行。"起初曹爽因为司马懿年老，所以按照对待父辈的礼仪对他，有什么事情也都同司马懿商量，不敢独断专行，而："宣王（司马懿）以爽魏之肺腑，每先推之；爽以宣王名重，亦引身卑下，当时称焉。"司马懿在国家大事上也尽心尽力，这些都说明两人在辅政之初，都还算尽职克己。好景不长，曹氏亲贵欲排挤司马懿，曹爽想让尚书奏事先通过自己，以便专权。排挤一个人的方式有很多，不见得一定要赶尽杀绝，尤其是对待司马懿这样朝中势力很大的重臣，一下子打死也是不可能的。曹爽想的方式很简单：给司马懿升官。

司马懿当时的官职是"侍中、持节、都督中外诸军、录尚书事"，名号虽然多，但是级别不是最高的，于是曹爽向天子进言，希望司马懿担任大司马，这个职位是"三公"之一，很是尊贵。这时有人提出以前有很多人当大司马，当了没几天就死在任上了，这个官衔不吉利，提出司马懿可以当"太傅"，也是"入殿不趋，赞拜不名，剑履上殿"。按照当时的官制，大将军位在太尉之上。对于给司马懿升官这件事，史书中很明确地写道："外以名号尊之，年欲令尚书奏事，先来由己，得制其轻重也。"（《三国志·魏书·曹真传附子爽传》）太傅是个闲散高官。推司马懿为太傅，表面上是提高了司马懿的官位，实际上是夺了司马懿的权。

曹家人紧锣密鼓地安排，任用曹氏子孙掌管军队权力，曹爽的兄弟们完全掌握了禁军权力。另一方面进一步在政治上压缩司马懿的空间，任用自己的亲信担任朝中要职。

司马懿渐渐被架空，很多政事都不能参与，于是称病回避曹爽，韬光养晦等待良机。

朝堂上看不见死对头司马懿的身影，曹爽更加肆无忌惮，纵容他的党羽亲信，让何晏割洛阳和野王典农的数百顷桑田和汤沐地作为自己产业，又窃取官物，甚至向其他州郡要求索取，官员不敢抗逆只能顺从。狂妄的曹爽，其饮食、车马和衣服都与皇帝类似，并有很多妻妾，甚至私自带走明帝七八个才人作为自己的妻妾。对哥哥的恶性，弟弟曹羲甚为忧虑，曾多次劝谏，但曹爽不听。曹羲没办法，写文章三篇，在文中陈述骄淫奢侈过度将会产生祸败，言辞十分恳切，却又不敢直接指责曹爽，只能假托训诫曹氏其他子孙的口吻用来警示曹爽。曹爽心里明白曹羲其实是在告诫他，对弟弟几次谏言很是不满。曹羲见曹爽对自己的劝告置若罔闻，只得涕泣而去。

多行不义必自毙，曹爽集团的倒行逆施和胡作非为早已引起了朝中不少大臣的不满，称病赋闲在家的司马懿已经在暗中开始与太尉蒋济等谋划伺机推翻曹爽。

司马懿的时机终于来到了！魏嘉平元年（公元 249 年）春正月，魏帝曹芳离开洛阳去高平陵祭奠魏明帝，大将军曹爽、中领军曹羲、武卫将军曹训均从行。城中兵力顿时空了一半。桓范曾经站出来说："总万机，典禁兵，不宜并出，若有闭城门，谁复内人者？"桓范极具忧患意识，但是曹爽的心中早已没有对手，也就不会这么分析问题，负气而霸道地说出一句："谁敢尔邪！"

司马懿由于此前装病装得很成功，蒙蔽了曹氏集团众人的眼睛，自然也就没有人要求他出行扫墓。司马懿乘机上奏永宁太后，请废曹爽兄弟。当时，司马师为中护军，率兵屯司马门，控制京都，司马师暗中还培养了死士三千，加上禁军士兵的战斗力也比较强，这些人马加在一起已经是一股很可观的武力了。司马懿自己则召集在京城的高官，向他们宣布曹爽有篡夺帝位的计划，称已奉皇太后之令罢去曹爽官职。这些大官平时也没受过曹爽什么好处，面对德高望重、颇具势力的司马懿，纷纷表示愿意效忠，于是司马懿令高柔假节钺行大将军事，对他说："君为周勃矣。"

司马懿用极快、极利落的手段控制了洛阳城。司马懿列阵欲往洛水浮桥屯兵防止曹爽大军回攻。正午时分，司马懿发出了经皇太后批准的奏文，令快马送至高平陵，历数曹爽的罪状。

其后，司马懿以谋反的罪名，杀曹爽及其党羽何晏、丁谧、邓扬、毕轨、李胜、桓范等人，并灭三族。至此，曹魏的军政大权完全落入司马懿的手中，为司马氏取代曹魏奠定了基础。

同年二月，魏帝策命司马懿为相国，封安平郡公，孙及兄子各一人为列侯，前后食邑五万户，封侯者十九人。司马懿固辞相国、郡公之位不受。又恩准他"群臣奏事不得称名，如汉霍光故事"。司马懿上书辞让说："臣亲受顾命，忧深责重，凭赖天威，摧弊奸凶，赎罪为幸，功不足论。又三公之官，圣王所制，著之典礼。至于丞相，始自秦政。汉氏因之，无复变改。今三公之官皆备，横复宠臣，违越先典，革圣明之经，袭秦汉之路，虽在异人，臣所宜正，况当臣身而不固争，四方议者将谓臣何！"司马懿先后上书十余次，"诏乃许之，复加九锡之礼"。司马懿又上书辞谢："太祖有大功大德，汉氏崇重，故加九锡，此乃历代异事，非后代之君臣所得议也。"

魏嘉平三年（公元251年）八月，司马懿走完了他七十三年的人生旅程。当年九月，他被葬于河阴首阳山。等到他的孙子晋武帝受魏禅建立晋朝，为其上尊号为宣皇帝，庙号高祖。

扶不起的刘禅其人阿斗

在多数人的眼中，蜀国后主刘禅是一位平庸昏聩，甚至有些低能的人。刘备死时，他只有十七岁。刘备临终特意叮嘱他："汝与丞相从事，事之如父。"刘禅很听话，称诸葛亮"相父"，蜀国"政事无巨细，咸决于亮"。史书记载刘备曾对刘禅讲："丞相叹卿智量，甚大增修，过于所望，审能如此，吾复何忧？勉之，勉之。"诸葛亮也曾经表示过"朝廷年方十八，天资仁敏，爱德下士"。大概即位之初的刘禅，还不如后人想象的那般无能，但是在诸葛亮死后，他贪图奢华享受的恶性日渐暴露。他屡次想广修宫室，采择民女，以供玩乐。所幸蜀国有蒋琬、董允等诸葛亮的"遗产"力言不可，他才有所克制。

蜀延熙九年（公元246年），蜀国的股肱之臣蒋琬、董允相继去世，军国大政由费祎掌管，他任用陈祗为侍中，做皇帝的近臣。陈祗，字奉宗。他年少时就成为孤儿，十五岁时就有令名。史籍记载，他"矜厉有威容。多技艺，挟数术，费祎甚异之，故超继允内侍"。陈祗与宦官黄皓狼狈为奸，相互勾结，玩弄权术，"祗上承主指，下接阉竖，深见信爱，权重于维"。.

黄皓，有人认为他是蜀亡的罪魁祸首，是他"操弄权柄，终至覆国。"他和赵高、魏忠贤、李莲英等十人，是历史上最臭名远扬的宦官。而且此人城府极深，旁人都猜不透黄皓的意图。董允为黄门侍郎、侍中时，"上则正色匡主，下则数责于皓"。黄皓畏惧董允，不敢为非作歹。等到后主宠信陈祗，在侍中陈祗推荐下，黄皓先成为中常侍并得到后主宠幸。"景耀元年，皓始专政"。刘禅宠信黄皓、陈祗，不理朝政，肆意胡为。经常外出游逛，并增造后宫，广设伎乐，沉湎于酒色之中，朝中大臣想见刘禅一面都极为困难，甚至有人"不得朝见者十余年"。

在群臣默而不敢言的朝堂，谯周站出来指责刘禅行为的荒唐。谯周是三国时期著名的文学家、史学家，《三国志》的作者陈寿即是他的门生。谯周有一个"蜀中孔子"的外号，说明他学问大。四川人谯周忠肝义胆，对黄皓、陈祗的小人行径，极为义愤。谯周"体貌素朴，性推诚不饰，无造次辩论之才，然潜识内敏"，很符合儒家思想中"君子敏于事而讷于言"的标准。谯周上奏劝谏，用西汉末年的动荡年代历史为例子，希望刘禅像东汉的光武帝刘秀那样，关心百姓疾苦，厉行节俭，施行仁政，取得天下民心；不要像刘玄、公孙述那样，尽管实力强大，只是一味恣情享受，反而失去了天下。在上书中，他还提出了省减乐官、停止兴造的具体建议。

谯周的一片苦心并没有换来后主刘禅的改过自新，待到延熙十六年（公元253年），主持朝政的费祎被魏将刺杀，蜀国再无社稷之臣，政局急转直下。

刘禅对黄皓极度宠信，朝中的大臣多见风使舵，依附于黄皓的，便得高官厚禄，反对黄皓的，就遭到排挤，甚至被迫害。接替费祎职务的姜维，对黄皓的恣肆专权深恶痛绝，请求后主刘禅杀了黄皓，"后主不从"。

姜维对于黄皓一党"枝附叶连"把持朝政的情形，最终也是无可奈何，又"惧于失言"，所以"逊辞而出"，常年在外领兵。蜀国国力在三国之中算是最弱，连年征战，百姓不得休息，民生疲敝，谯周"与尚书令陈祗论其利害"，可能因为他不善言辞，也可能因为他人微言轻，谯周的劝谏没有奏效。谯周不甘心，写《仇国论》申明自己与民休息的主张。他说，"民疲劳则骚扰之兆生，上慢下暴则瓦解之形起"。他预言，蜀国"极武黩征"，必然"土崩势生"，如果"不幸遇难，虽有智者将不能谋之矣"。谯周劝告后主，"不为小利移目，不为意似改步，时可而后动，数合而后举""射幸数跌，不如审发"。与其每战必败，不如慎重出击。

不久，后主解除了谯周的中散大夫职务，升任为光禄大夫。光禄大夫地位很高，却并无实权。从此，谯周基本过着一种不过问政治的生活，他"以儒行见礼，时访大议，辄据经以对，而后生好事者亦咨问所疑焉"，门生众多，在学术界有很高的声望，只是可惜了他一腔忧国忧民的抱负。敢于忠言直谏的大臣不是死去，就是像谯周一般不与正事，刘禅沉迷于一种安稳的日子不知疲倦。

尽管民间对刘阿斗多戏谑之词，反观刘禅四十一年的君主生涯，在为政能力上也不乏闪光点。诸葛亮生前曾六出祁山，均无功而返，对连年的北伐，刘禅也曾经有过思考，他说："相父南征，远涉艰难；方始回都，坐未安席；今又欲北征，恐劳神思。"然而面对诸葛亮的坚持，刘禅对北伐也是极力支持的，无论他是碍于诸葛亮"相父"的身份，或是本着"君臣不和，必有内变"的想法，都确实有容人之德。执政后期对劝谏的大臣也没有因怒错杀。

曲城之战中，刘禅对原来的夏侯霸使出了一套炉火纯青的怀柔之术，陈寿也说"后主之贤，于是乎不可及"。后期的刘禅虽然安于享乐，但是对权力一向重视。蜀国开国以来，一直存在"事无巨细，咸决于丞相"的局面，诸葛亮死后，刘禅为了将权力收归君主，废除了丞相制度，设立大司马、大将军、尚书令等职，权力分散，便于他"自摄国事"。

针对他后期的荒政，陈寿认为："后主任贤相则为循理之君，惑阉竖则为昏暗之后，传曰'素丝无常，唯所染之'，信矣哉！"陈寿举染布的例子，说明刘禅的堕落，并不仅仅是个人资质问题，也是制度问题，"国不置史，注记无官，是以行事多遗，灾异靡书。诸葛亮虽达于为政，凡此之类，犹有未周焉"。在专制制度下，对于最高权力没有有效的监督，单靠君主个人的品性来确保政务能否清明，实在是力度单薄。尽管刘禅"经载十二而年名不易，军旅屡兴而赦不妄下，不亦卓乎！"但是诸葛亮死后，"兹制渐亏，优劣著矣"。没有一套行之有效的制度、缺少一位"大家长"式能臣的辅佐，刘禅的荒政，绝非个例，也毫不奇怪。

就在费祎死后不久，姜维遂大举征伐魏国。三月，东吴诸葛恪领兵兴师攻打魏国。姜维闻讯兴兵，力图吴蜀一心，两国夹击，使魏国自顾不暇，力图重创魏国。魏国将军司马师下令东南守军坚守阵地抵御吴国的进攻，同时派遣郭淮、陈泰调度关中军队，一举瓦解蜀国的进攻。由于准备不足，后方供给不畅，当魏国雍州刺史陈泰率军解围，才走到一半时，蜀军因为弹尽粮绝，不得不引兵退走，魏国成功化解了一次军事危机。

皇帝也是可以废掉的

新一任东吴的主人孙亮，所知不多，倒是有一则逸事，可以看出年少的孙亮非常聪明，观察和分析事物深入细致，为一般人所不及。

一次，孙亮想吃地方进献的甘蔗饧，派手下太监去取。恰巧太监憎恨主管库房的官员，就在甘蔗饧里放了两颗老鼠屎，诬陷管库房的官员失职。孙亮没有简单地听信一面之词，只是说："此易知耳。"他让手下的人将老鼠屎切开，里面是干燥的，外面因为浸泡而变得潮湿。孙亮大笑："若矢先在蜜中，中外当俱湿，今外湿里燥，必是黄门所为。"于是将持汤器的人唤进来询问说："此器既盖之，且有掩覆，无缘有此，黄门将有恨于汝邪？"仓库管赶忙叩头回答说："尝从某求宫中莞席，宫席有数，不敢与。"孙亮听毕，说："必是此也。"又责问太监，太监见事情败露，只能俯首认罪。

这样一个聪慧的人，最后却落得被废去帝位的命运，而这个废掉他的人，身上也流淌着孙家的血液。

孙綝，字子通，是孙坚弟弟孙静的曾孙，与东吴权臣孙峻为同一祖父的从兄弟。吴太平元年（公元256年），权臣孙峻在北伐曹魏途中过世，将权力移交给年仅26岁的从弟，时任偏将军的孙綝。后来孙綝官至侍中兼武卫将军，领中外诸军事，实际掌握东吴的权力。

东吴豪族对孙氏一门独大的情形一直心存不满，以骠骑将军吕据为代表的北伐前线诸将联名上书，推荐滕胤为丞相。孙綝任命滕胤为大司马，并不给他实权，并派滕胤且镇守武昌，滕胤只是得到了一个虚高的职位，已经远离权力中心。

吕据等人的如意算盘没有成功，便率军从北伐前线返回建业，密谋推翻孙綝。孙綝事先得到消息，一方面派遣从兄右将军孙虑抵御吕据大军。另一方面要求滕胤立刻出发捉拿吕据。滕胤自知泄密，于是拥兵自卫。

这次东吴内变持续的时间很短，孙綝以极快的速度诛杀滕胤、吕据，并下令诛灭了滕胤、吕据的三族。对滕胤的死，裴松之很不以为意，说："孙綝虽凶虐，与滕胤宿无嫌隙，胤若且顺綝意，出镇武昌，岂徒免当时之祸，仍将永保元吉，而犯机触害，自取夷灭，悲夫！"反对者被铲除，孙綝暂时控制住了局面之前，孙峻的从弟孙虑参与支持孙峻诛杀诸葛恪的政变，因有功于孙峻而得到厚待，官至"右将军、授节盖、平九官事"。等到孙綝上台，失去靠山的孙虑地位降低，心生不满，对孙綝也不很尊敬，"与将军王惇谋杀綝"。孙綝提前一步，将王惇杀死，孙虑失败，服毒自杀。

吴太平二年（公元 257 年）五月，"魏征东大将军诸葛诞以淮南之众保寿春城，遣将军朱成称臣上书，又遣子靓、长史吴纲诸牙门子弟为质"。第二年，诸葛诞战败被杀，东吴诸将领也投降曹魏，孙綝支持诸葛诞反叛，不仅没能从中获利，反而害得东吴损兵折将，朝中大臣对他多有不满，却敢怒不敢言。

此时吴主孙亮已经亲政，对孙綝战败颇有微词。孙綝于是称病不朝，在朱雀桥边终日作乐，并将自己的兄弟、亲信安插到军中，握有军权，希望以此巩固自己的地位。

之前，孙亮的三姐被孙峻杀死。吴太平三年（公元 258 年），孙亮借口追究此事，下诏斥责孙綝的亲信朱熊、朱损失职之过。孙綝上表求情，孙亮不予理睬，下令诛杀朱熊、朱损。这是孙亮对付孙綝的第一步。之后，孙亮与大姐全公主、太常全尚、将军刘承等策划诛杀孙綝。

此事恰好被孙綝的从外甥女获悉，这个女人又恰是孙亮的妃子。关键时刻，这个女人抛弃了自己的丈夫，选择支持自己的从舅舅。孙綝连夜带兵缉拿了全尚，举兵包围皇宫。

孙綝命令光禄勋孟宗到宗庙祭祀先帝，之后召集群臣宣布废掉孙亮："少帝荒病昏乱，不可以处大位，承宗庙，以告先帝废之。诸君若有不同者，下异议。"惊恐的朝臣没有反抗孙綝的可能，只是一再表示："唯将军令。"孙綝让中书郎李崇夺过孙亮的玉玺，颁发诏书昭告天下孙亮的无道行为，"以亮罪状班告远近"尚书桓彝不肯在诏书上署名，做了孙綝的剑下孤魂。

失去帝位的孙亮被孙綝贬为会稽王，他的哥哥，孙权的第六个儿子孙休，成了新一代的吴国君主。孙綝派遣宗正孙楷与中书郎董朝迎接新一任的国君。孙休看见来访的大臣，心中除了疑惑，还是疑惑，不太相信一个大馅饼就这样落到了自己的头上，"楷、朝具述綝等所以奉迎本意"，孙休还是踌躇，纠结了一天两夜后，才决定上路。一行人走到曲阿这个地方，遇见一个白胡子老头，名叫干休，老头对着孙休一个劲儿地磕头，叮嘱他说："事久变生，天下喁喁，愿陛下速行。"

孙休继位后，孙綝被封为丞相大将军兼领荆州牧。孙綝一门五人封侯，又掌管禁军部队，权力远远超过皇帝，东吴开基以来闻所未闻之事。权倾朝野的孙綝越发肆无忌惮。孙休登上帝位后，对孙綝小心提防。有一次孙綝为孙休敬酒，孙休担心酒里有毒就没有喝，孙綝觉得很没面子，心里不爽。

孙休对孙綝多加赏赐。有人告发孙綝包藏祸心"怀怨侮上欲图反"，孙休只是将这个人交给孙綝发落。孙綝二话不说，便杀了该告密者。孙綝趁机表示自己想去武昌镇守，孙休应允，敕命孙綝所督帅的中营精兵万余人跟随前往，"所取武库兵器，咸令给与"。

大夫魏邈劝告孙休，"綝居外必有变"；武卫士施朔也举报孙綝有谋反的举动，说"綝欲反有征"。孙休于是"密问张布，布与丁奉谋于会杀綝"。

腊祭宴会是张布等人一手策划的。孙綝因为最近心情一直很不好就称病不去。孙休就一个劲儿地派人去邀请他，"使者十馀辈"，来的人越来越多，孙綝不得已，只好穿戴整齐进宫赴宴。家里的人都预感事情不对，纷纷劝孙綝不要前往，孙綝只是说："国家屡有命，不可辞。"可见孙綝虽然跋扈，却并无废掉孙休的意思，可是事已至此，他也唯恐自己有去无回，于是嘱咐家人说："可豫整兵，令府内起火，因是可得速还。"

宴会进行到一半，果然有人报告说孙綝家里着火了，请丞相速速回家。孙綝起身要走，孙休不答应，说："外兵自多，不足烦丞相也。"孙綝执意要走，丁奉、张布赶紧下令左右将孙綝捆绑起来。孙綝见木已成舟，一心只想活命，就跪下请求说："原徙交州。"孙休只是冷冷地说："卿何以不徙滕胤、吕据？"孙綝慌忙请求："原没为官奴。"孙休还是冷冷地说："何不以胤、据为奴乎！"孙綝无话可说，只能受死。为了稳定人心，孙休下诏说："诸与綝同谋皆赦。"孙綝部众放下兵器请降者多达五千人。这一年，孙綝只有28岁。

孙綝的弟弟孙闿一路坐船北逃，想去投奔曹魏，不想走到一半就被捉住，被追兵杀死，三族被夷。这样还不够，皇帝孙休觉得自己跟孙峻、孙綝都姓"孙"实在是太侮辱自己了，就下令给二人改名字，"孙峻"改为"故峻"，"孙綝"改为"故綝"，用来表示皇族皇姓的高贵。

后来，会稽郡有谣言说孙亮要回宫再次做天子，孙亮的宫人"告亮使巫祷词，有恶言"。"有司以闻，黜为候官侯，遣之国。道自杀，卫送者伏罪"。孙亮可能是自杀，也可能是被孙休派人毒死的。死的时候，只有十七岁。

目中无人的权臣

魏国国内两股政治势力司马氏与曹氏的争斗，并没有随着司马懿的死去得以平息。魏嘉平三年（公元251年），司马师接替他的父亲司马懿继掌魏国大权，争权夺利之事仍在继续上演，并且越演越烈。

司马师身为司马懿长子，秉承了司马懿的遗志。多年之后，他的侄子司马炎建立晋朝，司马师与司马炎一道，是晋国的两大奠基人。

一人之下万人之上的司马师掌权后，对曹氏家族及曹氏的支持者开展打击报复活动，轻的降职，重的斩杀。司马师的铁血政策使得朝中大臣人人自危，心惊胆战，唯恐会遭到司马师的毒手。就连魏主曹芳，面对司马师也是战栗不已，如针刺背。一日上朝，曹芳见到司马师带剑上殿，吓得慌忙下榻迎接。司马师见状不禁笑道："岂有君迎臣之礼也，请陛下稳便。"之后，朝中大臣纷纷奏事，司马师一人发号施令，"俱自剖断，并不启奏魏主"。下朝后，司马师"昂然下殿，乘车出内，前遮后拥，不下数千人马"。

魏正元元年（公元254年）春正月，天子与中书令李丰、皇后之父光禄大夫张缉、黄门监苏铄、永宁署令乐敦、冗从仆射刘宝贤共同谋划，想让太常夏侯玄代替司马师，辅佐幼主。李丰的父亲李义，官至卫尉。李丰少年有才，十七八岁时已有清高名声，"识别人物，海内注意"。父亲李义担心他成名过早，就命令他闭门谢客，专心读书。司马懿、曹爽争权时，他任尚书仆射，周旋于二人之间，曹爽失败，他侥幸没有被杀。李丰与曹氏有姻亲关系，儿子李韬的妻子是魏帝曹芳的姐姐齐长公主，他本人又和曹爽的族弟夏侯玄、张皇后父亲张缉关系要好。

司马师执政，李丰为中书令，"虽宿为大将军司马师所亲待，然私心在玄"。李丰经常单独觐见曹芳，为魏帝曹芳出谋划策，谈论内容从不向外泄露，甚至司马师向他询问，他也不肯吐露半点儿，司马师因此对李丰早有不满。李丰奏曰："臣虽不才，愿以陛下之明诏，聚四方之英杰，以剿此贼。"夏侯玄又说："臣叔夏侯霸降蜀，因惧司马兄弟谋害故耳；今若剿除此贼，臣叔必回也。臣乃国家旧戚，安敢坐视奸贼乱国，愿同奉诏讨之。"面对二人的激情，曹芳说："但恐不能耳。"李丰等见魏帝曹芳如此委屈，就哭着说："臣等誓当同心灭贼，以报陛下！"曹芳脱下龙凤汗衫，咬破指尖，写了血诏，授与张缉，嘱托他们说："朕祖武皇帝诛董承，盖为机事不密也。卿等须谨细，勿泄于外。"丰曰："陛下何出此不利之言？臣等非董承之辈，司马师安比武祖也？陛下勿疑。"

另一边，司马师秘密得知了此事，就派遣舍人王羡驾车去迎接李丰，以商量事情的名义诱骗李丰上车。李丰不得不从，就跟着王羡上路。司马师见到李丰破口大骂，责问李丰为何谋害自己。李丰自知祸害到来，索性大骂司马师说："卿父子怀奸，将倾社稷，惜吾力劣，不能相禽灭耳！"司马师听到这句话大怒，"使勇士以刀环筑丰腰，杀之，夷三族"。

曹芳的努力化为乌有，司马师还不满足，要求曹芳废掉张皇后。面对手握重权的司马师，曹芳虽然不情愿，也无可奈何。张缉的女儿张皇后被迫出宫。几天后，忽然有消息说张皇后暴病身亡。可能是被司马师暗害而死。

魏帝曹芳的夺权战全面失败，还损兵折将，连枕边人张皇后也莫名惨死，他却只能下诏表彰司马师的行为，将李丰等人当作乱臣贼子，以求自保。他下诏说："奸臣李丰等靖潜庸回，阴构凶慝。大将军纠虔天刑，致之诛辟。周勃之克吕氏，霍光之擒上官，曷以过之。其增邑九千户，并前四万。"司马师却辞让不受。

曹芳因为李丰、张缉的死深不自安，整日忧心忡忡。而司马师也"亦虑难作，潜谋废立"，就秘密勾结魏永宁太后，想换掉皇帝。

司马师终于不再等待，他召集百官，对群臣说："今主上荒淫无道，亵近娼优，听信谗言，闭塞贤路。其罪甚于汉之昌邑，不能主天下。吾谨按伊尹、霍光之法，别立新君，以保社稷，以安天下，如何？"在场的大臣听到这样的言论，碍于司马师的权势，自然没有一个人敢站出来反对，都随声附和。司马师随即取出早已准备好的废帝奏折，让列位大臣当场签字表示支持。随后，司马师调动军队包围了皇宫，让亲信郭芝把奏折送给皇太后。

这时，宫中皇太后正和曹芳相对坐着谈论事情。郭芝闯进去，对曹芳说："大将军欲废陛下，立彭城王据。"曹芳得知此事，气得站起来直接就走到内室去了，也没有向皇太后行礼。皇太后也大为恼火，甚至责问郭芝。郭芝理直气壮，振振有词回答说："太后有子不能教，今大将军意已成，又勒兵于外以备非常，但当顺旨，将复何言！"皇太后表示想见司马师，当面向他问清楚："我欲见大将军，口有所说。"郭芝很是不耐烦，说："何可见邪？但当速取玺绶。"太后没有办法，只好照郭芝说的办，拿出了玉玺。

十四岁的曹髦被立为帝，改元"正元"，这无疑又是一个傀儡皇帝，朝中实权先后由司马师和司马昭掌握。

曹芳搬出洛阳，在河内郡重门营建齐王宫，过上了诸侯王的生活，享有诸侯王的待遇。失去皇帝宝座的曹芳，又做了二十年的诸侯王才死掉。西晋代魏时，他的封号由"齐王"改为邵陵县公，西晋泰始十年（公元274年）病逝，享年43岁。

尽管曹髦只有十几岁，对自己的处境却有极为清醒的认识。曹髦继承了曹氏的文艺基因，书法、绘画都很擅长，是个才子。他却不安于做一个每天喝喝茶、写写字的无能傀儡，他关心政事，派官员深入民间了解民情，对玩忽职守的地方官加以惩戒；又下令减少宫廷开支；下诏安抚死难将士及家属。司马师死后，接手的司马昭也是一个目中无人的权臣。甚至比司马师更霸道，朝中大小事务只要告诉他就行，不用通知傀儡曹髦了。

曹髦召集侍中王沈、尚书王经、散骑常侍王业，无比痛恨地说："司马昭之心，路人所知也。吾不能坐受废辱，今日当与卿等自出讨之。"

王沈、王经等人劝曹髦三思而行："昔鲁昭公不忍季氏，败走失国，为天下笑。今权在其门，为日久矣，朝廷四方皆为之致死，不顾逆顺之理，非一日也。且宿卫空阙，兵甲寡弱，陛下何所资用，而一旦如此，无乃欲除疾而更深之邪！祸殆不测，宜见重详。"

年少轻狂的曹髦哪里还能忍受，他取出"怀中版令投地"，毅然决然地说："行之决矣。正使死，何所惧？况不必死邪！"王沈、王经看见这个冒傻气的皇帝，慌忙自保，直接跑到司马昭那里去告密。曹髦一路叫着"是可忍也，孰不可忍也！今日便当决行此事"，一面向太后表明心志，愿意跟司马昭拼个你死我活。雷厉风行的曹髦哪里还需要勤王的兵马，他"遂帅僮仆数百，鼓噪而出"，气急败坏的曹髦只带领几百个侍卫、太监就想跟司马昭拼命，司马昭这边带领大军来战。中护军贾充在南阙下跟曹髦展开激战，曹髦亲自拔出剑来迎敌，并大呼自己是天子。大伙儿一看皇帝自己都拔剑，有点儿傻眼，"众欲退"，太子舍人成济慌了神，赶紧请示贾充："事急矣。当云何？"贾充很激动："畜养汝等，正谓今日。今日之事，无所问也。"成济一听这话，哪里敢不拼命，直接拿把刀朝曹髦刺了过去，没想到用力过猛，直接把曹髦刺穿了，小皇帝曹髦当场毙命。

姜维不休息

殚精竭虑的诸葛亮病死于五丈原后，姜维成为诸葛亮军事上的继承者，历任司马、镇西大将军，兼任凉州刺史、卫将军、大将军等职。在二十多年之间，姜维共进行了十一次北伐，完全继承了诸葛亮生前制定的"以攻代守，积极北伐"的战略。

姜维历次北伐魏国，蜀、魏两国互有胜负。其中蜀国大胜两次，小胜三次，平手四次，大败一次，小败一次。对于姜维屡屡出兵、连年征战的做法，历来评价不一。蜀将廖化曾说："'连年征伐，军民不宁，兼魏有邓艾，足智多谋，非等闲之辈'，建议勿'强欲行难为之事'。"持此论者认为，姜维北伐造成了蜀国"兵困民疲"。何况，蜀国坐拥四川地区，地险民强，易守难攻。另有观点认为姜维此举，意在以攻为守，再有，黄皓专权，姜维如果不连年用兵，军权恐不能保。

蜀延熙二十年（公元257年）五月，诸葛诞在淮南起兵谋反，并联合东吴，一时声势壮大。司马昭亲率大军东下讨伐诸葛诞。姜维以为魏国后方空虚，就乘机攻魏秦川。十二月，姜维率兵数万出骆谷，到达沈岭。魏国两线作战，虽在长城积存了大量军粮，可以持久作战，但防守薄弱，畏敌情绪很高。听说姜维再度来犯，军心大乱，惊慌失措。

司马昭任用征西将军司马望和安西将军邓艾领兵作战，邓艾等人担心姜维突袭长城，就屯重兵防守长城沿线。姜维军队在芒水依山为营。司马望、邓艾也率军在附近安营扎寨。面对姜维的数次挑衅，邓艾、司马望不为所动，只是坚守，并不出兵迎敌。战争陷入胶着情形，蜀、魏两国长期对峙。第二年诸葛诞战败被杀，姜维闻讯，只得退兵。

同年，蜀国在西安、建威、武卫、石门、武城、建昌、临远等地设立固定驻防点，又命令汉中都督胡济退驻延寿、监军王含驻守乐城，护军蒋斌驻守汉城。刘备时代，魏延领兵镇守汉中地区，"皆实兵诸围以御外敌，敌若来攻，使不得入。及兴势之役，王平捍拒曹爽，皆承此制"。姜维于是上表建议："臣以为错守诸围，虽合《周易》'重门'之义，然适可御敌，不获大利。不若使闻敌至，诸围皆敛兵聚谷，退就汉、乐二城。使敌不得入平，臣重关镇守以捍之。有事之日，令游军并进以伺其虚。敌攻关不克，野无散谷，千里县粮，自然疲乏。引退之日，然后诸城并出，与游军并力博之，此殄敌之术也。"姜维的计划实际上一种战略收缩。

蜀景耀四年（公元261年）冬十月，姜维出兵攻打洮阳，在侯和地区被邓艾击退。与段谷之败类似，姜维先是占据优势地形，最后却落败而退。失败之后，姜维并不着急赶回成都。庙堂之上，宦官黄皓专权，与右大将军阎宇相勾结，密谋夺取姜维的兵权。姜维本是魏国人，后投降蜀国，"累年攻战，功绩不立"，自然受到猜疑，姜维"故自危惧，不复还成都"。

这是姜维的最后一次北伐，以他受到猜忌而告终，此时的蜀国，已经不可能再度北伐，此时的姜维，也不可能再度北伐，因为，时间已经不允许了。

蜀景耀六年（公元263年），姜维担忧国事，给后主刘禅上表说："闻钟会治兵关中，欲规进取，宜并遣张翼、廖化督诸军分护阳安关口、阴平桥头以防未然。"姜维防患于未然的建议本可以挽救蜀国的性命，可是黄皓迷信鬼神，"谓敌终不自致，启后主寝其事，而群臣不知"。等到钟会、邓艾的大军逼近，蜀国才想起来让"右车骑廖化诣沓中为维援，左车骑张翼、辅国大将军董厥等诣阳安关口以为诸围外助"。后邓艾从阴平小路奇袭蜀国，蜀国因此国破。

此时的蜀国，人才已经严重不足，姜维之外，只有降将夏侯霸可堪大用。

我就是那个钟会

"钟会伐蜀"是三国时期的重大事件，它直接导致了蜀国的灭亡，为伐吴之战做好了铺垫。钟会被人比作西汉谋士张良，他在此次战役中，据理力争，坚持伐蜀，起了无可替代的作用。

蜀国方面，在钟会伐蜀之前，由于姜维接连不断的北伐战争，人才匮乏，财政拮据，军事力量日渐消耗，人民苦不堪言。加之后主刘禅昏庸无能，宠信宦官黄皓，朝纲大乱。姜维知道蜀国的弱点，想励精图治，弹劾黄皓，不料反被黄皓逼害。后主刘禅也对姜维多次伐魏心生反感，对姜维心存芥蒂。姜维无地以安身立命，只好开垦农田，建设军队。蜀国人心不齐，内外产生严重分歧。

东吴和蜀国是共同进退的盟友，但孙权弥留之际，在谁继承皇位的问题上犹豫不决，犯了致命的错误，导致孙权死后吴国内部争权夺利，自相残杀，朝政日非，孙权苦心经营几十年的良好局面土崩瓦解，这时的东吴可以说是自顾不暇，更没有精力和实力去帮助蜀国。

曹魏方面，在政治上，经过高平陵政变司马氏掌握了魏国的政权，到司马懿的儿子司马昭时，曹姓皇帝已名存实亡，形同虚设。不过，司马昭即使掌握实权，但名义上的皇帝还是曹奂，司马昭是有实无名，曹奂是有名无实。同时，朝廷上下不满司马氏的曹魏旧臣还是大有人在的，他们也在等待时机，企图恢复曹魏政权，因此司马昭的专权地位并不牢固。

这些都是因为他获得的一切并非名正言顺，在封建社会是很注重"名声"的。因此他急于寻找机会，这个机会可以让他名正言顺地代替曹奂，坐上皇帝的宝座。司马昭思前想后，再没有比统一大业更能提高他的威望，更有利于他做皇帝了，而且统一大业时机也已成熟。伐蜀大计便应运而生了。在军事上，邓艾屡次击退姜维率领的北伐军，于是魏国便开始准备讨伐蜀、吴，以便统一天下，但是朝内群臣鼠目寸光，都认为时机未到，唯独大将钟会表示赞同。

钟会是太傅钟繇的小儿子，钟毓的弟弟。陈寿评价他说："王凌风节格尚，毌丘俭才识拔干，诸葛诞严毅威重，钟会精练策数，咸以显名，致兹荣任，而皆心大志迁，不虑祸难，变如发机，宗族涂地，岂不谬惑邪！"钟会在伐蜀一事上表现出了卓越的军事才能，他认为蜀国经过多次的北伐战争，国力消耗极大，百姓疲惫，怨声载道，人心不齐，正是大举伐蜀的最佳时机。

蜀景耀四年（公元261年）司马昭命镇西将军钟会率兵十余万自长安出发，分兵三路，分别从骆谷（今陕西洋县与周至西南的通道）、斜谷（今陕西眉县至汉中的通道）和子午岭直取汉中；征西将军邓艾出狄道，率兵三万余进攻沓中，以牵制姜维，使姜维不得与蜀军其他部相互呼应，更不能返回支援蜀国；雍州刺史诸葛绪率兵3万余，由祁山进驻武街（今成县西），伺机占领阴平桥头，阴平桥是姜维通往蜀国的必经之路，阴平桥下是万丈深谷，桥头是险关要隘，险要的程度可与四川的剑门关相提并论，这样就断绝了姜维归蜀的后路。这绝对是一个高明的策略，当时蜀国主力跟随姜维留在沓中，汉中兵力不足，以邓艾和诸葛绪领军阻挠姜维回军，再集中优势兵力攻打汉中，那么就可以在最短的时间里攻下汉中，直取剑阁、成都。

魏国大军压境，后主刘禅慌忙之中才想起姜维的建议，于是匆匆布防，派左车骑将军张翼、辅国大将军董厥守阳安关口，一面派遣右车骑廖化前往沓中支援姜维。据《姜维传》记载："及钟会将向骆谷，邓艾将入沓中，然后乃遣右车骑廖化诣沓中为维援，左车骑张翼、辅国大将军董厥等诣阳安关口以为诸围外助。比至阴平，闻魏将诸葛绪向建威，故住待之。"同时大赦天下，改元炎兴，以求躲过这次灾难。但为时晚矣。

蜀国没有看头了

虽然有一干将领拼死抗敌，但还是没有阻挡住魏军的脚步，等到魏军浩浩荡荡出现在成都时，蜀民溃散。刘禅也慌了手脚，于是急忙召集群臣，想听听各位大臣的意见。但是满朝文武，意见不一。有的主张弃蜀投吴，因为吴国是蜀国的盟友，孙吴必定不会见死不救。有的主张南下，因为南中七郡，地势险要，易守难攻，南下以图后事，将来说不好能卷土重来。说来说去也没有得出一个一致的结论。

姜维害怕两头受袭，于是决定撤到巴西境，在途中接到投降的诏书。"将士咸怒，拔刀斫石"。军令如山，姜维只好奉诏投降。邓艾进驻成都，蜀国就此灭亡。

本来蜀军还是有希望的，魏军虽渡过关隘，绵竹也已失陷。但是，蜀国半壁江山还在，周边要隘一个没丢，主力尚存，士兵士气也不算低落，外有东吴援军，可是最后却不战而降。

邓艾率军入成都，刘禅率领文武百官，他们有的绑住自己，有的抬着棺木以表示他们投降的诚意。邓艾手执符节，为文武百官解开绳索，焚烧了棺材，接受他们投降，并没有惩罚他们。邓艾部众对百姓很宽容，并未有扰民事件发生，而且还让他们继续以前的工作。因此受到了百姓的拥戴。

司马昭之心世人都知道

"司马昭之心，路人皆知"，语出《汉晋春秋》。意为野心非常明显，为人所共知。

司马昭要名正言顺地做皇帝，他想了一个办法就是让当时的名士阮籍给他写个东西，表明自己是顺应天意，顺乎民意。其实这并不稀奇，以前很多人都这样做过。

阮籍是魏晋期间的名士，字嗣宗，家境清苦，自己勤奋好学，终成有识之士。阮籍有济世志，他曾登广武城，观楚、汉古战场，仰天感慨道："时无英雄，使竖子成名！"明帝曹叡死后，曹芳即位，曹爽、司马懿辅政，二人明争暗斗，朝政日非。曹爽曾召阮籍为参军，但他看到政局险恶，也就推掉了。

司马懿发动高平陵事变，排除异己，被株连者甚多，司马氏一手遮天，朝廷上下昏天暗地。这些阮籍都看在眼里。他在政治上是支持曹魏的，对司马氏的倒行逆施很不满意，但他一介书生，又能改变什么呢？这样的世事也决定了他的人生态度，从此之后，他采取消极避世的态度，或著书立说，或游山玩水，或喝得酩酊大醉，表面上看逍遥自在，其实这是无奈之举。他的内心也许是痛苦的。

司马氏也想得到这样的人才，钟会就曾多次探问阮籍对时局的看法，阮籍很聪明，他虽然看不惯司马氏，但也不至于得罪他们，他想了一个好办法，就是司马氏每次派人找他，他都喝醉，以蒙混过关。喝醉也不是每次都行的，有时候他会说些玄乎其玄的话，让人摸不着头脑，这样人家听不懂，他也就蒙混过关了。司马昭就遇到过这种情况，司马昭不得不说"阮嗣宗至慎"。

司马昭还想与阮籍联姻，但"籍醉六十日，不得言而止"。不过司马氏也并非那么好敷衍。有时候，他不得不接受司马氏授予的官职，历任从事中郎、散骑常侍、步兵校尉等，司马昭自封晋公要求阮籍为其写"劝进文"。阮籍无奈，只得奉命。

吴国也没了

晋咸宁五年（公元 279 年），王濬上书请求伐吴，他说："臣数参访吴楚同异，孙皓荒淫凶逆，荆扬贤愚无不嗟怨。且观时运，宜速征伐。若今不伐，天变难预。令皓卒死，更立贤主，文武各得其所，则强敌也。臣作船七年，日有朽败，又臣年已七十，死亡无日。三者一乖，则难图也，诚愿陛下无失事机。"（《晋书·王濬传》）

当时，司马炎正在与张华下棋。张华也是主战派，他也趁机劝说："陛下圣明神武，朝野清晏，国富兵强，号令如一，吴主荒淫骄虐，诛杀贤能，当今讨之，可不劳而定。"（《晋书·杜预传》）但是反对派还是固执己见，贾充、荀勖等人还是反对伐吴。大臣山涛竟然说出了这样的道理："外宁必有内忧，今释吴为外惧，岂非算乎。"但是由于主战派的屡次劝说，陈述利害，此时司马炎已经看清了当时的局势，决定伐吴。

晋军采取了分兵击之、各个击破的策略，这样的部署是正确的。东吴虽然弱小但仍有兵力二十万人，不可轻敌，相对而言，晋军伐吴的兵力并不占优势。但是吴国却将这二十万兵力分散布防于沿江和江南各地，这使得孙吴的军力有所分散，给晋军以可乘之机。

晋武帝太康元年、东吴天纪四年（公元280年）正月，将军王浑率十多万大军进军横江，王浑坐镇横江，派参军陈慎、都尉张乔攻击寻阳（今湖北武穴东北）；又派李纯率军进攻俞恭部，李纯大败吴将俞恭，斩杀吴官兵多人，占领高望城，准备渡江。与此同时，参军陈慎军攻取了阳濑乡，大败吴将孔忠。吴将陈代、朱明等主动率兵投降了晋军。

二月，吴主孙皓命丞相张悌率兵三万迎击王浑军，以阻止晋军渡江。张悌军行至牛渚（今安徽当涂北采石），沈莹分析形势说："晋治水军于蜀久矣，今倾国大举，万里齐力，名将必悉益州之众浮江而下。我上流诸军，无有戒备，皆死，幼少当任，恐边江诸城，尽莫能御也。晋之水军，必至于此矣！"

沈莹建议说，应集中兵力据守采石，在采石与晋军决一死战，若能打败晋军，进而可以阻止晋军渡江，还可西上夺回失地。如若失败，那么晋军将不可阻止，东吴必不可保。但张悌却认为，在此等待只能让将士们士气更加低落，如果我们主动出击，一鼓作气，说不定还有希望。如果我们胜利了，可以顺势南下，迎击敌人，也可以收复失地。假如我失败了，我也算为国尽忠，我将死而无憾了，张悌已经做好了以死殉国的准备。

张悌于是率军渡江，却被张乔军包围，张乔兵少将寡，不是张悌的对手，于是请降。副军师诸葛靓认为，张乔很明显是假投降，这是缓兵之计，拖延时间，等待后援，我们应该迅速将其歼灭。但张悌却认为大敌当前，这种小战能免则免，于是接受了张乔的投降，率兵继续前进，随即遇到了王浑的主力部队。两军对峙大战即将开始。

吴将孙莹率领五千精兵首先发动攻击，但是连续几次都没能成功，孙莹不得不退兵。晋军乘吴军撤退之时，命将军薛胜、蒋班乘胜追击，吴军大败。此时，伪降之张乔军又从背后杀来，里应外合，将吴军杀了个大败。诸葛靓见大势已去，收拾残兵败将逃回江南去了。张悌想以死报国，与沈莹、孙震力战而死，实现了他自己的诺言，晋军继续前进，准备渡江。

此时，晋将何恽急于立战功，他向扬州刺史周浚建议说，张悌一部被我歼灭，吴国上下必然乱了阵脚，现在应该挥师渡江，直取建业，定能拿下东吴。王浑听到这一建议后，比较小心谨慎，他认为晋帝只是命他出兵江北，抵御吴军，如果擅自渡过长江，就是违背军令，即使胜利也不会有什么奖赏；但若失败，必是死罪。于是王浑仍按兵不动，等待王濬军的到达，然后再统一节制王濬等军渡江作战。何恽再次劝说，认为将在外君命有所不受，如果错失良机，灭吴就很困难了，但王浑置之不理。

琅琊王司马仙，自正月出兵以来，连克几座城池，迅速进至涂中。司马仙令刘弘抵达长江岸边，与建业吴军隔江相峙；命王恒率诸军渡过长江，直攻建业。王恒军势如破竹，进展十分顺利，沿途消灭吴军五六万人，还俘获孙吴都督蔡机。这时，王濬军在长江上中游获胜，顺流抵达牛渚，王濬军继续顺流东下，吴主孙皓命游击将军张象率一万水军前往抗击王濬军时，张象军一见西晋军的旗号便全部投降了西晋。王濬的兵力遍布长江，呐喊声响彻天空，气势恢宏，继续向前推进。

晋军大举进攻的消息传来，原先往交趾征讨郭马的将军陶浚，便停止去交趾，返回了建业，此时，吴将陶浚奉命率军两万与晋军作战，出发的前天晚上，部众逃散一空。

王浑、王濬和司马伷等各路大军已逼近建业，吴国司徒何值、建威将军孙宴等见大势已去，不想再战，干脆交出印信符节，前往王浑军前投降。吴主孙皓见自己内部已分崩离析，便采用薛莹、胡冲等人的计策，分别请降于王浑、王濬、司马伷，企图挑唆三人互相争功，引起晋军自相残杀。但是计划没有成功。

王濬挥师直进，离建业只有一步之遥，王浑劝王濬暂停进军，王濬哪儿能让快吃到嘴边的肉再吐回去啊，于是借口风大无法停船，直捣建业。当日，王濬统率水陆八万之众，浩浩荡荡，进入建业。吴主孙皓自知完蛋了，反绑双手、抬着棺木，表示诚意，前往王濬军门投降。至此，晋军占领了东吴四州、四十三郡，俘虏了吴国官兵二十三万，东吴政权宣告灭亡，三国鼎立的局面结束了。

孙皓归晋后，全家移居到了洛阳。"四月甲申，诏曰：'孙皓穷迫归降，前诏待之以不死，今皓垂至，意犹愍之，其赐号为归命侯。进给衣服车乘，田三十顷，岁给谷五千斛，钱五十万，绢五百匹，绵五百斤。'皓太子瑾拜中郎，诸子为王者，拜郎中。五年，皓死于洛阳。"（《三国志·吴书·孙皓传》）

"滚滚长江东逝水，浪花淘尽英雄。是非成败转头空，青山依旧在，几度夕阳红。白发渔樵江渚上，惯看秋月春风。一壶浊酒喜相逢，古今多少事，都付笑谈中。"杨慎在写这首《临江仙》的时候肯定想不到日后会成为电视剧《三国演义》的主题曲而传唱后世成为与整个三国最为相关的一首文学作品。三家人，三个国家为了相同的目的打了将近一百年的时间，最后却让一个充满阴谋论的老头子的后代占据了整个中国，这其间的多少兴亡实在是令人怅惋。

曹操、刘备、孙权还有其他无数的英雄在这样一个伟大时代出现又消逝，官渡、赤壁、夷陵，无数的壮烈的战争大戏在这个伟大的时代不断地上演，为人们贡献着无数的经验、财富与意义。

回望历史，我们不禁感叹。三国虽然已经远去为尘封历史当中的一个小小的段落，但今天看起来仍旧历久弥新。三国不但在历史当中，也同时在每一个中国人的心里，三国历史虽然终结，但我们的历史还在继续。历史的车轮将我们和三国的英雄们集合在了一起，就在这部书当中，就在此刻，这里。

图书在版编目 (CIP) 数据

三国其实很有趣 / 子陌著 . — 北京：中国华侨出
版社，2022.3（2023.3 重印）
 ISBN 978-7-5113-8425-6

Ⅰ．①三… Ⅱ．①子… Ⅲ．①中国历史—三国时代—
纪传体②《三国志》—研究 Ⅳ．① K236.042

中国版本图书馆 CIP 数据核字（2020）第 226686 号

三国其实很有趣

著　　者：子　陌
责任编辑：王　委
封面设计：冬　凡
文字编辑：胡宝林
美术编辑：盛小云
经　　销：新华书店
开　　本：880mm×1230mm　　1/32 开　　印张：8　　字数：170 千字
印　　刷：三河市华成印务有限公司
版　　次：2022 年 3 月第 1 版
印　　次：2023 年 3 月第 2 次印刷
书　　号：ISBN 978-7-5113-8425-6
定　　价：35.00 元

中国华侨出版社　北京市朝阳区西坝河东里 77 号楼底商 5 号　邮编：100028
发 行 部：（010）88893001　　　传　真：（010）62707370
网　　址：www.oveaschin.com　　E-mail：oveaschin@sina.com

如果发现印装质量问题，影响阅读，请与印刷厂联系调换。